LETTRES

DE HÉLÉODORE

ADRESSÉES

A NAPOLÉON BONAPARTE.

TOME II.

LETTRES
DE HÉLÉODORE

ADRESSÉES

A NAPOLÉON BONAPARTE

DEPUIS LE 13 VENTÔSE AN 8 (OU 4 MARS 1800)
JUSQU'AU 17 MARS 1814.

LETTRE D'UN FRANÇAIS

ADRESSÉE

A M. LE COMTE D'ARTOIS

EN MESSIDOR AN 12 (OU JUILLET 1804).

TOME SECOND.

PARIS

HECTOR BOSSANGE et C.ie, quai Voltaire, n° 11.

BOHAIRE, boulevart des Italiens.

LECOINTE et POUGIN, quai des Grands-Augustins.

CHARLES GOSSELIN, rue Saint-Germain-des-Prés.

DELAUNAY, Palais-Royal.

ROUSSEAU, rue de Richelieu.

IMPRIMERIE DE FLEURIOT, AU MANS.

1833.

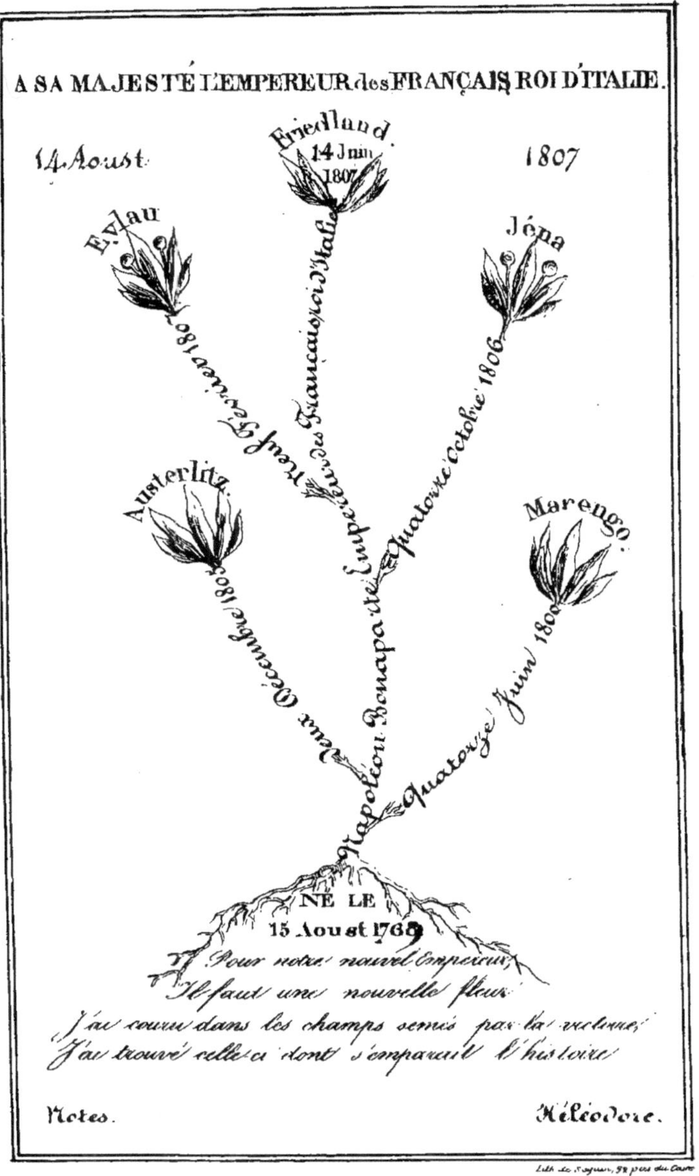
A SA MAJESTÉ L'EMPEREUR des FRANÇAIS ROI D'ITALIE.
14. Aoust
1807
Friedland.
14 Juin
1807
Eylau
Jéna
Neuf Février 1807
Empereur des Français Roi d'Italie
Quatorze Octobre 1806
Austerlitz.
Marengo.
Deux Décembre 1805
Napoléon Bonaparte
Quatorze Juin 1800
NÉ LE
15 Aoust 1769
Pour notre nouvel Empereur,
Il faut une nouvelle fleur.
J'ai couru dans les champs semés par la victoire,
J'ai trouvé celle-ci dont s'emparait l'histoire.
Notes.
Héliodore.

LETTRES

DE HÉLÉODORE,

ADRESSÉES

A NAPOLÉON BONAPARTE.

————◦◦◦————

(Adressée à Varsovie.)

24 janvier 1807.

A S. M. L'EMPEREUR DES FRANÇAIS,

ROI D'ITALIE.

Sire,

J'ai été voir, dans l'atelier de M. de Joux, la statue en plâtre du général Desaix, afin d'en rendre compte à Votre Majesté. Comme étude, elle paraît d'une belle proportion, et si le sculpteur a voulu faire voir la manière dont il avait senti toutes les formes de la nature, en les présentant colossalement, il a réussi, et la statue, comme modèle, est d'un bel effet. Elle a environ cinq mètres de haut. Mais si cette figure toute nue peut être belle comme étude, elle ne me paraît pas convenir comme monument établi dans le 19ᵉ siècle et placé au milieu d'une place publique, pour représenter un général français. Dans les lettres que j'ai eu l'honneur d'adresser à Votre Majesté, les 6 et 10 brumaire, et 12 prairial an 12, j'ai déjà combattu cette innovation contre le vrai. Le *Journal des Débats* des 11 brumaire et 23 floréal an 12 a inséré à ce sujet deux notes de moi, dans lesquelles je tâchais de démontrer le ridicule de représenter le chef

2   1

d'une nation policée, ou un de ses généraux, comme un gladiateur.

Laisserez-vous, Sire, s'établir dans les arts une manie qui enlève au siècle ses héros ?

Le général Desaix, avec une épée à la romaine et nue, ne désigne ni la nation pour laquelle il a sacrifié sa vie, ni son grade. On peut croire que c'est un soldat romain, puisqu'il en porte l'épée ; on pourrait encore croire que c'est un Egyptien, à cause des ruines qui l'entourent ; mais jamais on ne dirait que c'est un Français. Eh ! de quel droit lui ôter son panache, ses épaulettes, tout son costume militaire ? Je défie qu'on dise, en voyant cette statue, à quelle arme elle appartient. Pourquoi lui ôter l'épée ou le sabre français ? J'ai l'honneur de le demander à Votre Majesté, croit-elle qu'on ne peut vaincre qu'avec l'arme des Romains ? et n'est-ce pas une injure faite aux militaires français ? J'entends dire que le costume français ne se prête pas aux formes ; mais il faut apprendre à vaincre les difficultés : il est certain que c'est les lever toutes que de ne présenter que le nu. Ce n'est pas être le statuaire de son siècle, ni de sa nation, que de copier en grand l'Apollon du Belvédère, pour en faire un militaire français. Si l'on fait adopter à Votre Majesté cette manière de représenter les militaires que l'on doit placer dans le monument qu'elle a ordonné qu'on élevât à la gloire des armées, comment reconnaîtra-t-on les héros français, leur grade, leur arme ? Et cette quantité de braves nus offrira-t-elle à l'œil cette variété qu'on peut donner, dans les positions, aux héros qui sont habillés, et qu'on peut placer dans l'attitude d'un de ces momens héroïques, comme on voit à Paris la statue du grand Condé, jetant son bâton de commandement dans les lignes ennemies, et à Berlin, sur la place du Prince-Ferdinand, la statue du feld-maréchal Schwrin, arrachant l'étendard de celui qui fuyait en l'emportant, pour ramener au combat les soldats en déroute ? Si ces figures étaient nues, pourrait-on leur donner ces beaux mouvemens ?

Je ne sais si ma cause triomphera auprès de Votre Majesté, mais au moins je lui aurai toujours prouvé que je suis Français, et qu'elle peut compter sur mon respectueux attachement.

HÉLÉODORE.

(Adressée à Varsovie.)

7 février 1807.

A S. M. L'EMPEREUR DES FRANÇAIS,
ROI D'ITALIE.

SIRE,

Malgré le désir que j'aurais de présenter mes hommages respectueux à Votre Majesté, dans son palais des Tuileries, la détermination qu'elle a prise de rester encore quelque temps au milieu de son armée, fait taire mes regrets; mais quand je pense, Sire, que ce n'est qu'en partageant les fatigues et les privations de vos soldats, que vous soutenez leur courage, j'admire encore plus le héros. Ces idées me viennent souvent lorsque je cherche des dissipations, et je croirais manquer à l'attachement que je porte à Votre Majesté, si je les repoussais; elles deviennent pour moi d'admiration, et mes vœux suivent sans cesse celui qui veut faire respecter le nom français, et procurer à ma patrie la tranquillité sur le continent et la liberté sur la mer.

Je vais encore entretenir Votre Majesté de la comptabilité des receveurs-généraux, parce qu'elle est encore à son enfance, et l'on est étonné, quand on parcourt les comptes de plusieurs receveurs-généraux, de voir qu'ils n'ont point d'uniformité entre eux, pour compter de la même manière des recettes et des dépenses, et l'on ne conçoit pas comment on n'a pas encore présenté un réglement à cet effet à Votre Majesté; mais ce qui me surprend davantage, c'est de voir des comptables

garder dans leurs caisses des fonds, du consentement
des préfets, et l'on peut même ajouter de se prêter à les
augmenter.

En voici l'explication :

D'abord, le centime mis à la disposition du préfet,
pour fonds de non-valeurs, n'est distribué qu'un an ou
deux après qu'il a été perçu ; ensuite, comme souvent
ce fonds ne suffit pas, on accorde un fonds de dégrève-
ment, et le receveur-général le touche du payeur. J'ai vu
plus de 25 mille fr. rester dans la caisse d'un receveur-
général au moins 26 mois, ce qui fait qu'il a en caisse le
fonds de deux années. Votre Majesté pense bien que
cet argent ne reste pas oisif chez le receveur-général,
et qu'il peut facilement se mettre en avance auprès de la
caisse de service. Ces détails sont positifs ; peu de personnes les connaissent, et j'ai déjà eu l'honneur d'indiquer à Votre Majesté le mode à prendre pour empêcher
une partie de cet abus : c'est d'obliger les comptables
de verser au trésor tout ce qui leur reste entre les mains,
au plus un an après l'année révolue de son compte, et
d'écrire aux préfets de prononcer dans les six mois, au
plus tard, qui suivent l'exercice sur les demandes en
remises, modérations et décharges. Sans cela, les receveurs-généraux presseront les contribuables, et le profit
leur en restera.

Je prie Votre Majesté de recommander à ceux qui lui
proposent des lois, de déterminer un temps possible ou
convenable pour leur exécution ; sans cela, on s'habitue
à transgresser la loi. Celle du 21 floréal an 10, qui fixe le
paiement du 5 pour 100 dans le mois qui suit le semestre
échu, n'a été suivie que le premier semestre ; depuis,
le paiement ne s'est fait que pendant le trimestre.

Le décret du 16 février 1806 veut que les maisons de
la rue Impériale soient pavées, le 1er novembre suivant,
depuis la place du Carrousel, jusqu'à la porte du Louvre.
Eh ! bien, Sire, les maisons ne sont pas encore abattues
dans l'alignement de cette rue, ce qui est loin d'avoir
exécuté vos ordres.

Soutenu par l'espoir de votre retour , j'ai l'honneur
d'offrir à Votre Majesté , etc. ,

Notes. H.

(*Adressée à Osterode.*)

13 mars 1807.

A S. M. L'EMPEREUR DES FRANÇAIS ,
ROI D'ITALIE.

SIRE ,

Je ne dois pas paraître trop facile à m'émouvoir, en
faisant l'aveu à Votre Majesté des sentimens douloureux
qui m'ont affecté à la lecture du 58ᵉ bulletin , puisqu'elle-
même a été vivement émue à la vue des trophées si chèrement achetés par la perte de tant de braves. Oui , Sire ,
vous ne désapprouverez pas que je donne des larmes à
des concitoyens qui , loin de leurs foyers , vont trouver
la mort , pour procurer à leur patrie la tranquillité , et
en éloigner le théâtre de la guerre.

Quand je pense que Votre Majesté est à environ cinq
cents lieues de la capitale de l'empire français , que tout
marche dans l'intérieur comme si elle était au palais des
Tuileries , j'admire cette force d'ascendant qu'elle a su
imprimer à toute une nation , et s'il restait encore à ses
ennemis quelqu'espoir dans nos troubles civils , ils doivent
être entièrement déçus. On peut encore rencontrer de
ces gens qui frondent toujours les mesures du gouvernement , mais ils ne parviendront jamais à grossir le
nombre de leurs partisans , et j'ai vu souvent avec plaisir
de vrais et loyaux citoyens mépriser leur langage , et ne
répondre à ces démagogues que par un sourire moqueur.

Malgré cette tranquillité , que Votre Majesté ne croie
pas que j'en jouisse entièrement , lorsque j'apprends
qu'elle parcourt les rangs , qu'elle s'expose aux plus grands
dangers : ce n'est jamais qu'avec la plus vive inquiétude
que j'attends toujours le courrier suivant.

On rend compte sans doute à Votre Majesté de la situation de l'empire français ; on ne lui atténue pas sa position, son peu de commerce et ses productions trop abondantes pour la consommation, lesquelles ne trouvent pas un débouché hors des limites. Paris éprouve une stagnation dans les affaires, ce qui le met dans une position fâcheuse. Pour y remédier un peu, il faudrait que les grands fonctionnaires publics dépensassent tout leur revenu, et que, loin d'économiser, comme quelques-uns peuvent faire, ils fissent refluer dans le commerce ce qu'ils retirent, les uns du trésor public, d'autres des sénatoreries, etc...

Votre Majesté a eu la bonté d'écouter mes réclamations, sur le costume donné par nos statuaires aux guerriers français. Le 63ᵉ bulletin ordonne que le général d'Hautpoul sera représenté avec son habit de cuirassier : j'ai l'honneur de l'en remercier. Quand elle aura vu la statue en pied du général Desaix, je ne crois pas qu'elle veuille que cette statue soit placée ainsi sur la place des Victoires. Une épée à la romaine, un fourreau carré sur l'épaule, et une nudité absolue, voilà ce qu'on a dit être un général français ! Quel vertige !

Maintenant que le portefeuille des ministres et du conseil-d'état n'est plus porté à Votre Majesté par un auditeur, je suis fâché de ne pas pouvoir obtenir d'aller le porter à Votre Majesté, pour lui présenter mes très-humbles respects ; mais j'espère que les travaux qu'elle a entrepris seront bientôt terminés, et alors je la prierai de vouloir bien les recevoir au palais des Tuileries.

Le sous-préfet de Saint-Denis a reçu 150 prisonniers prussiens ; je pense qu'il va les mettre à la disposition des propriétaires des terrains de la plaine Saint-Denis ; je le lui avais écrit. Ainsi, le souhait que j'avais manifesté dans ma lettre du 7 novembre 1806, à Votre Majesté, s'est réalisé.

Je prie Votre Majesté, etc.

H.

Notes.

(7)

(Adressée à Varsovie.)

26 mars 1807.

A S. M. L'EMPEREUR DES FRANÇAIS,

ROI D'ITALIE.

SIRE ,

Il y a environ quinze jours qu'on aura , sans doute , rendu compte à Votre Majesté qu'un particulier a déposé au Mont-de-Piété un diamant sur lequel il lui a été prêté , je crois , environ 200 mille francs, ce qui annonce qu'il a une valeur du double. Quelques personnes présument que c'est peut-être le prince de Prusse , prisonnier en France , qui , n'ayant point d'argent , a fait ressource de ce bijou pour s'en procurer. Comme cette somme est au-dessus de celle qu'on prête ordinairement au Mont-de-Piété , je pense qu'on aura pris les renseignemens nécessaires pour connaître le propriétaire, et en instruire Votre Majesté.

On attend ici le mois de mai avec une grande impatience , et l'on croit que les Russes paieront chèrement les attaques qu'ils font maintenant à l'armée française. Ils prennent l'offensive , mais ils s'usent, et lorsque la saison permettra de faire quelques opérations militaires , c'est alors que Votre Majesté fera exécuter à la valeur française ce qu'elle peut , et tout ce que la conception d'un chef habile a pu faire éclore de son génie. Il est malheureux, sans doute, d'avoir encore à craindre la perte de braves Français ; mais puisqu'on ne peut acheter la paix qu'avec du sang, au moins a-t-on l'espérance que vous le savez , et l'on peut compter que vous ne ferez verser que celui qui est nécessaire.

Tout paraît marcher ici avec le même ordre que si Votre Majesté était dans son palais des Tuileries , peutêtre avec plus de lenteur, mais au moins avec tranquillité. Quelques bons Français comme moi , n'ont que des vœux à faire pour la prospérité des armées françaises, et à payer régulièrement leurs contributions. Ils s'en acquittent, et croient encore être de quelque utilité à la chose publique.

Le doyen des maires de Paris, que Votre Majesté a nommé sénateur, lorsqu'elle est venue à la ville, vient de mourir. Peut-on croire qu'elle voudra bien récompenser encore un maire de la même ville, et celui qui a présenté dans le palais de Schœnbrünn les respectueux hommages de la ville de Paris à Votre Majesté, peut-il espérer cette faveur ?

Tant que Votre Majesté n'a pas encore nommé à l'évêché d'Orléans, j'espère toujours qu'elle voudra bien se souvenir de l'évêque de Coutances, prélat plus que septuagénaire, et qui trouverait une récompense à ses longs travaux, s'il était plus rapproché de la résidence de Votre Majesté.

J'ai l'honneur d'offrir, etc.

Notes.

H.

———

(Adressée à Varsovie.)

30 mars 1807.

A S. M. L'EMPEREUR DES FRANÇAIS,
ROI D'ITALIE.

SIRE ,

Lorsque Votre Majesté aura vu l'arrêté du préfet de la Nièvre pris dans ce mois, lequel est relatif au supplément de traitement pour les desservans, et qui exige que les habitans des communes le fassent à ces desservans, je pense qu'elle ne l'aura pas approuvé. Comment un préfet croit-il avoir le droit d'imposer une contribution *volontaire*, et d'en déterminer le montant à 300 fr. par commune ? Mais ce fonctionnaire public n'a donc pas remarqué que l'on n'accorde aux communes, pour leurs charges, qu'un maximum de 5 centimes ; que souvent ces 5 centimes ne produisent pas 300 fr. ; il faudra donc imposer une quantité de centimes plus considérables , et quoiqu'il dise dans son arrêté de faire un rôle à titre d'abonnement ou prestation volontaire, comme il ajoute que ce rôle doit être calculé sur les contributions foncière et mobilière, et qu'il en déterminera le montant, ce n'en est pas moins un acte répréhensible, et comme on en faisait sous nos anciens maîtres (le directoire) et qu'on appelait *emprunt forcé.* Aujourd'hui on exige pour le supplément du traitement du desservant ; demain ce sera pour l'évêque ; peut-être après demain on trouvera qu'une mine si facile à exploiter ne doit pas s'arrêter là... Comment un préfet ignore-t-il que c'est Votre Majesté qui propose les impôts au corps législatif, et qu'il faut qu'ils soient revêtus des formes voulues par la loi? Ce supplément de traitement doit être compris dans les charges locales , et le préfet doit en surveiller l'emploi ; si elles ne suffisent pas , il doit s'adresser au ministre de l'intérieur, et ce dernier, de concert avec le ministre des finances , doit en faire un rapport à Votre Majesté. Un préfet peut approuver un rôle volontaire , mais jamais l'ordonner.

La place de bibliothécaire de l'Institut est vacante ; parmi les concurrens qui se présentent pour la remplir , on en distingue trois, savoir : MM. Bithaubé , Dupont de Nemours et Charles : tous trois paraissent avoir les mêmes droits. Alors ne pourrait-on pas se décider pour le doyen d'âge ? Je pense cependant que l'institut ne prononcera pas sans que Votre Majesté ait déterminé le petit nombre des candidats sur lesquels elle désire que le choix tombe.

Le ministre des cultes aura rendu compte à Votre Majesté de ce qui s'est passé entre le préfet de police de la ville de Paris , et M. Freyssinous , prêtre , qui fait des conférences à St-Sulpice, le dimanche.

Il faut , sans doute , que la police soit active ; mais il ne faut pas qu'elle soit tracassière , et surtout qu'elle n'empiète pas sur les droits et les devoirs d'un ministre. Si M. Freyssinous s'était permis quelque chose qui fût répréhensible , le préfet de police devait en instruire le ministre des cultes , car le préfet n'exerce pas son autorité dans une église , à moins d'un cas très-extraordinaire ; lequel ministre doit à son tour instruire l'évêque , et celui-ci doit faire venir l'individu qui a porté la parole et dont on a à se plaindre.

Il paraît que les agens du préfet n'avaient pas rendu un compte bien exact , et que le cardinal Maury et M. Portalis fils qui avaient assisté à ces conférences , n'ont trouvé rien dans les discours de M. Freyssinous, qui dût être réprimé , et le préfet a reconnu qu'on l'avait engagé dans une fausse démarche.

    J'ai l'honneur, etc.

Notes.   H.

(*Adressée à Osterode.*)

6 avril 1807.

A S. M. L'EMPEREUR DES FRANÇAIS ,

ROI D'ITALIE.

Sire ,

J'ai à présenter à Votre Majesté mes très-humbles remerciemens sur la nomination qu'elle a bien voulu faire de l'évêque de Coutances à l'évêché d'Orléans. Elle a daigné se souvenir de ma lettre du 10 octobre dernier. C'est une marque de bonté pour laquelle je la supplie d'agréer ma reconnaissance.

Le ministre du trésor public vient de faire paraître , afin de fixer un ordre de paiement des intérêts pour les 5 p. °/₀, un tableau des numéros qui seront payés pendant 13 semaines , c'est-à-dire , depuis le 22 mars dernier , jusqu'au 20 juin prochain.

J'ai adressé à ce ministre l'art. 4 de la loi du 21 floréal an 10 , par lequel il est dit que le semestre échu sera payé dans le mois qui le suivra. On a exécuté cette loi en vendémiaire an 11. Depuis, on s'en est un peu écarté; mais enfin on croyait toujours qu'on y reviendrait, et il restait encore l'espérance.

Le tableau affiché prouve incontestablement que la loi ne sera pas suivie ; cependant une loi ne peut être abrogée que par une autre, ou obtenir une modification que par un décret impérial. Je pense que, d'après mes observations, le ministre en demandera un à Votre Majesté, et qu'il ne restera pas seul responsable du changement de cette loi.

Votre Majesté ne ferait pas un crime à un rentier qui irait le 22 mars chez le ministre du trésor public, son inscription d'une main, et la loi du 21 floréal an 10 de l'autre, demander le paiement du semestre échu. Il ne ferait que suivre l'intention de Votre Majesté, qui maintient toujours la loi, puisqu'aucun changement d'une manière légale n'a été fait. Vous en avez reconnu le principe il y a quelque temps, en disant qu'une obligation sur un payeur à jour fixe, était une véritable lettre de change. La loi précitée est la date de la lettre de change pour le rentier, sur le trésor public ; que la loi dise qu'on paiera en six mois, et le rentier attendra.

Je paraîtrai, peut-être, un peu rigoriste à Votre Majesté. Mais je pense qu'il ne faut pas plus que les hommes jouent avec les lois, que les enfans avec les armes à feu.

Je suis avec respect, etc.

H.

Notes.

(Adressée à Varsovie.)

14 avril 1807.

A S. M. L'EMPEREUR DES FRANÇAIS,

ROI D'ITALIE.

SIRE ,

Les travaux multipliés dont Votre Majesté est occupée ne l'empêche pas de penser à ceux qu'elle a ordonnés à Paris. L'arc de triomphe qu'on élève sur la place du Carrousel revient à sa mémoire. Il est, comme on l'a dit à Votre Majesté, approuvé par les uns , critiqué par les autres. La plupart ne connaissent pas l'effet qu'il doit produire. On le trouve petit pour la grandeur de la place, et en même temps on croit qu'il masquera le palais. Il y a encore des gens qui auraient voulu qu'il fût placé à l'entrée de la rue Impériale.

J'avouerai à Votre Majesté que je ne suis de l'avis d'aucun. Voici ce que j'ai dit aux uns et aux autres :

Cet arc de triomphe ne doit servir que pour le triomphateur. Les petites portes latérales sont faites pour que ceux qui sont à côté ne passent pas sous le milieu de l'arc. L'armée y passera, dans les fêtes, mais le passage doit en être fermé et interdit ordinairement au public. Vous voyez que, d'après cela, il ne doit pas être trop vaste, et encore moins élevé au-dessus d'une rue dont il ne formera qu'une arcade.

Lors de l'établissement du pont des Arts, les critiques abondaient dans les salons et dans les journaux. Le 11 ou le 12 vendémiaire an 10 , j'adressai une note au *Journal de Paris*, qui l'inséra aussitôt. Elle était en faveur de ce pont ; quelques personnes appuyèrent mes réflexions, et depuis les plus obstinés en reconnaissent l'utilité. Le temps m'apprendra si je me suis trompé sur l'arc de triomphe.

La conscription de 1808 vient d'être annoncée ; Votre Majesté sent le besoin de la paix, car en formant des

soldats de la jeunesse qui n'a pas encore atteint sa dix-
neuvième année, elle arrête la suite des études, et par
conséquent le progrès des arts et des sciences, et son
intention n'est pas que la nation française se trouve au-
dessous des autres nations ; et vous faites trop, Sire,
pour rendre au commerce sa splendeur, pour ne pas
croire que vous ménagerez ceux qui doivent l'exercer.

L'ambassadeur français auprès de la Porte-Ottomane
a justifié votre attente. Il a suivi vos instructions, et il a
réussi à donner de l'énergie à une nation abattue. Aussi,
lorsqu'on disait, il y a quelques jours, à voix basse, que
Constantinople était pris, je disais : Le général Sébastiani est donc mort ? Je fus chercher des nouvelles cer-
taines sur son existence, j'appris qu'il vivait ; alors je dis
à ceux qui me répétaient cette nouvelle : Constantinople
n'est pas encore au pouvoir des Anglais. Mes conjectures,
depuis, se sont réalisées.

Voici la septième année commencée que j'ai l'honneur
d'écrire à Votre Majesté ; elle a pu reconnaître quels sont
mes sentimens.

Je suis, avec respect, etc.,

H.

(Adressée à Varsovie.)

12 mai 1807.

A S. M. L'EMPEREUR DES FRANÇAIS,
ROI D'ITALIE.

Sire,

On m'a assuré que Votre Majesté insistait pour que le
Code du commerce fût présenté à la législature prochaine.
Oui, Sire, il importe que vous opposiez des barrières
à la mauvaise foi. Imprimez, s'il le faut, un tel affront
aux gens qui jouent et perdent, dans des spéculations

hasardées, la fortune et l'économie de vingt pères de famille. Que le fonctionnaire public, l'homme en place, ne soit plus assez déhonté pour aller partager l'opulence de ce banqueroutier qui a payé ses créanciers avec un bilan, et qui, sous le nom de sa femme, jouit avec sécurité d'une fortune plus considérable que celle qu'il avait. Il est bien étonnant que ce travail ne soit pas encore terminé, et que Votre Majesté soit obligée de le presser, comme si les personnes qui en sont chargées ne connaissaient pas tous les maux qu'entraîne la mauvaise foi des commerçans qui déposent leurs bilans.

J'attends avec une grande impatience des nouvelles de la grande armée du 11 mai. J'ai prévenu quelques personnes que je croyais que ce jour, mémorable anniversaire de la bataille de Fontenoy, pourrait encore être renouvelé par Votre Majesté, après 62 ans......

En revenant le long du quai du Louvre, j'aperçus avant-hier, au port St-Nicolas, un grand bateau ; on en avait tiré environ une douzaine de caisses, et il en restait encore cinq ou six. Je m'approchai et je reconnus que c'étaient divers objets pour le Musée Napoléon, expédiés de Berlin. Je vis même, au moyen d'un trou fait à une caisse, un des chevaux du quadrige, et dans une autre les roues et l'aigle qui dépendent du char.

J'avouerai que je remerciai intérieurement Votre Majesté de vouloir bien s'occuper de nous épargner, à nous autres Parisiens, les frais de voyage, pour aller voir différens objets curieux, tant à Berlin qu'à Rome ou à Venise.

J'ai l'honneur, etc.

H.

(Adressée à Saint-Cloud.)

4 août 1807.

A S. M. L'EMPEREUR DES FRANÇAIS,

ROI D'ITALIE.

Sire ,

J'ai rempli le vœu que j'avais formé depuis long-temps. J'ai vu Votre Majesté Impériale et Royale dans son palais de Saint-Cloud , dimanche dernier. Je lui ai adressé en silence mes vœux.

Ce tableau d'hommes qui venaient pour obtenir un regard de Votre Majesté, a été examiné par moi avec attention, et l'événement arrivé à quatre membres de l'Institut, dont le poète Andrieux était, m'a particulièrement occupé.

Arrivés tous quatre du fond de la galerie , au moment où les portes se fermaient sur l'Institut en corps, qui venait d'entrer dans la salle d'audience , ces Messieurs cherchaient à persuader à l'huissier , qu'en leur qualité de membres de l'Institut , il devait leur ouvrir la porte. Mais, inflexible, il a dit que cela ne se pouvait pas , et honteux de n'avoir pu voir Votre Majesté , ils n'ont pas osé attendre la sortie de leurs collègues , ils ont disparu. Voilà pour eux un triste voyage de Saint Cloud. Après la messe , je me promettais de vous assurer, Sire , de mon entier dévouement de vive voix , et de vous présenter une pétition ; déjà , j'avais pris mon rang à côté du tribunal de première instance ; déjà , je me promettais une heureuse issue de ma démarche : il n'y avait plus d'intermédiaire , et j'allais obtenir un regard et un mot de Votre Majesté. Mais toutes mes espérances se sont évanouies , lorsque j'ai entendu une phrase de Votre Majesté au président de ce tribunal , sur les Parisiens , et qui a été répétée au même instant par vingt bouches. Je suis de Paris, me suis-je dit ; il faut renoncer à tout ; l'opinion de Sa Majesté n'est pas avantageuse pour eux , il n'y a aucune espérance pour moi , et il ne fera pas une exception. J'ai cédé la place à la société d'agriculture ; je me suis retiré. J'ai pris le chemin de Paris , occupé de la seule idée que Votre Majesté voulait le bonheur des Français,

Mais, comme ce qui peut intéresser la chose publique, m'occupe plus que ce qui m'est particulier, j'aurai l'honneur de soumettre à la décision de Votre Majesté la question de savoir si un comptable destitué par Votre Majesté, et qui n'a pas encore appuré tous ses comptes, peut obtenir une place salariée par le gouvernement. Si vous croyez, Sire, que cela puisse faire la matière d'un rapport , le ministre des finances peut vous en soumettre un sur cette question.

J'ai l'honneur, etc.

Notes.   H.

18 août 1807.

A S. M. L'EMPEREUR DES FRANÇAIS,

ROI D'ITALIE.

SIRE,

J'ai des remerciemens à faire à Votre Majesté. Elle a daigné encore obtempérer à la demande que j'avais eu l'honneur de lui faire le 26 mars dernier, et la nomination du maire de Paris au sénat, qui a présenté les hommages respectueux de la ville de Paris, dans le palais de Schœnbrunn, est une preuve que je ne me suis pas trompé sur le choix que ferait Votre Majesté.

La suppression du tribunat laisse un vaste emplacement libre ; permettez, Sire, que je revienne sur ma lettre du 12 germinal an 12, relative à l'emplacement de la bourse de Paris. Il me semble qu'on peut y placer la banque de France, le tribunal de commerce et la bourse ; les frais à faire ne me paraissent pas très-considérables, et la jouissance en sera très-prompte : tout autre emplacement sera peut-être plus éloigné des affaires ou entraînera de plus grandes dépenses.

Je prie Votre Majesté de prononcer sur les comptables destitués, qui ont des places payées par le gouvernement ; cela me paraît un abus que la rigidité des principes de Votre Majesté ne peut pas tolérer, cependant il existe.

J'ai l'honneur, etc.

H.

---

19 août 1807.

(Envoi de couplets chantés dans les rues de Paris, après la paix de Tilsitt, en juillet 1807.)

Notes.

2   2

22 août 1807.

A S. M. L'EMPEREUR DES FRANÇAIS,
ROI D'ITALIE.

SIRE ,

Les lois doivent punir le crime avec sévérité , et le juge doit être impassible ; aucune considération ne doit le faire balancer ; mais heureusement pour quelques individus , que votre Majesté peut adoucir la loi. S'il en est temps encore , Sire , je viens implorer votre clémence pour un père qui a commis une grande faute , une faute que la loi a dû punir ; mais ce crime ne doit trouver grâce devant Votre Majesté , que parce que c'est un père qui l'a commis , et ce n'est qu'à cause de cela que je viens demander à Votre Majesté d'en commuer la peine.

Je lis dans le *Journal de l'Empire* du 20 de ce mois , que le nommé J. Vidal père , de la commune d'Orbon , département du Tarn , pour soustraire son fils à la conscription , a falsifié son acte de naissance , pour jouir du bénéfice de l'article 18 du décret impérial du 8 fructidor an 13. Par arrêt de la cour de justice criminelle spéciale , du 21 juillet dernier , cet individu a été condamné à 8 ans de fers , à *la flétrissure avec fer rouge sur l'épaule gauche* , à l'exposition pendant 6 heures , à l'affiche de l'arrêt au nombre de 400 exemplaires et aux dépens.

Je sais combien est dangereux un pareil crime. Je ne me dissimule rien sur ce genre de délit ; mais , Sire , un malheureux père a eu une faiblesse. Ah ! la loi n'a pas heureusement à punir souvent un pareil délit ; ainsi Votre Majesté ne doit pas craindre qu'on implore souvent sa clémence. Commuez , Sire , commuez la peine de ce malheureux ; c'est à vos pieds que je l'implore , qu'il n'ait aperçu que l'échafaud , et qu'un temps déterminé de prison expie le crime dont il s'est rendu coupable. A tous vos titres , Sire , de grand , de magnanime , qu'on ajoute avec un religieux respect celui de *clément*.

J'ai l'honneur , etc.　　　　H.

. 18 septembre 1807.

A S. M. L'EMPEREUR DES FRANÇAIS,

ROI D'ITALIE.

SIRE,

Les assemblées cantonnales ont été faites avec beau-coup de tranquillité dans le département de la Seine ; cependant Votre Majesté saura qu'il y a eu une grande différence de celles-ci à celles qui ont eu lieu en l'an 11. A cette époque, plusieurs votans avaient refusé d'être nommés au collége électoral d'arrondissement, et ne mettaient aucun empressement à cette nomination. Aujourd'hui, l'esprit public a totalement changé ; tous les votans auraient voulu être du collége, et paraissaient vouloir tenir au gouvernement.

La même insouciance a existé, lorsque Votre Majesté a institué la Légion-d'Honneur. J'ai vu des personnes à qui elle avait été accordée, croiser leur habit sur le ruban ; maintenant, on sollicite pour l'obtenir, et vous avez entendu, Sire, le préfet de la Seine vous la demander pour un maire de Paris, comme si la récompense devait précéder les services.

Votre Majesté, après avoir fait droit à mes différentes observations, sur le costume étrange que les artistes donnaient aux généraux français, a arrêté que le général d'Hautpoul serait représenté dans son habit de cuirassier, et elle a déterminé qu'il serait placé au milieu de la ci-devant place Royale.

Il paraît que le peuple n'est pas entré dans les appartemens du château de Saint-Cloud, les dimanches 6 et 13 de ce mois. C'est cependant pour lui une grande jouissance de voir les appartemens des Maisons Impériales et Royales, et si, comme on l'assure, Votre Majesté vient dimanche 20, au Palais des Tuileries, ne croira-t-elle pas convenable de donner des ordres pour qu'on ouvre les appartemens du château de Saint-Cloud au peuple, pendant quelques heures? Il n'y aura peut-être pas une grande affluence de monde ce jour-là ; mais cela fera plaisir à ceux qui se trouveront à Saint-Cloud. Quand on peut rendre contens des gens avec si peu de chose , Votre Majesté n'a sûrement point envie de le leur refuser.

J'ai l'honneur, etc.

H.

---

22 septembre 1807.

A S. M. L'EMPEREUR DES FRANÇAIS ,
ROI D'ITALIE.

Sire ,

La nomination du premier président de la cour des comptes m'a moins surpris que sa disgrâce. Votre Majesté , par mes lettres des 4 nivôse an 14 , 5 et 11 février 1806 , a pu voir ce que je pensais à son sujet. Elle a bien voulu lui rendre la justice que je réclamais pour lui : je l'en remercie. Par ma dernière lettre du 11 février , je la priais de l'appeler au sénat ; je suis sans doute le dernier qui en ait parlé à Votre Majesté , et si elle n'a pas voulu , à cette époque , déférer à ma demande , la manière dont elle le rappelle justifie l'opinion que j'avais de lui.

J'ai l'honneur, etc.

Notes.

H.

24 septembre 1807.

A S. M. L'EMPEREUR DES FRANÇAIS,
ROI D'ITALIE.

SIRE ,

Le réglement de la cour des comptes va être présenté à Votre Majesté; je la prie d'examiner si les référendaires ont assez de latitude pour le travail. Il faut qu'on ne présente à Votre Majesté que des hommes probes , et après, il faut qu'ils ne soient pas entravés dans leur rapport, comme l'étaient ceux qui dressaient des rapports pour être lus au comité de Messieurs de la comptabilité nationale. Ils étaient soumis à remettre leur travail au commissaire de la division, qui le retranchait, levait , ou ajoutait des charges; enfin c'était plutôt l'opinion des commissaires qu'on lisait au comité , et ce même commissaire devenait juge de son rapport. Votre Majesté sent l'inconvénient d'un semblable travail, d'autant que chaque commissaire , en faisant la même chose dans sa division , élevait peu de discussion dans les rapports; car si un commissaire avait attaqué le rapport d'un autre, peut-être en opráit , le lendemain, attaqué le sien. Cela entravait tellement la marche , que le travail se traînait avec peine , puisqu'il était toujours révisé par un commissaire.

Si l'on veut que les référendaires soumettent leur travail , soit aux présidens , soit aux maîtres des comptes , ce ne doit être que pour en prendre connaissance , et afin de pouvoir, lorsque les maîtres des comptes iront aux opinions , présenter les objections qu'ils croiront convenables. S'il en était autrement, si un maître des comptes ou un président se permettait de refaire le travail d'un référendaire , s'il levait des charges , ou en imposait, admettait des pièces rejetées , et enfin si le référendaire lisait à l'audience le rapport ainsi châtié par le président ou le maître des comptes, ce serait ôter sa responsabilité; le travail se ralentirait , et le maître des comptes deviendrait juge de son propre ouvrage : inconvénient qui existait à la comptabilité nationale.

Le président, ou le maître des comptes à qui le référendaire aura remis son travail, pour le lire et faire des notes séparées sur quelques endroits du rapport, pourra dire son avis au référendaire en le lui remettant; mais ce ne sera qu'un avis, et le référendaire restera toujours responsable de son rapport.

Votre Majesté pourra espérer, dans le travail, célérité, si les référendaires apportent le leur ; s'ils l'apportent revu, et corrigé et augmenté, soit par des présidens, soit par les maîtres, alors il y aura embarras, lenteur, et bientôt arriéré.

J'ai l'honneur, etc. , H.

---

19 avril 1808.

A S. M. L'EMPEREUR DES FRANÇAIS,

ROI D'ITALIE.

Sire,

J'ai l'honneur de mettre sous les yeux de Votre Majesté, un mémoire sur les greniers de réserves.

Je la supplie d'agréer l'expression de mon attachement et du profond respect avec lequel je suis de Votre Majesté Imperiale et Royale, etc.

H.

A S. M. L'EMPEREUR ET ROI.

MÉMOIRE SUR LES GRENIERS DE RÉSERVE.

Votre Majesté Impériale et Royale a, par un décret impérial, arrêté qu'il y aurait des greniers de réserve dans les départemens; déjà le département de la Seine voit s'élever dans l'enceinte de Paris les fondemens de son grenier de réserve , et le peuple , appliquant une fausse *idée* à ces greniers , les transforme en greniers *d'abon-dance* , de sorte qu'il espère que lorsqu'ils seront pleins, on lui livrera le pain à très-bon marché.

En 1791 , la municipalité de Paris proposa cette ques-tion :

Quel est le moyen de pourvoir à l'approvisionnement de la capitale, et d'empêcher que, dans aucun temps, le pain ne s'élève à un prix disproportionné à celui du blé ?

Plusieurs mémoires furent envoyés ; on en voit un im-primé le 29 novembre 1791, par ordre du conseil-général de la commune, portant cette épigraphe :

Que les enfans des fermiers s'établissent dans les cam-pagnes, pour y perpétuer les laboureurs.

Ce mémoire donna lieu à un rapport et à des moyens proposés par le comîté au conseil-général de la commune.

L'auteur du mémoire ayant remarqué, dans les moyens proposés , quelques inconvéniens assez graves , fit un second mémoire qui fut encore imprimé par ordre du conseil-général. Mais les événemens de 1792 ne laissèrent pas le temps de prendre une détermination. Comme l'au-teur de ces mémoires se rapproche beaucoup des inten-tions de Votre Majesté, pour les greniers de réserve , le ministre de l'intérieur pourrait se faire rendre compte des travaux de la commune de Paris sur cette question , et vous en faire un rapport.

Votre intention , Sire , n'est pas , sans doute, de faire emmagasiner le blé dans ces greniers, afin d'avoir à payer des régisseurs , des gardes-magasins , des inspecteurs , tous gens qui ont toujours moins soin du blé que chez le cultivateur , ou chez celui qui en fait son commerce.

Les états qui ne recueillent pas assez de blé pour leur consommation, peuvent bien consacrer une partie de leur revenu aux pertes annuelles qu'entraînent des magasins, pour parer , dans un moment de disette , à la rareté ; mais un état qui recueille assez de cette denrée , qui im-pose les terres en raison de leur produit et de sa vente , cet état ne peut et ne doit pas empêcher que quelques

cultivateurs ne profitent d'une hausse ; car si quelques-
uns gagnent , c'est que d'autres perdent. Si le cultivateur
ne vend pas bien sa denrée , il paie mal l'impôt , et ne
fait point d'augmentation dans sa culture, et le gouvernement est obligé de lui accorder des dégrèvemens. S'il
la vend bien , il aura des bestiaux , par conséquent des
engrais , et sa culture accroîtra. Les baux qui se renouvellent dans ce moment, baissent de prix , parce que les
denrées ne se consomment pas. Votre Majesté sait que,
lorsque le blé est à un bon prix , l'ouvrier travaille pour
l'obtenir , le cultivateur rentre dans ses avances , accroît
ses moyens , et les contributions se lèvent avec facilité.

La ville de Paris fera-t-elle remplir ce grenier de farine ?
Si cela est , voici comme il faut calculer cette avance :

Environ 1600 sacs de farine de consommation par jour,
donnent pour un mois 48 mille sacs, lesquels, au prix d'environ 45 fr., font une somme de 2,160,000 fr. , et comme
cette provision d'un mois serait illusoire, la prévoyance
doit être au moins pour l'année, et alors la mise de fonds
est de 25,920,000 fr. Cependant la ville de Paris n'a pas
le moyen de disposer de fonds aussi considérables. Si elle
prend à crédit , l'avance augmentera.

Mais , dira-t-on , on laissera toujours apporter les marchands , et le grenier ne vendra que pour empêcher le
blé ou la farine de monter. Il arrivera , nécessairement ,
que si l'on empêche le marchand de faire un bénéfice,
il ne viendra pas, et après quelques marchés , la ville de
Paris vivra seule de ses farines. Si on vend le pain meilleur
marché à Paris qu'aux environs , on verra se renouveler
les perquisitions aux barrières, pour savoir si on emporte
du pain.

Si c'est le gouvernement qui fait les fonds, pourquoi les
ferait-il plutôt pour le grenier de réserve du département
de la Seine , que pour un autre département , et si l'on
veut une justice distributive , quelle somme énorme ne
faudrait-il pas ?

On ne peut pas avoir des farines pour une année ; on
aura donc la provision partie en blé , partie en farine ;

mais alors il faut compter sur un double emplacement pour le blé, puisqu'il faut environ deux sacs de blé pour un de farine, à quoi il faut ajouter les frais de transport pour la mouture, ce qui n'existe pas lorsque la farine arrive directement.

Les frais de magasinage pour les régisseurs, les inspecteurs, les gardes-magasins seront considérables ; que ce soit aux frais du gouvernement ou du département, l'un ou l'autre sera trompé, disons le mot : *sera volé*. Régisseurs intéressés à acheter à tous prix, s'ils ont des remises, et à vendre promptement pour renouveler les opérations ; gardes-magasins ne répondant pas des marchandises, touchant des appointemens et insoucians sur les objets qui leur sont confiés ; inspecteurs qui concilient tout avec un procès-verbal ; et, pour donner du pain à un taux au-dessous de ce qu'il coûte au cultivateur, à des ouvriers qui boiront plus et travailleront moins, on fera une perte annuelle considérable, prise sur les contributions personnelle, mobilière et somptuaire ; car il faut croire qu'on ne fera pas encore supporter à la contribution foncière un impôt qui doit priver le propriétaire de terres d'une partie de ses bénéfices, puisqu'il ne pourra pas profiter d'une hausse.

Voilà, Sire, les inconvéniens de faire administrer un grenier de réserve, soit pour le compte du gouvernement, soit pour celui d'un département, et qu'on a déjà mis sous les yeux de Votre Majesté.

Que les greniers de réserve, Sire, ne servent que d'entrepôt de marchandises, que les marchands qui auront obtenu la permission, y déposent les denrées qu'ils voudront vendre ; qu'ils trouvent abri et protection, qu'ils veillent eux-mêmes sur leurs marchandises, et que les gardes-magasins soient nommés par eux ; que les emplacemens donnés aux marchands ne leur coûtent rien, mais qu'ils soient tenus de renouveler leurs marchandises dans un temps donné, afin qu'elles soient toujours de bonne qualité, et qu'un autre marchand puisse espérer de venir à son tour : cela n'a rien de contraire aux droits de propriété , parce que c'est à cette condition que la place est donnée avec avantage dans le grenier de réserve.

On a dû présenter l'utilité des greniers de réserve , sous ce point de vue, à Votre Majesté.

Je n'entrerai pas, Sire, dans tous les détails du régime intérieur du grenier de réserve. Les bases que je viens d'indiquer sur son institution , désignent assez son organisation. La ville de Paris doit payer les appointemens de ceux chargés de veiller à la conservation des marchandises ; l'entretien du grenier de réserve doit être à sa charge, à moins qu'il ne soit bien constaté que le dommage a été causé par le fait d'un marchand qui s'en trouve responsable. On doit exiger que les marchands renouvellent leurs marchandises dans un temps donné , mais on ne peut pas les taxer.

Je pense que ce principe est celui présenté à Votre Majesté Impériale et Royale. Si je me trompais , j'aurai toujours rempli mon devoir de citoyen , et , malgré la différence des moyens, vous aurez vu, Sire, que je n'en désire pas moins le bonheur de mon pays.

Je suis , etc. ,

H.

(*Adressée à Bayonne.*)

24 mai 1808.

A S. M. L'EMPEREUR DES FRANÇAIS ,
ROI D'ITALIE.

Sire ,

Les résultats qui viennent d'avoir lieu d'après les événemens d'Aranjuez, et, par suite, ceux de Madrid, ne surprennent que ceux qui n'ont point suivi la cour d'Espagne dans sa versatilité; et lorsque j'eus l'honneur de faire connaître, à la fin de septembre 1806, à Votre Majesté, les bruits qui couraient sur la flotte française à

Cadix, cela n'annonçait pas une cour franche, loyale et dévouée à combattre l'ennemi commun. Cette cour va attirer avec elle des hommes dont on ne connaît pas le caractère ; ils vont vivre avec les Français ; quelques-uns trouveront le moyen d'approcher de Votre Majesté, et vendus peut-être à un ennemi, n'est-il pas à craindre qu'ils cherchent à le servir ? Voilà, Sire, l'appréhension des Français qui sont attachés au gouvernement ; voilà ce que Votre Majesté prévoiera sans doute. La France a perdu depuis long-temps le fanatisme de la religion, fanatisme dangereux, puisqu'il promet à celui qui commet un crime la récompense hors de ce monde ; mais il existe peut-être encore en Espagne, ce fanatisme, et le bras d'un Espagnol peut encore se laisser conduire par un prêtre qui, méconnaissant la voix du véritable Dieu, ne servirait que sa passion haineuse. Je prie Votre Majesté de ne pas se laisser aller à une confiance trop étendue. On peut résister à un homme armé en plaine, mais on est quelquefois victime de celui qui se tient au coin d'un bois.

J'ai rempli mon devoir ; Votre Majesté fera ce que sa prudence lui indiquera.

Le cardinal-archevêque de Paris est dans un état de défaillance qui fait craindre pour ses jours, à cause de son grand âge. Cette place récompensera sans doute un prélat à qui vous aurez reconnu, Sire, des mœurs, un zèle religieux et l'amour de la patrie. Parmi les candidats qu'on présentera à Votre Majesté, elle ne sera pas surprise de voir l'évêque d'Orléans. Elle a pu juger particulièrement de son caractère, elle l'a entretenu à son passage à Orléans, et si son nom ne se trouvait pas sur la liste, je suis persuadé que Votre Majesté l'ajouterait. Ce sont de tels choix qui donnent aux places la considération qui leur conviennent. Votre Majesté le sait, et elle ne laissera pas échapper le moyen de le prouver.

Je suis de Votre Majesté, etc. ,

Notes.   II.

(*Adressée à Bayonne.*)

12 juin 1808.

A S. M. L'EMPEREUR DES FRANÇAIS ,
ROI D'ITALIE.

SIRE ,

L'augmentation subite des denrées coloniales a fait ici quelque sensation ; mais Votre Majesté peut être tranquille, ce n'est qu'un déplacement d'argent. Il n'y a pas à craindre d'agitation populaire. Quelques têtes seulement fermentent, et voilà où doit se borner l'insurrection. Rien n'est plus singulier que d'entendre la femme dont le déjeuner est augmenté en dépense, parler de la guerre et de la paix ; elle voudrait qu'on acceptât toutes les conditions des Anglais pour une tasse de café, comme Esaü donna son droit d'aînesse pour un plat de lentilles.

Depuis long-temps je prends le parti d'écouter les nouvellistes qui, dans les salons, semblent être dans le secret des cabinets. Les mêmes qui prétendaient, il y a deux ans, que la paix avec la Russie n'était pas possible, affirment aujourd'hui qu'il y aura bientôt une alliance étroite avec cette même puissance ; d'autres annoncent une rupture prochaine avec cette puissance et avec l'Autriche. Les plus adroits ont chaque nouvelle, pour chaque maison, de sorte que, dans l'une ou dans l'autre, ils espèrent qu'on leur saura gré de la confiance qu'ils ont montrée, en donnant ces nouvelles à voix basse et avec des mots entrecoupés. Ils veulent faire croire qu'ils en savent plus qu'ils n'en disent, tandis qu'ils n'en savent pas autant. Ils remplacent l'archevêque de Paris sans examen, et ils nomment un cardinal, sans savoir si ce cardinal a toutes les qualités requises ; ils croient qu'il faut être cardinal pour cette place. Ils ne savent pas que Votre Majesté peut nommer un simple évêque à l'archevêché de Paris, et que l'élévation à la place de sénateur et le chapeau de cardinal peuvent venir après.

Ah ! Sire , si je pouvais avoir encore deviné le secret de la nomination que vous devez faire à l'évêché de Paris ; si l'évêque pour lequel j'avais l'honneur de vous écrire le 10 octobre 1806, pour l'évêché d'Orléans , et que vous avez nommé en 1807, recevait encore de vous cette marque de faveur et de bonté, cela n'ajouterait rien à son attachement et à sa reconnaissance pour Votre Majesté , mais cela augmenterait ses moyens pour faire des heureux , et il ne leur laisserait pas ignorer que ce sont les bienfaits dont Votre Majesté l'a comblé qui en sont la cause.

J'ai l'honneur , etc.

H.

J'apprends qu'un chanoine de Saint-Denis sent renaître ses espérances. Votre Majesté croira-t-elle que le dévouement à son auguste personne est le même que celui de l'évêque d'Orléans ?

4 août 1808.

A S. M. L'EMPEREUR DES FRANÇAIS,
ROI D'ITALIE.

Sire ,

Le retour de Votre Majesté dans sa capitale , doit faire cesser nécessairement les bruits que la malveillance cherchait à propager. Les gens sensés leur répondent que, si ce qu'ils disent était vrai , Votre Majesté serait restée à Bayonne pour y donner des ordres, et qu'elle ne voudrait pas perdre six ou sept jours avant qu'ils fussent exécutés. Mais, disent ces gens-là , les gardes d'honneur vont augmenter l'armée d'Espagne. On leur demande : Où sont vos preuves ? Ce qu'il y a de singulier, c'est que plusieurs personnes répètent ces bruits sans y croire, et c'est ainsi qu'ils circulent et qu'ils trouvent de temps en temps des gens qui les affirment.

Il paraît que la cour de Rome va s'expliquer sur la nomination que Votre Majesté a faite à l'évêché de Troyes. Cela fera encore cesser des bruits de rupture qui se propageaient, et auxquels le silence du Saint-Père semblait donner lieu.

Je commence à croire, Sire, que votre retour par Orléans confirmera l'idée que je me suis faite sur son évêque, pour sa nomination à l'évêché de Paris, et qu'à l'arrivée de Votre Majesté, dans son palais des Tuileries, j'aurai à lui présenter ma respectueuse reconnaissance.

De Votre Majesté, etc.,

H.

10 septembre 1808.

A S. M. L'EMPEREUR DES FRANÇAIS,

ROI D'ITALIE.

Sire,

Votre Majesté met la plus grande importance à la réussite du canal de l'Ourcq. Elle désire que l'eau soit promptement conduite dans la partie basse du canal, et pour remplir les vues de Votre Majesté, on a mis un très-grand nombre d'ouvriers dans cette partie. Le haut est presque abandonné ; mais, en supposant que cette partie du canal que l'on prépare, réponde aux intentions de Votre Majesté, il paraît qu'il reste un doute sur la partie supérieure. Quelqu'un des environs de Meaux assurait que, de ce côté, il y avait des endroits d'où on avait extrait de la pierre ; que, par conséquent, il paraît très-difficile de faire couler de l'eau dessus, sans les faire battre et enduire avec de la glaise, comme on fait pour un bassin ; que cet ouvrage coûterait beaucoup d'argent, beaucoup de temps, et demanderait une éternelle surveillance. Ces détails donnés par un homme qui paraissait connaître les travaux, m'ont fait penser que Votre Majesté pourrait demander au sous-préfet de Meaux un mémoire détaillé sur les inconvéniens qui peuvent se rencontrer dans la confection du travail à faire au canal de l'Ourcq , qui est dans l'étendue de sa sous-préfecture. Votre Majesté connaîtra alors si les rapports des ingénieurs et conducteurs des travaux se trouvent conformes au mémoire. On ne fait peut-être pas connaître à Votre Majesté tous les inconvéniens qui peuvent se rencontrer , et lorsqu'elle croira que les travaux doivent se terminer dans un temps donné , elle verra avec surprise que les inconvéniens dont on lui a caché la connaissance sont encore à surmonter ; on lui demandera du temps , de l'argent , et il restera encore du doute sur l'exécution du projet.

Lorsque Votre Majesté a parlé au préfet de la Seine de l'égout de la rue Saint-Denis , et qu'elle a pensé que les marchands souffraient des travaux qui s'exécutaient , le préfet n'en a pas paru aussi pénétré que Votre Majesté. Cependant , le fait est constant , et le préfet aurait peut-être dû en prévenir Votre Majesté. Le commerce demandera des réductions sur ses contributions. Il sera juste d'en accorder , et ce serait la plus criante injustice d'être sourd à toute espèce de réclamation qui indiquerait le motif des travaux.

Les effets publics éprouvent une baisse depuis quelque temps ; mais ils avaient pris un accroissement au-dessus de celui qu'on avait lieu d'espérer, il y a un an. Mon opinion est que les inscriptions peuvent donner six ou six et demi à l'acquéreur, sans qu'il y ait discrédit sur les effets. Ce ne sont pas les demandes des acquéreurs qui les ont fait monter, ce sont les joueurs à la hausse ; maintenant ce sont les joueurs à la baisse, et c'est ce qui occasionne toutes ces variations. Sans ces variations, il n'y aurait pas de joueurs. Celui qui place ses fonds dans les effets du gouvernement, parce qu'il y a confiance, ne vend pas , malgré le bénéfice qu'il trouve sur son capital. Acquéreur d'une partie de rente à 53 fr., je ne la vends pas , quoiqu'elle monte à 86 ou 87 ; au lieu que le joueur, qui l'a achetée à 80 fr. , la vend à 82. Souvent il arrive que l'acquéreur n'a pas de quoi payer la rente qu'il achète, au terme de quinze jours ou d'un mois, et le vendeur n'a pas les inscriptions qu'il vend ; l'un ou l'autre, à l'époque de la livraison, compte seulement de la différence, et il n'y a pas eu d'inscriptions de déplacées. Ce jeu est-il nuisible ou profitable au gouvernement ? Lorsque l'alarme se met dans les joueurs, on les voit faire des sacrifices, et vendre à 79 ce qu'ils ont acheté à 82 ou 83. Ils discréditent eux-mêmes l'effet qu'ils prônaient la semaine d'auparavant, et, sous ce rapport, cela n'est pas avantageux ; mais, d'un autre côté, il vient à la bourse des capitaux, la banque de France doit bénéficier d'une grande stagnation de billets entre les mains des capitalistes. Les joueurs, dont quelques-uns se ruinent, doivent-ils se tolérer ? On m'a assuré que des agens de change avaient manqué à leurs engagemens dans les premiers jours du mois : c'est le résultat du jeu auquel ils se sont livrés.

J'ai déjà eu l'honneur d'écrire à Votre Majesté de proposer une loi qui obligeât les tuteurs d'employer les fonds des mineurs dans les effets du gouvernement et en inscriptions ; cela alimenterait la bourse naturellement, et on serait certain que l'inscription, ainsi achetée, ne reparaîtrait sur la place qu'à la majorité des individus, ou dans des cas particuliers, et par décision du conseil de famille.

Je soumets de nouveau mon opinion à Votre Majesté, et la prie d'agréer le respect de , etc.

H.

Fin septembre 1808.

A S. M. L'EMPEREUR DES FRANÇAIS,
ROI D'ITALIE.

SIRE ,

On parle diversement des événemens qui se sont passés depuis quelques mois , en Espagne , de ceux qui en ont été la suite, et de ceux qui doivent avoir lieu.

On trouve toujours des gens exaltés dans un sens ou dans l'autre, mais il en est heureusement qui conservent leur sang-froid et la modération qui convient dans de telles circonstances ; ils étudient les diverses sensations que les nouvelles produisent sur ceux qu'elles peuvent intéresser; ils cherchent à connaître de quel côté l'opinion publique va se tourner , et c'est alors qu'ils forment la leur et croient juger des résultats.

Je vais, en homme sincèrement attaché à Votre Majesté , parler de cette opinion publique ; si je me taisais , je croirais manquer à la promesse que j'ai renouvelée , de ne jamais céler la vérité.

L'universalité des citoyens est portée à croire que les armes de Votre Majesté triompheront dans les Espagnes. On plaint quelques habitans paisibles qui souffriront des malheurs inséparables de la guerre , et l'on sait qu'il est difficile de les préserver. On pense cependant que les ordres donnés à l'armée contiendront des dispositions bienfaisantes pour le citadin paisible ou le cultivateur qui se trouve au milieu des agitateurs ; mais l'événement arrivé à une division de l'armée française occupe les esprits et les divise. On s'aperçoit que peu de personnes ont des notions exactes sur ce qui s'est passé. L'un s'appuie sur ce qu'il a lu dans les journaux ; l'autre , des récits qu'on lui a faits sur les forces réunies des insurgés. Plus la position des généraux qui ont cédé est accablante, plus Votre Majesté sait que le conseil de guerre doit apporter la plus rigoureuse impartialité. Les recherches les plus précises doivent être faites , et lorsqu'il s'agira de prononcer , l'intime conviction des juges doit s'appuyer sur les motifs qui les ont déterminés. Ils doivent émettre avec la plus grande latitude leur opinion , et comme elle ne doit être que le fruit d'un travail assidu , et le résultat des renseignemens et des dispositions , les gens sages doivent croire que le jugement sera exempt de reproche.

Pendant l'absence de Votre Majesté, les bons citoyens craignent toujours , et l'empressement qu'ils mettent à présenter leurs respectueux hommages à Votre Majesté à son retour en est une preuve.

Je supplie Votre Majesté de croire , etc.

Notes.   H.

(*Adressée à Erfurt.*)

1er octobre 1808.

A S. M. L'EMPEREUR DES FRANÇAIS ,
ROI D'ITALIE.

SIRE ,

Il paraît que les forces qui doivent réduire l'Espagne ne sont pas encore arrivées. Aucune grande opération ne s'est encore faite , et ce pays est dans la plus grande agitation.

D'après les ordres de Votre Majesté , j'ai lieu de croire que le général du génie qui a mis son nom au bas de la capitulation qui a été faite avec les insurgés espagnols , est arrivé de Marseille à Paris. Vous attendrez sans doute, Sire , que , pour nommer le conseil de guerre , qui doit juger cette cause , on puisse réunir tout ce qui est nécessaire pour jeter le plus grand jour sur cette affaire , et si , comme on le croit , ce général a rédigé en mer un mémoire qui constate les faits tels qu'ils se sont passés, on doit penser qu'on ne s'en est saisi que pour le mettre sous les yeux de Votre Majesté. Il peut servir de confrontation avec les dépositions des témoins , et c'est une pièce qui doit figurer au procès , soit à charge , soit à décharge. Au moyen de tous les documens nécessaires , de tous les individus qui doivent paraître dans ce procès , on croit qu'il ne commencera pas sitôt , et que Votre Majesté attendra , pour former le conseil de guerre , que , peut-être , la haine de quelques individus, ou les passions de la jalousie soient , non pas éteintes , mais amorties , afin que Votre Majesté , éclairée par le véritable amour de la patrie , voie que l'accusation est basée sur des preuves irréfragables , et que le jugement n'est pas pressenti avant le jugement.

Je ne saurais trop marquer mon attachement à Votre Majesté , en la suppliant de recommander dans cette affaire la plus grande impartialité , la marche la plus lente , afin qu'elle soit la plus sûre. Votre Majesté sait qu'un militaire , s'il est accusé d'avoir fait une faute grave , veut être jugé. Mais s'il perd la vie , il ne faut pas que sa famille , ses amis et ceux-mêmes qui n'attendent que la justice , croient qu'il n'a pas perdu l'honneur, et que ce n'est qu'un esprit de jalousie qui l'a perdu dans l'esprit de son prince.

Votre Majesté Impériale connaît , etc.

Notes.

H.

6 octobre 1808.

(Envoi d'une marche guerrière.)

Notes.

(Adressée par Bayonne.)

10 octobre 1808.

A S. M. L'EMPEREUR DES FRANÇAIS,
ROI D'ITALIE.

Sire ,

On a sans doute instruit Votre Majesté de l'événement qu'on dit être arrivé à Châtellerault. La manière dont s'est conduit un régiment polonais mérite une punition exemplaire , et Votre Majesté l'ordonnera , afin de garantir le retour d'un pareil abus.

On est occupé à découvrir la fontaine érigée sur l'ancienne place du Châtelet , qu'on peut appeler la fontaine des Batailles. Pour que ce monument se détache mieux , Votre Majesté ordonnera sans doute que l'on élargisse la place d'une partie de la maison qui servait aux audiences du châtelet , et d'une autre qui fait le coin du quai de Gèvre ; elle n'oubliera pas le bâtiment des Boucheries , qui se trouve derrière la fontaine , et qui ne devrait plus exister depuis long-temps.

Il y a quelques jours qu'on a cherché à répandre des bruits peu favorables sur les armées françaises en Espagne , mais ils n'ont pas été de longue durée ; les nouvelles de l'arrivée de Votre Majesté à Bayonne , et son départ pour Vittoria , les ont bientôt dissipés. Sa Majesté l'Impératrice , plus tranquille que nous , voyait , dans une *patience*, quelques heures avant de recevoir des nouvelles de son auguste époux , qu'il devait lui en arriver d'heureuses , et son attente n'a pas été trompée.

Diverses propositions ont été faites à Votre Majesté , assure-t-on , pour parvenir à la paix ; Votre Majesté a promis qu'elle ferait tous les sacrifices qu'elle croirait que l'honneur français pourrait faire : on doit donc attendre avec résignation.

Le prix des terres baisse considérablement , les denrées manquent souvent de débouché ; l'impôt deviendra plus difficile à obtenir, et si on l'obtient, ce ne sera qu'aux dépens du fonds. On aura sans doute rendu compte à Votre Majesté de cette position gênante dans laquelle se trouve l'agriculture, et Votre Majesté cherchera tous les moyens pour lui redonner l'activité dont elle a besoin, afin de se soutenir et de s'améliorer.

Votre Majesté donnera vraisemblablement des ordres pour qu'on lui présente les budgets des communes, qu'elle doit arrêter avant le 1er janvier. La loi veut que les villes ne fassent aucune dépense avant d'avoir reçu le budget, et la plupart se plaignent de ne le recevoir que trois ou quatre mois après l'année commencée.

Je n'oserais pas parler d'administration à Votre Majesté, si je ne savais pas qu'au milieu de ses camps, elle tient le compas d'une main et le glaive de l'autre.

Vous êtes, Sire, au milieu d'un peuple étranger ; écartez ceux-mêmes qui paraîtraient condescendre à vos vues : le marquis de la Romana protestait de son dévouement, et la trahison était dans son cœur. Quelqu'un qui connaît le caractère des gens du pays, m'assurait qu'ils sont capables de dissimuler long-temps.

Ce ne sera sans doute qu'à son retour que Votre Majesté remplira la promesse faite à l'évêque d'Orléans, à son passage à Tours, de s'arrêter quelques instans à Orléans.

Je prie Votre Majesté de recevoir le respectueux, etc.

H.

(Adressée à Madrid.)

25 novembre 1808.

A S. M. L'EMPEREUR DES FRANÇAIS,
ROI D'ITALIE.

Sire ,

Chaque fois que les nouvelles de l'armée d'Espagne ne se succédent pas avec rapidité , on trouve des gens qui recueillent les bruits semés par des malveillans et qui les colportent. Le passé ne leur sert point de leçon. La plupart de ces personnes là devraient être, au contraire, plus confiantes dans le gouvernement, puisque souvent elles tiennent leur existence de lui. On ne sait à quoi attribuer cette manière de se conduire , si ce n'est que ces gens là veulent passer pour frondeurs et faire croire qu'ils sont penseurs et fins politiques. Le succès des armées , voilà ce qui répond à tout. Votre Majesté ne laisse , de ce côté , aucune réplique à faire.

En passant, il y a quelques jours, dans la rue de Rivoli, j'ai remarqué un nouveau passage que l'on bâtit en face du pavillon de Marsan , et qui va dans la rue St-Honoré. Je ne sais pas si l'on n'avait pas le droit d'empêcher un chantier de bois aussi près du palais des Tuileries ; car ces boutiques ne sont toutes que des carcasses en bois, et si le feu prend dans l'une de ces boutiques , tout le passage deviendra bientôt la proie des flammes. Votre Majesté jugera , sans doute , que cela est trop près de son palais et de la nouvelle galerie qu'on fait bâtir, et elle ordonnera les mesures qu'elle croira convenables pour prévenir un accident.

On vient de m'assurer que Madame d'Orléans avait fait demander à Votre Majesté la permission de rentrer en France , et que Votre Majesté avait pensé que la demande était prématurée. Une mission , Sire , que je regarderais comme une faveur signalée , ce serait d'être chargé de porter ce decret de votre justice. Lorsque l'on

ne peut pas , par soi-même , faire de grands actes d'humanité , rien ne porte plus dans l'âme cette douce émo-
tion et cette sensibilité qui font aimer l'existence , que de
participer même indirectement à un bienfait. C'est une
femme si malheureuse ! Cependant elle oubliera bien des
maux le jour où elle recevra le décret de son retour, et je
ne doute point qu'elle. n'en conserve une éternelle reconnaissance à Votre Majesté.

J'ai l'honneur, etc.

H.

(Adressée à Madrid.)

15 décembre 1808.

A S. M. L'EMPEREUR DES FRANÇAIS ,

ROI D'ITALIE.

Sire ,

Nous attendons Votre Majesté pour la fin du mois.

Les événemens qui viennent d'arriver font croire que
S. M. le roi d'Espagne va être couronné très-prochaine-
ment à Madrid ; qu'alors , s'il reste encore dans les Espagnes des troupes ou des gens armés , on ne les considérera plus comme des insurgés , mais commes des rebelles ,
et qu'ils seront livrés à des commissions militaires qui les
jugeront d'après la rigueur des lois. Immédiatement après
le couronnement, on espère qu'il y aura amnistie générale
pour ceux qui voudront rentrer dans leurs foyers , et
qu'alors beaucoup en profiteront.

Je suis du nombre de ceux qui attendent avec impatience le retour de Votre Majesté pour mettre au pied
du trône mes hommages respectueux ; mais quelques
personnes ont un désir un peu plus intéressé ; je crois
en avoir pénétré le motif. Sept places sont vacantes au
sénat ; il y en a trois, je crois, dont Votre Majesté peut
disposer de son propre mouvement ; mais ce qui déses-

père les candidats, c'est qu'une paraît destinée à donner cette dignité à l'archevêque de Paris ; une autre doit accomplir la promesse qu'a bien voulu faire Votre Majesté au président du tribunal de première instance, afin de récompenser ses services : ce n'est donc que sur la troisième qu'ils peuvent calculer la chance, et alors elle devient bien incertaine.

Je prie Votre Majesté de vouloir bien agréer, etc.

H.

(Adressée à Madrid.)

29 décembre 1808.

A S. M. L'EMPEREUR DES FRANÇAIS,

ROI D'ITALIE.

Sire,

Les députés des départemens vont être réduits aux quatre cinquièmes, et par conséquent peuvent ne plus se trouver en nombre suffisant pour voter. Ils vont donc cesser leurs fonctions au 1er janvier 1809 ; quelques-uns doutent de leur conservation, comme conseil législatif. Ils disent qu'il serait possible que Votre Majesté se fît représenter par le ministre de l'intérieur toutes les listes des colléges électoraux, tant de départemens que d'arrondissemens ; qu'alors chaque fois que Votre Majesté voudrait convoquer un conseil législatif, elle désignera dans les départemens ceux des électeurs qui feraient partie de ce conseil ; qu'elle leur accorderait des frais de postes, et mille francs par mois d'indemnité, pendant le temps seulement de la session ; que le président seul sera renouvelé tous les cinq ans, et qu'il y aurait cinq questeurs, et qu'il en sortirait un tous les ans, lequel sera remplacé par Votre Majesté. Voilà, Sire, à peu près, les bases sur lesquelles ils croient qu'on proposera un sénatus-consulte.

On proposera sans doute à Votre Majesté un réglement pour obliger les receveurs municipaux à présenter les comptes des communes, dans un délai de six mois, après l'année du compte révolue, à la cour des comptes. J'ai appris, et cela est honteux pour la ville de Paris, que son receveur n'avait présenté son compte de 1807, que dans les premiers jours de décembre. Cependant, le délai fixé par M. le procureur-général de la cour des comptes, indiquait le délai fatal au premier juillet.

Dans ce moment, il y a un parti de joueurs à la baisse, à la bourse, qui veulent profiter des moindres incertitudes pour donner l'alarme. Cela n'est pas étonnant ; depuis long-temps, il n'y a point eu de mouvement sur les fonds publics. Un de ces joueurs disait, il y a quelque temps, que si la caisse d'amortissement n'avait pas fait acheter, la rente serait tombée à 75 fr., peut-être même à 70 fr. Cet homme n'en aime pas moins le gouvernement, mais il cherche à gagner de l'argent.

J'aime à voir dans l'avenir la récompense que Votre Majesté accordera aux personnes qui l'ont bien servie. Le général Linières est du nombre de ceux qui, je crois, recevra le grand cordon de la Légion-d'Honneur et le titre de vice-roi, et qui méritera les faveurs de Votre Majesté par sa bravoure et sa bonne contenance dans une colonie espagnole.

C'est toujours avec la plus vive inquiétude que l'on voit Votre Majesté aussi long-temps éloignée de sa capitale, au milieu d'un peuple étranger, dont le fanatisme est plus difficile à vaincre que les armées. Que Votre Majesté se tienne en garde contre ces hommes perfides, qui cachent sous l'apparence du serment, l'occasion de démasquer des projets funestes.

Je ne cesse de faire des vœux pour le retour de Votre Majesté, etc.

H.

(42)

(Adressée à Madrid.)

31 décembre 1808.

A S. M. L'EMPEREUR DES FRANÇAIS,

ROI D'ITALIE,

PROTECTEUR DE LA CONFÉDÉRATION DU RHIN.

SIRE,

Lorsqu'on m'a distribué le *Bulletin des Lois*, n° 212, qui contient le décret impérial sur le tarif des droits de voirie pour la ville de Paris, je croyais qu'il ne devait avoir lieu qu'au 1ᵉʳ juillet 1809, parce que le décret portait cette date. J'avais plusieurs observations à présenter à Votre Majesté, et j'attendais son retour ; mais ce décret vient d'être affiché, et je vois qu'il doit avoir lieu à commencer du 1ᵉʳ janvier 1809. Cette erreur de date, dans le *Bulletin des Lois*, ne doit pas m'empêcher de soumettre à Votre Majesté des observations sur quelques articles qui me paraissent plus nuisibles à la société que profitables à la ville.

J'aurai l'honneur d'observer à Votre Majesté que si, depuis 1792, les droits de petites voiries avaient toujours subsisté, les maisons n'auraient pas été bâties avec autant d'embellissemens, et les boutiques ne seraient pas décorées, à Paris, avec autant d'élégance. Voici quelques-uns de ces droits qui m'ont paru susceptibles de quelques objections :

Pour mettre un banc à une porte, on paiera 4 francs. On n'en mettra pas, et les passans seront privés de cette commodité souvent nécessaire.

Quatre francs pour une borne appuyée contre un mur. On en mettra moins. Cependant il faut que les gens à équipage se souviennent qu'il y a encore des piétons, et que plus d'un a souvent dû à une borne l'avantage de ne pas avoir les jambes froissées par une voiture ; et qu'on devrait engager les propriétaires de maisons, dans les petites rues, à les multiplier, plutôt que de leur faire payer un droit pour celles qu'ils mettent.

Pour une marche , 4 fr. ; pour deux , 10 fr. Je ne crois pas qu'une marche de plus augmente la maison.

Pour conduite de tuyaux des eaux d'une maison , 4 fr. On jetera les eaux par la fenêtre ; on en sera quitte pour crier : *Gare l'eau !* et si les passans ne reçoivent que les éclaboussures , ils n'ont rien à dire.

Quatre francs pour mettre des barreaux à une boutique. C'est à peu près comme si on faisait payer lorsqu'on met un verroux de sûreté à une porte.

Je ne parle pas des jalousies , des stores , qui servent à la commodité des locataires et à l'embellissement des maisons , et donnent à la ville cet air d'opulence qu'elle n'avait pas autrefois. Je crois que si l'on veut voir revenir Paris comme il y a cinquante ans , pour le nu des maisons et des boutiques , il faut percevoir les droits de petites voiries.

Les alignemens des rues ont donné du travail ; il est juste que ceux qui veulent bâtir paient un droit. Il est encore juste que ce droit soit assez fort pour qu'il puisse être fait une visite par un préposé nommé par le préfet , pour examiner si la bâtisse est bien faite, suivant les règles de l'art, et si l'on a prévu à toutes les commodités nécessaires, dans une maison, pour la salubrité. Il faut encore empêcher qu'on obstrue la voie publique, mais il ne faut pas vendre ce droit. Cela me conduit à parler à Votre Majesté d'un étalage que l'on souffre dans Paris, et désagréable pour les piétons.

Ce sont les étalages des bouchers et des charcutiers, en dehors des boutiques. Veut-on se ranger d'une voiture ? lorsqu'on se trouve devant une de ces boutiques, on est pressé par la moitié d'un bœuf et d'un mouton, encore sanguinolens. Tout le monde se plaint, mais personne n'en parle au préfet de police.

Pour qu'un impôt paraisse juste, il faut que la chose imposée puisse être profitable, ou procure une jouissance à son propriétaire. Or, je le demande, quelle jouissance tire personnellement un propriétaire de faire mettre un banc à sa porte, une borne le long de son mur, des barreux à une boutique? Je prie donc Votre Majesté de renvoyer à un nouvel examen le décret impérial sur le droit de voirie, pour la ville de Paris, sur les objets ci-après:

Bancs, barreaux de boutique, bornes, changement de croisées, conduite de tuyaux de plomb pour conduire les eaux des maisons, ou cuvettes; contrevents ou fournitures de boutiques et croisées; degrés, marches, devantures de boutique en menuiserie; éviers, gargouilles, grilles de cave, jalousies, portes ouvrant en dehors, seuil, siéges de pierre et de bois, stores.

Tous ces objets m'ont paru ne pas être susceptibles d'un droit, mais seulement d'une permission, après qu'examen aura été fait, par un inspecteur, que cela ne peut gêner, ni les voisins, ni la voie publique. Alors cette simple permission peut être évaluée à une journée de travail, non pas pour chaque objet, mais pour tous ceux compris dans la demande et pour la même maison.

Voilà, Sire, les observations que mon devoir de citoyen me prescrit de soumettre à Votre Majesté. Elle jugera de la confiance que j'ai dans ses intentions.

Je suis, avec un très-profond respect, etc.

H.

(Adressée à Madrid.)

7 janvier 1809.

A S. M. L'EMPEREUR DES FRANÇAIS,

ROI D'ITALIE,

PROTECTEUR DE LA CONFÉDÉRATION DU RHIN.

SIRE,

On assure que la haute-cour va s'assembler. Lors de son institution, on a voulu donner un grand éclat à cette cour. Tous les grands dignitaires, tous les grands corps sont appelés à la former. Vingt des plus anciens membres de la cour de cassation se trouvent appelés; mais comme la

cour des comptes n'a eu son existence que depuis la formation de la haute-cour, aucun de ses membres ne se
trouve appelé; cependant, Votre Majesté ne croira-t-elle
pas convenable de désigner quelques membres de la cour
des comptes ? Elle a décidé que cette cour jouirait des
mêmes prérogatives que la cour de cassation.

Je soumets à la décision de Votre Majesté cette question, qui, sans doute, lui sera présentée par son ministre
le grand-juge.

J'ai l'honneur d'offrir à Votre Majesté, etc.

H.

---

23 février 1809.

A S. M. L'EMPEREUR DES FRANÇAIS,

ROI D'ITALIE,

PROTECTEUR DE LA CONFÉDÉRATION DU RHIN.

SIRE ,

Dans ma lettre du 29 décembre 1808, j'avais l'honneur
de prévenir Votre Majesté qu'il y avait des joueurs à la
baisse, sur les inscriptions. Il est difficile que la caisse
d'amortissement puisse long-temps soutenir les inscriptions contre eux. Le moyen qu'ils emploient ne leur
coûte pas beaucoup de sacrifices. Comme la plupart
font cause commune avec les agens de change , voici ce
qui arrive : Si un particulier veut acheter des inscriptions,
l'agent de change auquel il s'adresse, lui dit : Attendez,
les inscriptions baisseront. Cela suffit pour paralyser
beaucoup de fonds , et comme on voit que ce n'est que
le sieur Portau qui achète , on sait bien que ses moyens
doivent s'épuiser. C'est ainsi que depuis plus de 4 mois ,
on a paralysé, à la bourse , tous ceux qui auraient voulu
faire quelques opérations. Pour que la vente reprenne faveur , il faut qu'il y ait une baisse. Les joueurs, ou ceux
qui placent leurs fonds sur des inscriptions , ont besoin

de faire des bénéfices , et jusqu'à ce moment-là , les inscriptions seront en baisse. En vain la caisse d'amortissement fera des efforts pour acheter, on lui fournira pour
dix millions de rentes. On sait qu'elle sera obligée de
vendre ; dès-lors , il ne faut qu'attendre ; les bruits de
guerre facilitent les joueurs à la baisse : aussi s'en ser-
vent-ils avec avantage.

On assure que Votre Majesté a nommé au sénat le
président du tribunal de première instance. Quelques
personnes croient que , pour le remplacer , Votre Majesté fera tomber son choix sur M. Silvestre , dont le
mérite paraît reconnu.

Parmi les personnes que Votre Majesté admet dans son
palais , pour présenter leur respectueux hommage , je la
prie de recevoir celui de

H.

17 mars 1809.

A S. M. L'EMPEREUR DES FRANÇAIS ,

ROI D'ITALIE ,

PROTECTEUR DE LA CONFÉDÉRATION DU RHIN.

SIRE ,

On voit que, par divers décrets, Votre Majesté a le désir
d'abolir la mendicité ; elle a indiqué le dépôt des mendians du département de la Seine , à Villers-Coterets , et
quoique ce dépôt ne soit pas encore prêt , j'entends répéter que, depuis le décret, la mendicité est abolie.
J'aurai l'honneur d'observer à Votre Majesté que je crois
que les moyens indiqués doivent l'abolir , mais elle ne
l'est pas.

Il faut dire à Votre Majesté ce que l'on voit dans le
département de la Seine ; sans cela , elle sera dans la
plus grande sécurité , et croira que sa volonté est suivie.

La plupart des mendians connus existent encore , mais
se sont transformés en marchands , et éludent par ce

moyen leur arrestation. Ils ont près d'eux, soit un petit panier de fruit, soit des almanachs, soit des allumettes, ou enfin toute autre chose, qui peut les faire croire marchands. C'est là leur talisman contre la police, et il paraît qu'il est sûr, parce qu'ils restent. Il est plus qu'étonnant qu'une pareille supercherie soit tolérée. Est-ce pour dire, Sire : Votre volonté est remplie, il n'y a plus de mendians dans votre bonne ville de Paris, et même dans l'empire ? Cependant, lorsqu'on approche de ces faux marchands, ils s'inclinent et vous font connaître qu'ils veulent votre argent et garder leurs marchandises.

J'ai indiqué à Votre Majesté la manière dont on éludait ses décrets ; elle jugera s'il est nécessaire qu'elle donne de nouveaux ordres pour l'exécution.

Je suis avec respect, etc.,

H.

23 mars 1809.

A S. M. L'EMPEREUR DES FRANÇAIS,
ROI D'ITALIE,
PROTECTEUR DE LA CONFÉDÉRATION DU RHIN.

SIRE,

On lit dans les papiers publics que Votre Majesté, par décret du 7 février dernier, fixe les dépenses de la ville de Turin, et qu'elle a ordonné qu'il serait formé un grand livre de la dette constituée ; que les intérêts dus seront convertis en un capital qui produira 3 et demi pour 100, et que les intérêts de toute la dette seront payés et alloués dans le budget annuel. Sans doute, Sire, cela pourrait être une bonne opération, si on éteignait par-là les réclamations des créanciers, par le paiement régulier et annuel des intérêts ; mais l'opération ne peut pas avoir lieu. Les revenus de la ville de Turin, il faut le dire à Votre Majesté, ne suffisent pas pour ses dépenses ; comment pourront-ils parer encore à une augmentation d'intérêts causée par un nouveau capital des intérêts dus ? En 1807, les recettes n'ont pas suffi aux dépenses, cependant il y avait une augmentation d'octroi. Cette augmentation avait été calculée devoir produire plus de cent mille francs, et elle n'a produit au plus que quarante mille francs, valeur réelle. Si on porte sur le budget qu'on présente à Votre Majesté, la valeur présumée du revenu, et que les dépenses paraissent les balancer, il y a un déficit de tout ce qui n'est pas reçu, car les dépenses se font ainsi qu'on les a portées. La plupart des grandes villes opèrent de la même manière; elles portent des recettes présumées, et pour pouvoir dire à Votre Majesté qu'elles font faire de grands travaux, elles montrent de grandes dépenses, qu'elles ne paient qu'en partie, et, après quelques années, il se trouve un déficit considérable. Non, Sire, vous ne devez point approuver de pareils administrateurs; quand Votre Majesté veut qu'on mette de l'ordre dans ses finances, elle obligera sans doute les grandes villes d'en mettre dans les leurs, et surtout de ne pas présenter des revenus fictifs, quand elles font des dépenses réelles.

Le nouveau sénateur, ex-maire de Bordeaux, aura sans doute rendu compte à Votre Majesté des obstacles que présentait l'emprunt qu'elle avait accordé aux différens propriétaires de vins. Elle verra si, au lieu des dépôts de vins exigés, il ne vaudrait pas mieux recevoir des lettres de change endossées de trois propriétaires, et convenir du crédit qu'on pourrait leur accorder. Les vins sont toujours mieux gardés et mieux soignés par les propriétaires, que dans un magasin à la merci d'individus qui n'ont aucun intérêt à la conservation.

On annonce que le bassin du nouveau canal à la Villette est entièrement à sec. Ce défaut de construction et cette négligence dans le travail, doit-elle être, pour la réparation, à la charge des fonds destinés à cette dépense, ou doit-on la mettre sur le compte des entrepreneurs ? J'ai déjà eu l'honneur d'écrire à Votre Majesté, que cette entreprise leur serait extrêmement profitable, parce qu'ils ne préviendraient ni les difficultés, ni les événemens, et que plus il y en aurait à surmonter, plus l'ouvrage serait dispendieux , plus il se prolongerait , et par conséquent , plus il donnerait un bénéfice certain. Si Votre Majesté se faisait représenter le premier rapport qui lui a été fait pour la construction du canal de l'Ourcq, elle serait étonnée peut-être d'apprendre qu'on a déjà passé le double du temps demandé , et que la dépense indiquée est déjà faite, quoiqu'il reste encore près de la moitié à faire. Je dis la moitié, parce que, quoique du bassin de la Villette aux fossés de la Bastille, il n'y ait pas une lieue, le travail à faire égale plus de six lieues en rase compagne, tant par le nombre d'acquisitions à faire en bâtimens, que par les démolitions et constructions de ponts , pour les communications. L'événement qui vient d'arriver au bassin de la Villette, engagera vraisemblement Votre Majesté à faire continuer par en haut les travaux, avant de les faire commencer dans Paris, et elle exigera , sans doute , que les entrepreneurs répondent du succès. C'est le seul moyen que l'ouvrage se fasse avec quelque attention.

De Votre Majesté , etc.

Notes.

H.

(*Adressée au quartier-général impérial , près Vienne.*)

13 mai 1809.

A S. M. L'EMPEREUR DES FRANÇAIS ,

ROI D'ITALIE,

PROTECTEUR DE LA CONFÉDÉRATION DU RHIN.

SIRE ,

Les faiseurs de nouvelles disaient, il y a quelques jours, qu'il y en avait de sinistres ; à les entendre , ou plutôt à leurs mots entrecoupés , l'armée française en Allemagne avait éprouvé un échec considérable : elle avait été obligée de rétrograder de 3o lieues....... On taisait les pertes ; elles étaient telles qu'on n'osait pas les dire. Où sont vos preuves , leur disait-on ? Nos preuves : Voyez la baisse subite de 2 pour 100 des effets à la bourse , et vous n'en douterez plus.

On leur répondait : Belles preuves ! ne savez-vous pas qu'il faut un aliment aux joueurs à la bourse ? Si les inscriptions qui étaient à 78 fr., et qui sont montées en cinq ou six jours à plus de 86 , sont encore à 82 ou 83 fr. , n'y a-t-il pas encore un bénéfice à les vendre ? Si l'inscription était tombée dans l'espace de quelques jours , à 60 ou 70 fr. , on pourrait croire à des revers ; mais 5 ou 6 pour 100 doit être le jeu de la bourse ; sans cela les capitaux en seraient détournés.

Un bulletin arrive , et l'armée française , au lieu d'avoir rétrogradé de trente lieues, est avancée : il annonce qu'elle est bientôt sous les murs de Vienne. Alors les grands discoureurs se taisent, mais ne sont pas corrigés.

Il faut espérer, Sire, que cette guerre va mettre fin à vos inquiétudes dans cette partie du continent, et que les peuples d'Allemagne seconderont les vues de Votre Majesté contre l'ennemi commun, les Anglais.

Ce n'est pas le moment de rappeler à Votre Majesté le froissement des gouvernés , en général, dans la guerre ; le peu de commerce, et par conséquent la stérilité des manufactures. Dans ce moment, l'Espagne ne fait plus rien, et le commerce est interdit avec l'Allemagne. Je ne doute pas que Votre Majesté ne fasse de justes réflexions à ce sujet, et qu'elle ne saisisse toutes les occasions qui se présenteront pour ne pas prolonger cette guerre d'Allemagne au-delà du terme qu'elle croit nécessaire pour assurer la paix.

Votre Majesté connaît, etc.

H.

(51)

(*Adressée au quartier-général, près Vienne.*)

18 mai 1809.

A S. M. L'EMPEREUR DES FRANÇAIS,
ROI D'ITALIE,
PROTECTEUR DE LA CONFÉDÉRATION DU RHIN.

SIRE ,

Les amis du gouvernement attendent avec impatience le bulletin qui doit annoncer l'entrée de l'armée française dans Vienne. Votre Majesté, éloignée de sa capitale, ne connaît pas les nouvelles des faiseurs ; je pense qu'elle ne me saura pas mauvais gré de lui en faire part.

Ils débitent que Venise a été prise par les Autrichiens, partis de Trieste et conduits sur des transports de vaisseaux anglais. Les joueurs à la baisse ont de ces moyens. Si pendant vingt-quatre heures cette nouvelle se débite, ils peuvent obtenir quelques francs sur leurs marchés ; ils s'embarrassent fort peu de leur mensonge. Ils remplissent le temps qui s'écoule d'un bulletin à un autre par un contraste.

Votre Majesté, occupée en Allemagne, ne perd pas sans doute de vue l'armée d'Espagne. Si elle s'en fait rendre compte, elle verra qu'il paraît que des corps ne sont pas payés depuis sept ou huit mois : je les recommande aux soins paternels de Votre Majesté.

J'ai l'honneur, etc.

H.

(Adressée au quartier-général de Schœnbrunn.)

20 mai 1809.

A S. M. L'EMPEREUR DES FRANÇAIS,
ROI D'ITALIE,
PROTECTEUR DE LA CONFÉDÉRATION DU RHIN.

Sire ,

La clémence et la modération dont Votre Majesté a usé envers les habitans de Vienne , doit nécessairement comprimer les malveillans , parce que les amis de l'ordre doivent se réunir autour de Votre Majesté.

Vous allez donc encore , Sire , habiter le palais de Schœnbrunn ; cette fois l'ombre de Marie-Thérèse n'osera pas intercéder pour son petit-fils ; elle sera en contemplation devant le héros qui , deux fois , dans l'espace de quatre ans , a fait fuir des légions qui , sous un sceptre féminin , menaçaient ses voisins , leur dictaient des lois , et partageaient des empires. Du fond de sa tombe , on entendra Marie-Thérèse répéter les paroles dont a retenti le caveau du Grand-Frédéric , lorsque Votre Majesté y est descendue : *Que n'a-t-il été mon successeur !* Ah ! combien les Français doivent être glorieux que le royaume de France soit tombé entre les mains de Votre Majesté. Puisse-t-elle , le plus promptement possible , par une paix durable , cueillir le fruit de ses pénibles travaux ?

Des bruits circulent sur la cour de Rome ; on dit que Sa Sainteté en est disparue , quelques jours après les Fêtes de Pâques. S'il se formait un schisme dans l'Eglise romaine , ce serait , dans ce moment , un surcroît d'embarras : Votre Majesté l'évitera , sans doute.

Au sein de l'Allemagne , il ne sera peut-être pas indifférent à Votre Majesté de savoir qu'elle peut se procurer d'excellent vin de Champagne. Elle n'a qu'à en faire demander à l'hôtel du prince d'Awersperg , à Vienne. Il en

a reçu, il y a environ six ou sept mois, cent bouteilles.
Il a donné en retour pour cadeaux quarante-cinq faisans.
Ces échanges de politesse venaient d'un maire qui avait
été logé à Vienne, dans son hôtel, lors de la nouvelle
visite des Français, et de la députation des maires de
Paris à Votre Majesté.

J'ai l'honneur, etc.

Notes.   H.

(Adressée à Vienne.)

24 juin 1809.

A S. M. L'EMPEREUR DES FRANÇAIS,

ROI D'ITALIE,

PROTECTEUR DE LA CONFÉDÉRATION DU RHIN.

SIRE,

C'est dans le calme qui succède à de grands événemens, qu'on aime à entendre le langage de la vérité. Votre Majesté l'entendra, elle ne le repoussera pas.

Vainqueur au centre de l'Allemagne, Sire, vous profiterez de vos avantages, non pas pour établir vos conquêtes, mais pour obtenir des conditions plus avantageuses, lorsqu'elles partiront du cabinet de Schœnbrünn, que du cabinet des Tuileries; vous chercherez de là à conquérir le souverain d'Autriche par la persuasion, après l'avoir conquis par les armes. Vous donnerez des ordres pour que, dans les écrits qui circulent, on parle d'une manière convenable de ceux avec lesquels on peut avoir encore des rapprochemens; Votre Majesté pensera que l'empire français, agité depuis près de vingt années, a besoin de repos; que les amis du gouvernement ont dû voir avec plaisir que MM. Depergent et Zinzendorff, à qui des passeports ont été donnés pour aller à Wotherdoff, peuvent revenir avec une mission d'après laquelle des négociations s'ouvriront.

L'Espagne a besoin de vos pensées, Sire, et je ne sais pas si on vous dit les mouvemens insurrectionnels qui se font encore sentir. Les insurgés se montrent assez près de Barcelonne, puisque le mois passé et depuis que le convoi parti de Toulon y est arrivé, ils ont enlevé un chariot au général Duhem et quatre cuirassiers, et qu'on a été obligé d'aller brûler un village à une lieue de cette ville, qui servait de retraite aux malveillans. Sire, si j'étais moins attaché à Votre Majesté, je me tairais, mais j'ai confiance en elle ; je lui dois mes craintes, mes espérances, et de lui faire connaître les désirs des Français, de voir terminer les travaux commencés par Votre Majesté, pour sa gloire et pour la prospérité de la nation française.

Je mets au pied du trône de Votre Majesté mon profond respect, etc.

H.

(Adressée au quartier-général de Wolherdoff.)

27 juillet 1809.

A S. M. L'EMPEREUR DES FRANÇAIS,

ROI D'ITALIE,

PROTECTEUR DE LA CONFÉDÉRATION DU RHIN.

SIRE,

Votre Majesté a terminé glorieusement la campagne : elle a décidé le sort de l'Autriche. Elle a fait plus, elle a fait taire encore les gens turbulens qui n'attendent que quelques circonstances pour jeter le trouble dans l'intérieur. Ils semblaient s'enhardir du retard des opérations de Votre Majesté, et déjà leur langage voulait prendre un ton plus élevé. Les foudres du Vatican, disaient-ils, avaient grondé. Les gens sensés les regardaient avec dédain, et servaient à les comprimer. Maintenant ils sont les premiers à parler des avantages remportés ; on les reconnaît, parce qu'à la fin de leurs récits, ils ont soin d'ajouter qu'on ne les a obtenus que par la perte de beaucoup de monde. Ils rappellent le nom de plusieurs braves, morts au champ-d'honneur, et croient affaiblir la reconnaissance qu'on doit au héros qui triomphe de nos ennemis.

On assure que Votre Majesté ne tardera pas à revenir à son palais des Tuileries. Je ferai mon possible pour offrir mes vœux à Votre Majesté.

On a découvert les bas-reliefs de l'arc-de-triomphe du Carrousel. Celui sous lequel on lit : *Victoire d'Austerlitz*, m'a paru d'une mauvaise composition. L'attitude du houssard autrichien est plutôt celle de l'aide-de-camp d'Olgorouski, que Votre Majesté a surnommé *la Trompette de l'Angleterre*, et non le prince Jean Lichtenstein, qui est celui qui doit être en présence de Votre Majesté. Ce prince n'est certainement pas venu avec cet air arrogant, demander un armistice après la bataille, et ne devait pas avoir l'attitude menaçante, comme l'a représenté l'artiste, par la pose de la figure. Je demande à Votre Majesté, pour l'honneur de l'art et de la vérité, et du moment qu'on a voulu représenter, qu'elle fasse refaire ce bas-relief, et qu'on donne à l'envoyé de l'empereur d'Allemagne une attitude plus convenable à la position dans laquelle se trouvaient son prince et sa patrie, après la bataille, et que sa pose annonce la clémence qu'il vient implorer du vainqueur.

La conception de ce morceau est manquée, et certainement Votre Majesté le jugera ainsi ; en conséquence, elle le fera disparaître.

Plusieurs départemens ont reçu des prisonniers autrichiens ; mais il est bien étonnant qu'en les plaçant chez différens particuliers, on ne prenne pas la même mesure. Le préfet de Seine-et-Marne écrit aux propriétaires qui ont des prisonniers, qu'ils doivent traiter de gré à gré avec eux. Le préfet d'Eure-et-Loir a pris un arrêté qui fixe la journée des prisonniers, jusqu'à la fin d'août, à six sous, et après à quatre sous, sans la nourriture ; le dernier est plus sage. Est-ce qu'on doit regarder des prisonniers comme des régnicoles ? Déjà, des propriétaires craintifs leur ont donné trente sous. Qu'arrive-t-il ? on murmure, on se plaint sourdement d'une mesure qui doit rendre quelques bras à l'agriculture, et que le gouvernement regarde comme bonne. Votre Majesté voudra bien la faire régulariser par le ministre de l'intérieur, afin qu'elle soit uniforme.

J'apprends, par le vingt-sixième bulletin, que le prince d'Aswersperg est fait prisonnier. Si Votre Majesté donnait des ordres pour qu'il vînt jusqu'à Paris, les maires de Paris, qui ont été à Vienne, pourraient connaître celui chez lequel ils ont logé.

J'ai l'honneur d'offrir, etc.

H.

(Adressée à Schœnbrünn.)

1er août 1809.

A S. M. L'EMPEREUR DES FRANÇAIS,

ROI D'ITALIE,

PROTECTEUR DE LA CONFÉDÉRATION DU RHIN.

SIRE,

Votre Majesté Impériale et Royale a suspendu ses travaux guerriers : puissent ses ennemis ne pas les lui faire reprendre de si tôt ! Elle est descendue, il y a quelques jours, dans un détail d'administration relatif aux sacs qui sont donnés en paiement. En lisant son décret, je me suis souvenu que je voulais lui soumettre un objet essentiel d'administration financière.

Depuis long-temps les hôtels des monnaies, et surtout l'hôtel des monnaies de Paris, frappent des pièces de 25 centimes, de 50 centimes, d'un franc et de deux. En ordonnant cette fabrication, Votre Majesté avait pensé

que cela jetterait dans le détail du commerce un peu plus
de monnaies. Voici ce qui contrarie ses vues : La banque
de France, les différentes caisses, les banquiers font des
sacs de ces pièces, et la banque donne quelquefois un
sac de 5o francs en pièces de 5o centimes ; il se glisse
souvent des abus. C'est que dans un sac il peut manquer
une pièce, qui se trouve remplacée par le poids d'une
toile forte, parce qu'il est impossible de les compter
lorsqu'on les reçoit. Les pièces d'un franc et de deux
francs se donnent très-souvent en rouleaux ; une des
causes qui empêche la circulation dans le commerce en
détail de ces pièces, c'est la perte du franc à la livre
tournois, mais il faut tâcher que bientot cette différence
disparaisse, en ne laissant plus en circulation que des
francs.

Je prie donc Votre Majesté de défendre qu'il soit donné
des pièces de 25 centimes, de 5o centimes, d'un franc
et de deux francs, soit en sacs, soit en rouleaux, au-delà
de 1o francs, et en même temps, pour que cette monnaie
prenne le cours qu'elle doit avoir, dans le détail du
commerce, ordonner qu'à compter du 1ᵉʳ janvier 18]o,
les pièces connues sous la dénomination de pièces de 6
sous ou de 3o centimes, de 12 sous ou de 6o centimes
et de 24 sous, n'auront plus cours dans la circulation, et
seront reportées aux hôtels des monnaies. Si Votre Majesté croit qu'on puisse y comprendre les pièces de 15 et
3o sous, elle voudra bien se faire faire un rapport à ce
sujet par son ministre des finances.

J'ai l'honneur, etc.

H.

(58)

(Adressée à Schœnbrunn.)

8 août 1809.

A S. M. L'EMPEREUR DES FRANÇAIS,

ROI D'ITALIE,

PROTECTEUR DE LA CONFÉDÉRATION DU RHIN.

SIRE ,

On attend Votre Majesté avec une grande et vive impatience, on attend la paix. Les gens sensés la croient sincèrement. Les brouillons disent que le souverain d'Autriche a dénoncé l'armistice, et que, dans quinze jours, les hostilités recommenceront. Cette nouvelle a suivi celle du débarquement des Anglais à Flessingue. Déjà on annonce des ravages faits par eux dans quelques ports. Les journaux annoncent que le tocsin sonne de toutes parts ; en voilà assez pour conjecturer que la descente est au moins de quarante-cinq mille hommes. Tous ces bruits n'ont aucun fondement, car rien ne transpire.

Il faut attendre, et croire que les officiers-généraux chargés de la défense des côtes, ne les laisseront pas ravager impunément. Je crois que Votre Majesté a un officier actif et intelligent dans le général Monnet. Si quelque argent peut indemniser les malheureux habitans qui vont se trouver victimes de la première fureur de nos ennemis, je prie Votre Majesté de leur faire accorder des secours sur les premières contributions qui seront prélevées en Allemagne. C'est leur souverain qui a détourné les forces de Votre Majesté, pour les attirer en Allemagne ; c'est donc l'Allemagne qui doit indemniser ceux de vos sujets qu'en a livrés aux Anglais. Il y aurait peut-être une contribution additionnelle à mettre, intitulée : «Pour indemnité due aux Français qui se trou» vent dans le pays où les Anglais ont exercé des ravages.»

Comme les transitions dans le travail vous sont familières, Sire, je passerai à un autre sujet, et j'aurai l'hon-

(59)

neur de prier Votre Majesté de faire faire un rapport par
le ministre de l'intérieur , sur l'utilité des poteaux sur
tous les grands chemins , et surtout dans les carrefours,
des chemins vicinaux , pour indiquer le bourg ou le village auxquels ils conduisent. Ce rapport n'a pas besoin de
beaucoup de phrases pour que Votre Majesté en aperçoive
sur-le-champ l'utilité. Ces poteaux peuvent être placés par
lès maires, qui demanderaient au préfet le nombre de poteaux nécessaires dans les chemins vicinaux , et indique-
raient les inscriptions. Le préfet ferait écrire correctement
et lisiblement l'inscription sur une planche peinte. Le
maire alors ferait transporter et placer le poteau auquel
on attacherait solidement la planche , et afin que l'on ne
cherchât pas à dégrader ni l'inscription ni le poteau , on
pourrait menacer, et trouver dans le code de police rurale,
un article qui s'appliquerait à celui qui chercherait à détruire ce que l'autorité a placé sous la foi publique , et
pour l'utilité de tous. Ce sera un grand bienfait pour les
voyageurs , et surtout pour ceux qui vont à pied. Votre
Majesté sait qu'il y en a un grand nombre.

Je suis de Votre Majesté , etc.

H.

10 août 1809.

A S. M. L'EMPEREUR DES FRANÇAIS,

ROI D'ITALIE,

PROTECTEUR DE LA CONFÉDÉRATION DU RHIN.

SIRE ,

Depuis qu'on a annoncé que l'arc de triomphe du
Carrousel était dégagé des échafauds qui l'entouraient,
j'ai tâché de trouver un moment pour le voir; il m'a
paru un peu petit pour la place ; mais je me suis rappelé
qu'on avait l'intention de séparer le palais des Tuileries
d'avec le Louvre.

Dans les détails, son fini est assez précieux ; mais ce qui sensiblement ne répond point à un arc de triomphe, dont tout doit donner l'idée de grand, de beau, ce sont les six bas-reliefs ; des figures d'environ un mètre cinquante centimètres, à la distance d'où elles sont vues, perdent encore leur proportion et ne pourraient, tout au plus, qu'être placées autour d'un piédestal, à deux mètres au plus de haut, ou entourer une base surmontée d'un grand sujet dont la grandeur et la stature répondissent à l'objet qu'on veut représenter. Que ces bas-reliefs soient au-dessus d'une porte, ou qu'on les trouve sur un petit monument dans un jardin, ils peuvent suffire ; mais qu'on représente de grandes et belles actions, et le héros qui les a faites, comme on représenterait un événement ordinaire, cela ne convient pas au sujet. Le sculpteur, au lieu d'avoir élevé ses idées et ses moyens à la grandeur du sujet, le fait descendre à son niveau. C'est le reproche que je lui fais. Je sais qu'on me répondra que la figure principale sera en haut ; mais cette figure ne peut pas être d'une dimension bien grande, le char ne la comporte que d'une grandeur donnée, et alors elle sera trop petite pour la base. Celui qui, de son poids, entraîne l'univers, ne doit avoir rien autour de lui qui paraisse lui résister, et pour que tout soit en proportion, il faut dans le char une figure au moins d'environ trois mètres ou trois mètres et demi ; il faut que les deux Victoires qui conduisent les chevaux, paraissent commandées par la figure principale : sans cela, l'œil, attiré par les deux figures, rapetisse encore celle qui est dans le char.

Un quart d'heure après avoir quitté cet arc de triomphe, j'ai passé vis-à-vis la Porte Saint Martin ; je me suis arrêté. Là, j'ai vu un vaste portique, et j'ai aperçu sur un des côtés la belle et grande figure d'Hercule, qui a environ trois mètres de haut, surmontée de la tête de Louis XIV, et une Renommée qui vient la couronner, d'une proportion moins forte. J'ai reconnu que l'artiste avait eu une belle conception, et qu'il m'élevait à la hauteur de son sujet.

La figure en pied qui est sous la voûte de l'arc de triomphe du Carrousel est encore une idée fausse. Il ne fallait mettre sous cette voûte que des objets qui puissent être directement vus, de tel côté qu'on y entrât, et cette figure a l'inconvénient de ne se voir en pied que d'un côté ; si on entre d'un autre, il faut en chercher la position.

Personne, Sire, n'osera dire franchement son opinion sur ce monument ; on craindra de vous déplaire. Si je n'avais pas donné des preuves aussi réitérées à Votre Majesté de mon attachement, on pourrait interpréter mal mes observations, mais elles sont dictées par l'idée que j'ai, que l'artiste ne s'est pas élevé à toute la hauteur de son sujet.

Je suis avec respect, etc.　　　　　　H.

11 août 1809.

A S. M. L'EMPEREUR DES FRANÇAIS,

ROI D'ITALIE,

PROTECTEUR DE LA CONFÉDÉRATION DU RHIN.

Sire ,

Les îles Ste-Marguerite ne sont point dans un état de défense respectable. Un adjudant qui vient d'être nommé, a trouvé les batteries dans un tel état de délabrement, qu'il ne veut pas y rester. Le commandant s'en occupe peu : il donne des permissions aux soldats pour aller à terre, afin qu'il y ait un bénéfice sur le prêt. L'adjudant s'est fâché, et comme il ne veut pas partager, il est devenu suspect. On a feint de faire travailler un peu aux batteries, mais on est bien loin de pouvoir espérer qu'elles puissent rendre un grand service.

J'ai l'honneur d'en prévenir Votre Majesté. Il paraît qu'elles ne sont pas à l'abri d'un coup de main.

De Votre Majesté, etc.　　　　　　H.

26 août 1809.

A S. M. L'EMPEREUR DES FRANÇAIS,

ROI D'ITALIE,

PROTECTEUR DE LA CONFÉDÉRATION DU RHIN.

SIRE,

La formation de la garde parisienne occupe les esprits, elle les agite, et quoiqu'elle ne se présente ni comme en 1789, ni comme en 1793, elle n'inquiète pas moins les plus forts imposés et les pères de famille. Ce n'est pas, Sire, que l'on se refuse à concourir au maintien du bon ordre; mais ce service paraît nouveau pour un littérateur, un pharmacien, un banquier. Ils craignent de compromettre la force de la garde nationale, lorsqu'ils seront obligés de dissiper une rixe.

Par ma lettre du 5 vendémiaire an 14, j'avais l'honneur de prévenir Votre Majesté du danger de la formation d'une garde nationale parisienne. La forme qu'on veut adopter prévient ce danger, puisqu'on ne veut admettre que des hommes tenant, soit par des propriétés, soit par leur état, à la chose publique; mais il ne faut pas, malgré cela, faire un trop grand usage de cette mesure. Il n'est pas difficile de faire séjourner à Paris, de temps en temps, quelques régimens, pour faire le service et soulager ainsi la garde nationale. Cette mesure, qui me paraît pouvoir se prendre, est celle que je dis qui sera adoptée par le gouvernement.

Depuis deux jours le bruit circule que la paix est signée. Votre Majesté en recevra les bénédictions du peuple français : puisse cette paix accélérer celles qui restent à faire !

Je prie Votre Majesté, etc.

H.

3o août 1809.

A S. M. L'EMPEREUR DES FRANÇAIS,

ROI D'ITALIE,

PROTECTEUR DE LA CONFÉDÉRATION DU RHIN.

SIRE ,

On a sans doute mis sous les yeux de Votre Majesté la lettre du ministre de la police générale au préfet de police du département de la Seine, en date du 21 août, relative aux plaintes qu'il manifeste sur la lenteur de la formation de la garde nationale parisienne Quelques maires ont dû faire des réponses ; elles auront été également adressées à Votre Majesté. Des hommes qui se vouent au bien et au service public avec l'activité dont j'ai été témoin , ne méritaient pas de reproches. Il faut que Votre Majesté sache que si plusieurs des maires tiennent encore à la chose publique , c'est plus par reconnaissance pour Votre Majesté que par la crainte des menaces du ministre. Depuis long-temps on a cherché à persuader que la révolution était finie : se serait-on fait illusion ? ou une nouvelle recommencerait-elle ? ce qui serait le comble du malheur.

Le bruit court en ce moment que personne ne sera désigné, à Paris, pour former la colonne mobile ; qu'elle se composera seulement d'enrôlemens volontaires. Chacun dit alors : La garde nationale sera bien vîte organisée , ce ne sera qu'un jeu, et les inquiétudes sont cessées.

Rien ne m'a été si pénible, il y a quelques jours, que d'entendre un maire qui partait pour l'Hôtel-de-Ville, et à qui sa femme et ses enfans demandaient quand il reviendrait. Je ne sais pas, leur disait-il, je ne le sais pas, en les embrassant. Cette scène me rappelait celle des premiers jours de 89 , où d'honnêtes citoyens croyaient faire le bien, et se sacrifiaient jour et nuit pour des ingrats qui les ont traînés à l'échafaud quelques années après.

Il y a eu un moment où le préfet de la Seine, découragé, voulait tout renvoyer au ministre de la police générale, afin que ce dernier ne le pressât plus pour un travail dont on forçait déjà la mesure. Quelques personnes prétendent que le ministre a été plus loin que ses instructions ; je n'en sais rien ; mais si j'avais l'honneur d'en recevoir de Votre Majesté, je tâcherais que le résultat fût de faire aimer votre personne, plutôt que de la faire craindre.

Lorsque Votre Majesté fait un acte de munificence, il semble que ceux qui l'entourent veulent le diminuer. J'ai été étonné d'apprendre, il y a deux jours, que M. Obercampf, propriétaire de la manufacture à Jouy, et de qui Votre Majesté a voulu récompenser les travaux utiles, en lui donnant elle-même l'étoile de la Légion-d'Honneur, n'avait pas encore obtenu son brevet. J'en ai demandé la cause ; la voici :

Comme c'est l'étoile que portait Votre Majesté qu'elle lui a remis, il se trouve que c'est l'étoile d'officier, et le grand-chancelier ne sait pas s'il doit lui délivrer un brevet d'officier ou de simple légionnaire. Ainsi M. Obercampf porte la décoration *sans brevet*, parce qu'il plaît au grand-chancelier que Votre Majesté n'a pas voulu élever cet homme utile au titre d'officier.

Je prie Votre Majesté de faire cesser l'incertitude de son grand-chancelier de la Légion-d'Honneur.

Je suis, de Votre Majesté, etc.

H.

6 octobre 1809.

A S. M. L'EMPEREUR DES FRANÇAIS,
ROI D'ITALIE,
PROTECTEUR DE LA CONFÉDÉRATION DU RHIN.

SIRE,

Ce qui vient d'arriver à la garde nationale parisienne prouve à Votre Majesté que ce que j'avais l'honneur de lui écrire sur sa formation, avait quelque fondement ; mais le remercîment a été un peu brusque, puisque l'ordre du jour qui la dispense du service le 1er octobre, est du 30 septembre. Quelques officiers, qui avaient leurs entrées ou des invitations chez les grands dignitaires, paraissent un peu fâchés ; mais ceux qui leur servaient de marche-pied, ne le sont pas.

Il y a des communes qui ont manifesté leur mécontentement pour la formation de la colonne mobile, parce que le maire, soit par ignorance, soit par méchanceté, a usé de son droit de désignation.

A Chevreuse (Seine-et-Oise), le maire a désigné cinq ou six pères de famille, et entre autres, un homme travaillant seul dans sa boutique, âgé d'environ cinquante-six ans, ayant son fils aux armées, depuis près d'un an. Ces personnes désignées ont eu recours au préfet, qui les a renvoyées chez elles, en leur disant qu'il se ferait rendre compte de ces nominations, et qu'il y avait vraisemblablement un mal-entendu. Aucune n'est partie.

On ne saurait trop recommander à ceux qui doivent exécuter les ordres de Votre Majesté, de le faire d'une manière convenable, et qui n'ajoute point au fardeau qu'on impose.

Quelques-uns des administrateurs n'étudient pas assez les hommes, et ne connaissent point les nuances qu'ils doivent mettre, lorsque les circonstances ne sont pas les mêmes. C'est un grand malheur, parce qu'alors cela

2

5

forme des déchiremens intérieurs qui entretiennent un mécontentement qu'une sage prévoyance saurait éviter.

Chaque jour on attend des nouvelles importantes d'Allemagne ; malgré le retard qu'elles éprouvent, je me range toujours du côté de ceux qui croient que Votre Majesté voudrait voir terminer les affaires du Nord avant son retour, et assurer l'indépendance de Vienne et de son territoire ; alors la maison d'Autriche se trouverait reléguée de l'autre côté du Danube.

J'ai l'honneur, etc.

H.

------

8 octobre 1809.

A S. M. L'EMPEREUR DES FRANÇAIS,

ROI D'ITALIE,

PROTECTEUR DE LA CONFÉDÉRATION DU RHIN.

SIRE,

Les bruits de paix sont tels en ce moment, qu'il n'est plus douteux qu'elle existe. Votre Majesté est attendue à Paris à chaque instant ; mais ce qui semble arrêter un moment l'expression de la joie, c'est que l'on dit que Votre Majesté va donner l'ordre de lever, dans les années de la conscription de 1806, 1807, 1808, 1809 et 1810, trente mille hommes. Si ce bruit a quelque fondement, j'apporte au pied du trône de Votre Majesté la prière de suspendre de quelques mois cette mesure. Les maires ou les préfets ont agité trop quelques communes en formant les colonnes mobiles de gardes nationales ; il faut tranquilliser les esprits.

Votre Majesté connaît mon attachement ; je la prie de croire aux motifs purs qui me font agir.

J'ai l'honneur, etc.

H.

27 octobre 1809.

A S. M. L'EMPEREUR DES FRANÇAIS,

ROI D'ITALIE,

PROTECTEUR DE LA CONFÉDÉRATION DU RHIN.

SIRE,

Le retour de Votre Majesté a ramené le calme dans les esprits. Des brouillons cherchaient à faire croire que la santé de Votre Majesté était en danger : tout est dissipé.

On attend le traité de paix; on croit que Votre Majesté ajoutera quelques titres après ceux de Protecteur de la confédération du Rhin; on a remarqué que, sur le *Bulletin des Lois*, n° 244 et suivans, il y avait trois etc., etc., etc., qui n'étaient pas sur les précédens.

On désirerait bien que le Saint-Père terminât ses difficultés. L'Eglise catholique, apostolique et romaine, a besoin de tranquillité; elle a été assez agitée : on craint toujours de voir un schisme s'établir au milieu d'elle.

Je prie Votre Majesté de permettre que je lui offre, etc.

H.

---

4 novembre 1809.

A S. M. L'EMPEREUR DES FRANÇAIS,

ROI D'ITALIE,

PROTECTEUR DE LA CONFÉDÉRATION DU RHIN.

SIRE,

Il est des hommes qui croient obtenir les faveurs du monarque, aux dépens même de la vérité. Lors de la communication que Votre Majesté a faite au sénat du traité de paix avec l'Autriche, il semblait que l'empereur d'Autriche avait renoncé à se qualifier, seulement dans le discours , du titre de roi de Bohême et de Hongrie. Quelle a été la surprise d'un grand nombre de sénateurs, lorsqu'on a lu le traité de paix qui lui conservait le titre d'empereur d'Autriche, etc! ! Sire , ces hommes ne connaissent pas l'importance de leurs fonctions , et cette conduite ne doit pas augmenter à vos yeux l'attachement qu'ils voudraient faire croire qu'ils vous portent.

Il paraît que Votre Majesté a fait espérer au préfet du département de la Seine de prendre son premier repas à la commune , à son retour dans sa capitale. On a déjà fixé cette époque au 2 décembre, à cause de l'anniversaire du couronnement , et une fête se prépare. Votre sollicitude a été jusqu'à lui demander si les travaux d'embellissemens et d'utilité avançaient. Il a dû dire que la fontaine des Innocens était belle et majestueuse. Quant à moi, Sire , je la contemple avec admiration.

Sur la question de l'octroi , il a dû dire encore à Votre Majesté qu'on avait des résultats satisfaisans ; mais on est au onzième mois de l'année, et le compte de l'année 1808, que la commune doit rendre dans le septième , n'est pas encore présenté à la cour des comptes. Attend-on , comme l'année dernière , aux quinze derniers jours de l'année pour le rendre , et en presser l'examen, afin que Votre Majesté , voyant ce compte dans le travail de la cour des comptes , ne sache pas l'époque à laquelle il a été remis. La ville de Paris donnera-t-elle l'exemple dangereux de ne jamais être au courant pour rendre ses comptes ? Veut-elle se cacher sa véritable situation ? Est-ce que ses dépenses excèdent ses recettes ? Quant à moi, je le crois, mais faut-il, pour cela , retarder de rendre les comptes ? Maintenant , quand on demande si les travaux du canal avancent, les personnes qui alignent sa direction dans Paris , ou celles qui viennent reconnaître les maisons à abattre , depuis le bassin jusqu'aux fossés de la Bastille , disent toutes aux propriétaires ou aux locataires : Vous pouvez être tranquilles, il n'y a pas d'argent, et vous serez encore ici long-temps.

La ville a des entrepreneurs qui lui font dépenser beau-

coup d'argent , et qui ne veillent pas assez aux marchés
et aux entreprises. Elle doit donc avoir toujours un fonds
de réserve , pour parer aux dépenses extraordinaires ,
comme les voyageurs en ont un en Angleterre , pour les
accidens qui arrivent sur les grands chemins. La ville
doit s'endetter. Les cent mille francs peut-être qu'elle
dépensera le 2 décembre , sont nécessaires ; mais comment fera-t-elle pour les retrouver d'un autre côté ? Au
surplus , si elle ne doit pas , et que je me sois trompé ,
qu'elle remette son compte. N'a-t-elle pas assez de 6 mois
pour le préparer. Il y a dans ses agens subalternes , ou
négligence ou ineptie ; alors le préfet doit les changer.

Je suis avec respect, etc.

H.

23 novembre 1809.

A S. M. L'EMPEREUR DES FRANÇAIS ,

ROI D'ITALIE,

PROTECTEUR DE LA CONFÉDÉRATION DU RIN.

SIRE ,

On est assez inquiet de savoir comment se terminera
la résistance du Saint-Père. Les suites qu'elle peut avoir,
vous les prévoyez, sans doute, et cependant il faut terminer. J'ai entendu des évêques, des curés, raisonner sur ce
sujet : il y en a qui craignent un schisme. Si Votre Majesté
croyait devoir envoyer à Rome un négociateur et qu'elle
le choisît dans le sénat , elle pourrait , peut-être , jeter
les yeux sur le sénateur Boissy-d'Anglas ; avec des instructions précises, il pourrait être l'homme qui les suivrait
plus exactement, et à cause de la différence de croyance,
il attacherait à cette mission honorable un prix qui dou-
blerait ses moyens, et pourrait parvenir à remplir les vues
de Votre Majesté , les négociations ne devant porter que
sur les droits temporels que peut réclamer le Saint-Père.

La ville de Paris prépare une fête pour recevoir Votre Majesté. Le préfet aurait bien désiré que les deux canons, pris par le prince Murat à Vertingen , que vous lui avez promis , fussent placés aux deux côtés de la porte , mais ils ne sont pas encore parvenus à la ville , et le préfet ne sait pas qui a pu s'opposer aux volontés de Votre Majesté , ou au moins en retarder l'exécution.

Je suis avec respect , etc.

H.

7 décembre 1809.

A S. M. L'EMPEREUR DES FRANÇAIS ,

ROI D'ITALIE ,

PROTECTEUR DE LA CONFÉDÉRATION DU RHIN.

SIRE ,

Vous avez demandé au préfet de la Seine, lorsque Votre Majesté a honoré la ville de sa présence le 4 de ce mois , comment étaient les finances du département. La réponse embarrassée du préfet n'a pas dû satisfaire Votre Majesté, et quoiqu'il ait voulu faire entendre qu'elles étaient dans un état prospère, si j'avais été assez près de Votre Majesté, j'aurais dit : Sire, malgré les huit millions que la caisse d'amortissement a pu prêter, il paraît qu'il y a bientôt un déficit d'environ trois millions, et point de compte-rendu pour l'année 1808, à la cour des comptes. Ce langage aurait satisfait Votre Majesté, puisqu'elle aime la vérité , mais il aurait étonné ceux qui cherchent à la lui cacher.

Lorsque Votre Majesté veut s'assurer si les travaux sont en activité, si ses ordres s'exécutent avec ponctualité, elle ne dédaigne point d'aller elle-même, sans pompe, avec une ou deux personnes, examiner, voir par elle-même, interroger ; mais un préfet ne peut point aller ainsi, sa dignité serait compromise. S'il va voir les tra-

vaux, il faut qu'on en soit averti, afin que les entrepreneurs, les architectes, etc., etc., se tiennent sur le
terrain, et que la quantité de gens qui l'entourent mar-
quent sa dignité et sa puissance.

J'ai appris, il y a quelque temps, qu'il a été délivré,
à l'administration centrale des domaines et de la régie de
l'enregistrement, une somme de deux cent mille francs
sur les remises, pour être répartie en gratifications. Je
ne croyais pas que le conseiller-d'état dût avoir part à
ces gratifications, et j'ai été étonné d'apprendre qu'on
lui accordait trente mille francs. Je croyais que son traitement, son logement, son chauffage et autres additions,
le dispensaient de prendre part sur un fonds provenant
de remises accordées à des employés, et que les premiers
employés étaient les administrateurs. Ses domestiques ne
sont point payés par lui ; ils sont portés tous les mois,
comme des garçons de bureau, et n'en font point le service. Il paraît que cette opération de finance est née depuis la révolution ; je ne la connaissais pas avant. On m'a
également assuré qu'au ministère du grand-juge, les domestiques sont transformés en garçons de bureau. Je ne
sais pas si c'est l'usage dans tous les ministères ; mais il
peut dégénérer en abus, et c'est ainsi que Votre Majesté
le considérera.

Je prie Votre Majesté, etc.   H.

21 décembre 1809.

A S. M. L'EMPEREUR DES FRANÇAIS,

ROI D'ITALIE,

PROTECTEUR DE LA CONFÉDÉRATION DU RHIN.

SIRE,

Les nouvellistes se perdent en conjectures ; les uns
annoncent une alliance avec la Saxe, d'autres avec la
Russie. Ces derniers appuient cette probabilité de la

stabilité que cela donnerait à la paix sur le continent, puisque les deux gouvernemens, se prêtant mutuellement secours contre l'ennemi commun, aucune puissance n'oserait exécuter de projets hostiles contre l'une de ces deux grandes puissances.

On peut dire en ce moment que le présent est gros de l'avenir.

Le discours du ministre de l'intérieur au corps législatif, présente quelques observations. Votre Majesté me permettra de les lui développer; elles lui prouveront l'attachement que j'ai pour sa personne.

Le ministre a annoncé que l'intention de Votre Majesté était d'appeler à son conseil-d'état des ecclésiastiques. Il a paru étonnant que, dans le même discours, on annonçât que le chef de la chrétienté ne devait avoir d'autres fonctions à exercer que celles que lui donnait son caractère sur le spirituel, et que par conséquent les archevêques, évêques, ou autres personnes chargées de fonctions ecclésiastiques, qui doivent se renfermer également dans tout ce qui est spirituel, fussent appelés à des fonctions temporelles.

La religion catholique n'est pas celle dominante dans l'empire français, quoiqu'elle soit professée par la majorité des Français. Le gouvernement a cru devoir faire un traitement aux ministres protestans et luthériens, appellera-t-il aussi de ces ministres-là au conseil-d'état? car si c'est pour y discuter des affaires relatives à la religion, toutes les religions qui sont dans l'empire français et reconnues par le gouvernement, ont le même droit. Est-ce parce que les ministres des autres religions que la catholique sont plus soumis aux lois, qu'on les privera de l'entrée au conseil-d'état? et récompensera-t-on ceux qui cherchent à entraver la marche du gouvernement? Si on admet à la discussion des affaires temporelles, des ecclésiastiques, et s'ils prennent une part active aux discussions des lois temporelles qui se font, on les détournera du ministère auquel ils se sont voués, et, certes, les fonctions de conseiller-d'état sont assez importantes pour absorber beaucoup de temps. Si Votre Majesté donne entrée à des ecclésiastiques au conseil-d'état, bientôt l'un d'eux sera président d'une commission ; eh ! pourquoi n'aspirerait-il pas au ministère des cultes ? c'était un ecclésiastique qui avait, autrefois, la feuille des bénéfices.

L'ecclésiastique qui agit sur les choses temporelles, a un double avantage ; accoutumé à parler au nom d'un Dieu qui punit et qui récompense , il peut influer sensiblement sur la pensée de celui à qui il cherche à donner une opinion , et il l'entraîne souvent par l'idée seule que son caractère rappelle des fonctions spirituelles. Ces deux choses alors se confondent , et l'on est entraîné par d'autres motifs que ceux qui sont apparens.

L'entrée au sénat des ecclésiastiques , n'a pas le même inconvénient. 1° Ils ne doivent y arriver qu'après avoir rendu de longs et éminens services à l'état , et c'est une récompense des travaux qu'ils ont faits, plutôt qu'une indication de ceux qu'ils ont à faire.

2° Ils n'ont aucune part active personnelle dans les affaires , et s'ils ont à prononcer sur un sénatus-consulte, les orateurs du conseil-d'état en ont développé tellement les motifs, que l'opposition de quelques membres ne saurait influer sur son adoption.

J'ai pensé , Sire , que je devais à Votre Majesté mes craintes et mes doutes sur cette phrase du discours du ministre de l'intérieur.

Je la prie de croire qu'elle n'a pas de citoyen plus respectueux que

H.

20 janvier 1810.

A S. M. L'EMPEREUR DES FRANÇAIS,

ROI D'ITALIE,

PROTECTEUR DE LA CONFÉDÉRATION DU RHIN,

MÉDIATEUR DE LA CONFÉDÉRATION SUISSE.

SIRE,

L'attente dans laquelle on est sur divers résultats, fait désirer que le temps se précipite avec plus de vivacité; cependant sa marche est toujours la même, et les événemens n'arrivent pas plus tôt. Le peuple français se demande : Quand pourra-t-on forcer l'Angleterre à cesser de s'occuper des moyens de détruire et les ouvrages des hommes et les hommes eux-mêmes. Les coups portés par la France depuis long-temps, ne portent que très-indirectement contre elle, puisqu'en comprimant deux fois l'Autriche et une fois la Prusse, l'Angleterre est restée tout entière, qu'elle s'est, au contraire, agrandie en domaines. Malgré nos calculs problématiques sur les finances d'Angleterre, cette ennemie de l'empire français n'en conserve pas moins son crédit, et si elle a besoin de diminuer ses créances, elle réduira à moitié ou au tiers sa dette. Les créanciers d'un état sont toujours moins nombreux que ses débiteurs, par conséquent on trouve toujours un excédent dans ses recettes, et si l'homme auquel on fait perdre 500 guinées sur un billet de mille, ne peut plus payer les 10 guinées d'impôt qu'il payait, le gouvernement aura diminué ses charges dans une proportion beaucoup plus grande, qu'il n'aura diminué ses revenus.

Je dois à Votre Majesté le langage d'un homme qui aime son pays, et qui a confiance dans le héros qui le gouverne.

L'Espagne soumise, le Portugal conquis, ne feront point de blessures à l'Angleterre. Les ressources que Votre Majesté a dans son génie, et les moyens qu'elle

sait qu'elle recevra du peuple français, la porteront, sans
doute, à une grande entreprise contre cette tourmente du
genre humain. Vous pouvez compter, Sire, que lorsque
le résultat amènera la paix, les chants d'allégresse re-
tentiront de toutes parts ; ils ont été jusqu'à présent
comprimés par cette arrière-pensée de guerre avec l'Angleterre. Accoutumé à voir l'avenir, j'entends les bénédictions, je ne dirai pas seulement du peuple français,
mais de tous les peuples du continent, s'adresser à Votre
Majesté pour la paix qu'elle aura donnée presqu'au
monde entier.

Cette activité dans le cabinet des Tuileries me fait
présager que Votre Majesté prépare au peuple français
un de ces grands événemens qui, en étonnant quelques
personnes, commanderont l'admiration de tous.

  Je suis avec respect, etc.

H.

---

26 janvier 1810.

A S. M. L'EMPEREUR DES FRANÇAIS,

ROI D'ITALIE,

PROTECTEUR DE LA CONFÉDÉRATION DU RHIN,

MÉDIATEUR DE LA CONFÉDÉRATION SUISSE.

SIRE,

Le secret qui enveloppe encore l'union projetée de
Votre Majesté, semble découvert à quelques nouvellistes.
Cette jeune princesse qui a été présentée à la cour de
Saxe pour la première fois, le mois dernier ; le ministre
des affaires étrangères de cette même cour, qui traite des
objets de la plus haute importance avec le cabinet des
Tuileries, tout porte à croire, disent ces hommes qui
cherchent à jouir les premiers de la découverte d'un secret, que c'est la princesse Amélie. Ils n'attendent plus,

pour confirmer leurs conjectures, que d'apprendre l'élévation du prince Maximilien à une plus haute dignité.

Sire , plus les Français cherchent à lire dans l'avenir,
plus Votre Majesté doit voir le désir qu'ils ont d'apprendre
que la dynastie de l'empereur Napoléon est fixée d'une
manière stable.

Je suis avec respect , etc.

H.

21 février 1810.

A S. M. L'EMPEREUR DES FRANÇAIS ,

ROI D'ITALIE,

PROTECTEUR DE LA CONFÉDÉRATION DU RHIN ,

MÉDIATEUR DE LA CONFÉDÉRATION SUISSE.

SIRE ,

Il paraît que tous les regards se tournent vers l'Alle-
magne, afin de connaître le choix qu'a fait Votre Majesté.
Cependant rien encore ne semble officiel dans le public.
Des gens qui se disent bien instruits , et qui arrivent de
Vienne, assurent qu'il y a plus d'un mois qu'il n'est bruit
dans cette ville que de cette alliance.

On espère qu'au moyen du dernier sénatus-consulte ,
les difficultés élevées par le chef de l'Eglise romaine, vont
être applanies.

Si Votre Majesté veut bien me le permettre, je vais rappeler son attention sur un décret du 28 août 1808 , relatif à la culture du tabac, et compris, seulement, dans le
Bulletin des Lois , n° 264.

L'article 1er de ce décret dit qu'à compter du 1er janvier 1809, tout particulier qui voudra cultiver du tabac,
sera tenu d'en faire sa déclaration, etc.

Sont dispensés de la déclaration les particuliers dont la
culture ne s'élèverait pas à plus de vingt pieds de tabac.

D'abord , j'aurai l'honneur de faire remarquer à Votre
Majesté que ce décret, dont l'exécution a dû avoir lieu
au 1ᵉʳ janvier 1809, ne paraît qu'en février 1810 ; ensuite, comment, Sire, n'a-t-on pas fait remarquer à
Votre Majesté, que cette mesure devait nécessairement
entraîner des visites vexatoires , et que, sous le spécieux
prétexte de visiter , soit un clos , soit un jardin , on vien-
drait violer l'asile des citoyens paisibles , et que, peut-être,
des malveillans s'introduiraient dans les maisons, sous le
prétexte de faire des visites. Victime, comme je l'ai été,
d'une fausse patrouille, en 1793 , qui s'est dit chargée
par un comité révolutionnaire , de faire des perquisitions
dans mon domicile : après avoir ouvert ma porte, j'ai
bientôt reconnu que ce n'étaient que des voleurs, et pendant deux heures , j'ai été , ainsi que ceux qui étaient
avec moi , sous le poignard. La perquisition s'est ter-
minée en volant mon argenterie et différens autres
effets. C'est pour cela qu'il m'est peut-être plus permis
qu'à une autre personne de craindre les visites domiciliaires.

Il y a environ douze ans que quelques pieds de tabac
avaient levé dans le jardin de ma campagne, qui est à
sept lieues de Paris ; mon jardinier les cultiva, en ap-
prêta les feuilles, et il les fumait. Celui que j'ai maintenant a négligé, je crois, cette culture, et il en existe
fort peu de pieds ; mais on sait qu'il y en a eu dans mon
jardin. Au moyen du décret impérial, un nombre d'employés peuvent faire ouvrir la porte de ma maison, parcourir mon jardin, et si, par hasard, il se trouve trente
pieds de tabac, on me fera un procès, parce que je serai
en contravention avec le décret ; mais si, après avoir
parcouru mon jardin, ils ne trouvent rien, n'a-t-on pas
gratuitement violé mon asile ? et si on veut me contrarier,
ne peut-on pas renouveler souvent les visites, puisque je
ne peux pas refuser l'entrée de mon jardin, qui est
comme celle de ma maison ? J'ai donné l'ordre à mon
jardinier, qui est mon concierge, de laisser entrer ceux
qui se présenteraient pour faire des visites ; alors, n'est-il

pas à craindre que les voleurs, qui sont à l'affût de tous les moyens, se présentent à mon concierge, au nombre de dix ou douze, lui montrent, s'il l'exige, une commission qu'ils auront fabriquée, comme employés à la visite des tabacs, et lorsqu'ils seront maîtres du jardin, ils le seront bientôt du jardinier, et par conséquent voleront facilement le mobilier de ma maison. Je serai victime de ma soumission à un décret qui a laissé la faculté aux employés de violer mon asile, heureux si mon concierge conserve la vie.

Je prie Votre Majesté de vouloir bien se faire faire un nouveau rapport sur les inconvéniens de ces visites domiciliaires, et de ne point laisser à l'arbitraire le droit de vexer les citoyens, pour assurer un impôt indirect qui n'est point dû par le citoyen qu'on vient souvent tourmenter.

J'ai l'honneur, etc.

H.

29 janvier 1810.

A S. M. L'EMPEREUR DES FRANÇAIS,

ROI D'ITALIE,

PROTECTEUR DE LA CONFÉDÉRATION DU RHIN,

MÉDIATEUR DE LA CONFÉDÉRATION SUISSE.

SIRE,

Je supplie Votre Majesté que, dans cette saison rigoureuse, elle veuille bien ordonner de faire faire des feux dans les différentes places publiques et qui avoisinent le palais des Tuileries, le sénat, le corps législatif, la chancellerie de la Légion-d'Honneur, divers ministères, les préfets de la police et du département.

On dira peut-être à Votre Majesté que ces feux étaient bons lorsque le gouvernement n'avait pas établi des dépôts de mendicité, et qu'ils sont maintenant inutiles. Sire, il y a encore des malheureux qui souffrent de l'intempérie de l'air ; quand il n'y aurait que ceux qui attendent au coin des rues qu'on les emploie à quelques travaux de peine, pourquoi ne pas venir à leur secours ? Ma requête paraîtra trop juste à Votre Majesté pour que j'insiste plus long-temps pour en obtenir d'elle l'admission.

Je suis avec respect, etc.

H.

2 mars 1810.

A S. M. L'EMPEREUR DES FRANÇAIS,
ROI D'ITALIE,
PROTECTEUR DE LA CONFÉDÉRATION DU RHIN,
MÉDIATEUR DE LA CONFÉDÉRATION SUISSE.

SIRE,

Dans ce moment, Votre Majesté paraît se faire rendre compte de la manière dont les préfets administrent. Elle aura, sans doute, remarqué, 1° Que celui de Seine-et-Marne s'est permis, sans autorisation légale et précise, de faire travailler à un chemin dont la nécessité n'est pas reconnue, et qui vraisemblablement a un but particulier.

2° Que celui d'Angers, pour acquitter une somme restée en arrière, sur des frais occasionnés par le passage des troupes, au lieu d'obtenir des fonds du ministre de la guerre, a fait ajouter, de son propre mouvement, des centimes aux contributions.

3° Que celui de la Seine n'avait point encore fait passer à la cour des comptes, le compte de la ville, de l'année 1808, qu'il devait faire rendre au premier juillet 1809, ce qui montre un désordre dans les détails de cette administration, qui est inconcevable. Ces négligences n'auront pas échappé à Votre Majesté.

(80)

Mais si elle a à se plaindre d'un côté, elle a, peut-être, à récompenser de l'autre. Le préfet de la Lys désirerait se rapprocher de Votre Majesté ; il y a plus de six ans qu'il administre ce département. Je prie Votre Majesté de se faire faire un rapport sur son administration, et si elle en est satisfaite, peut-être jugera-t-elle convenable de l'appeler à son conseil-d'état.

Que Votre Majesté me permette aussi de lui mettre sous les yeux les services de l'évêque d'Orléans. Pourrait-il espérer que Votre Majesté les récompensera en lui accordant une place dans la nouvelle maison de Sa Majesté l'Impératrice ?

Je suis avec respect, etc.

H.

13 mars 1810.

A S. M. L'EMPEREUR DES FRANÇAIS,

ROI D'ITALIE,

PROTECTEUR DE LA CONFÉDÉRATION DU RHIN,

MÉDIATEUR DE LA CONFÉDÉRATION SUISSE.

SIRE ,

Dans la dernière session du corps législatif, la ville demanda l'autorisation d'un emprunt de six millions. Pendant cette session, elle demande l'autorisation de sept millions ; l'année prochaine, elle demandera l'autorisation de huit ou dix millions. Car en vain veut-on faire croire que cette somme de sept millions doit terminer le canal de l'Ourcq dans Paris. D'abord il faut plus de quatre ou cinq ans pour pouvoir exécuter les travaux, depuis le bassin de la Villette aux fossés de la Bastille ; ensuite, les terrains ou maisons coûteront plus de douze millions. La maison seule de Beaumarchais coûtera cinq ou six cent mille francs, et comme les travaux ne se feront pas de suite, on aura le temps d'avoir dépensé les sept millions qu'on veut emprunter cette année, avant d'entamer les travaux du canal. N'a-t-on pas l'arriéré à payer, et les fêtes? Encore s'il y avait un tel ordre, qu'on rendît compte des recettes et des dépenses, lorsque le temps est arrivé, on saurait où l'on en est; mais le compte de 1808 ne paraît pas encore, et par conséquent la fusée se mêle. Votre Majesté a promis de donner dix millions pour les travaux du canal de l'Ourcq; mais est-ce seulement pour ceux qui se font dans Paris? Si cela n'est pas, les entrepreneurs dépenseront cette somme pour le faire glaiser; car il est reconnu que, dans beaucoup d'endroits, il faut lui faire un lit.

Cette promptitude avec laquelle on ordonne des travaux, offre un gaspillage effrayant. On veut faire marcher ensemble le canal de l'Ourcq, les travaux du pont d'Iéna, des greniers de réserve, du quai Napoléon, du quai Desaix, du Temple, de la place de la Bastille, etc., etc. On promet aux entrepreneurs de l'argent; on ne peut pas toujours tenir les promesses; tout commence, rien ne finit. C'est à qui jouera finement avec le gouvernement. Il me semble que cela pourrait aller mieux; et c'est ce que je souhaite.

 Je suis, etc.   H.

---

17 mars 1810.

A S. M. L'EMPEREUR DES FRANÇAIS,

ROI D'ITALIE,

PROTECTEUR DE LA CONFÉDÉRATION DU RHIN,

MÉDIATEUR DE LA CONFÉDÉRATION SUISSE.

SIRE,

Vous avez connaissance de la banqueroute faite par le syndic des agens de change. On m'a assuré que Votre Majesté en avait marqué son indignation, et avait donné des ordres pour qu'il fût arrêté. J'ignore ce qui a pu l'entraîner à faire de mauvaises affaires ; j'en accuserais presque ceux qui lui ont prêté de l'argent sur ses reconnaissances. Quand le ministre de la marine lui remet cent soixante mille francs, que pense-t-il qu'un agent de change puisse faire de cet argent ? L'agent de change ne lui donne ni 5 pour 100 consolidés, ni obligations, ni lettres de change ; nécessairement, c'est comme s'il lui disait : Jouez ou placez pour votre compte, quant à moi, je ne veux que 5 pour 100. Si le prêteur demande 5 pour 100, il faut que l'emprunteur cherche un plus gros bénéfice, par conséquent, qu'il hasarde ; cependant, les réglemens des agens de change s'opposent à ce qu'ils fassent des opérations pour leur compte ; le prêteur le sait, surtout si c'est un homme en place. Le prêteur, dira-t-on, voulait avoir son argent disponible ; mais, est-ce qu'il ne l'est par lorsqu'il a une inscription. Est-ce qu'en vingt-quatre heures il ne peut pas le réaliser ? Cela est vrai, ajoute-t-on, mais les inscriptions peuvent être à la baisse quand on voudra vendre, et le prêteur perdra sur son capital. D'abord un homme en place ne doit point croire à la baisse des effets publics, et puis, n'est-il pas de son devoir d'employer les capitaux qu'il a pour soutenir les effets publics ? Je répéterai toujours : Que vouliez-vous que cet agent de change fît de vos cent soixante mille francs, si ce n'est de les placer pour son compte, à un plus gros intérêt que celui qu'il vous payait ? Est-ce là l'objet de l'institution ? Non, il ne doit être que l'intermédiaire entre l'homme qui a de l'argent et celui qui en a besoin ; sa mission est de les rapprocher tous les deux, et pour cela il a un droit.

Votre Majesté fera punir les fripons : la honte restera aux dupes.

Je suis avec respect, etc.

Notes.

H.

(Adressée à Compiègne.)

20 mars 1810.

A S. M. L'EMPEREUR DES FRANÇAIS,

ROI D'ITALIE,

PROTECTEUR DE LA CONFÉDÉRATION DU RHIN,

MÉDIATEUR DE LA CONFÉDÉRATION SUISSE.

SIRE,

C'était autrefois dans les voyages de Fontainebleau ou de Compiègne que se faisaient, assez généralement, les changemens de ministres. Vraisemblablement, dans ces endroits, les rois se croyaient plus libres de leur volonté, et alors ils en jouissaient. Celle de Votre Majesté est la même partout; mais comme les usages anciens reparaissent, et que Votre Majesté fait un voyage à Compiègne, on parle diversement d'un travail soumis à Votre Majesté sur les préfectures, et en particulier sur l'administration des préfets. Dans ce moment, il n'est peut-être pas inutile que Votre Majesté sache qu'aussitôt qu'elle fait la nomination d'un nom qui rappelle la part qu'a pu prendre l'individu qui le porte, dans les affaires publiques, en 1793, on court au *Moniteur*; on consulte les cinq appels nominaux, et l'élu obtient un jugement dans l'opinion publique.

C'est dans ce voyage qu'on dit que les rois de Bavière et de Wurtemberg obtiendront de Votre Majesté deux grandes dignités dans l'empire français, et que ceux qui les occupent maintenant ne seront plus qu'en seconde ligne; on va jusqu'à dire qu'un d'eux doit habiter Rome.

On disait, il y a quelque temps, que les choix de Votre Majesté ne répondaient pas toujours aux vues qu'elle se proposait. Comment voulez-vous, ai-je répondu, que Sa Majesté puisse connaître tous les individus qu'on lui présente? Et puis, ne sont-ce pas des hommes qui forment les listes des candidats? Un ministre n'a pas pu faire autrement que de céder à tel général ou à telle autre personne en place. Dans quelques années, les auditeurs doivent donner de bons administrateurs ; il s'agit seulement qu'ils soient placés près de préfets éclairés et sages.

Je suis avec respect, etc.

H.

(Adressée à Compiègne.)

24 mars 1810.

A S. M. L'EMPEREUR DES FRANÇAIS,

ROI D'ITALIE,

PROTECTEUR DE LA CONFÉDÉRATION DU RHIN,

MÉDIATEUR DE LA CONFÉDÉRATION SUISSE.

SIRE,

C'est dans ce moment que Votre Majesté sent combien il est précieux d'être un grand monarque. La distribution qu'elle va faire des grâces est une jouissance pour elle, au-dessus de toutes celles qui existent, parce que ceux sur qui Votre Majesté les répandra, n'auront que la leur, tandis que vous, Sire, vous aurez toutes les jouissances. Celui-ci recevra un grade plus élevé ; un autre, une dignité ; tel qui, peut-être, n'osait pas prétendre à faire partie de la Légion-d'Honneur, recevra cette faveur. Votre Majesté s'est retirée à la campagne, pour se donner toute entière à cette pensée, que le travail auquel elle se livre doit répandre ses bienfaits dans tout l'empire. Elle accoutume son âme aux jouissances paisibles, pour apporter, lors de son union avec Marie-Louise d'Autriche, ce calme et cette tranquillité de conscience qu'on a lorsqu'on a fait le bien.

Votre Majesté Impériale et Royale me permettra de continuer mes vœux pour la conservation de ses jours, et ceux de l'auguste épouse qui va se trouver placée à ses côtés.

H.

avril 1810.

A S. M. L'EMPEREUR DES FRANÇAIS,

ROI D'ITALIE,

PROTECTEUR DE LA CONFÉDÉRATION DU RHIN,

MÉDIATEUR DE LA CONFÉDÉRATION SUISSE.

SIRE,

Je me suis mêlé avec le peuple, je l'ai écouté, et j'ai écrit ce que j'ai entendu. Maintenant il le chante.

Je suis avec respect, de Votre Majesté Impériale et Royale, etc.

Notes.   **H.**

(Adressée à Compiègne.)

18 avril 1810.

A S. M. L'EMPEREUR DES FRANÇAIS,

ROI D'ITALIE,

PROTECTEUR DE LA CONFÉDÉRATION DU RHIN,

MÉDIATEUR DE LA CONFÉDÉRATION SUISSE.

SIRE,

Les affaires de l'Eglise ne paraissent pas s'arranger aussi facilement que celles politiques. Quelques cardinaux ont paru dissidens. Ils doivent moins donner d'inquiétude que le bas clergé, parce que, comme il est le plus nombreux, il croit pouvoir tirer de là sa force ; il a l'oreille au guet, pour se prononcer sur la démarche du gouvernement envers le chef spirituel de l'Eglise. La mesure que le gouvernement prendra doit donc être mise souvent à la discussion, et mûrie dans un conseil secret, jusqu'à ce qu'on puisse prendre un parti. Eviter un schisme, tranquilliser les consciences, afin de ne point exciter le fanatisme, voilà ce qu'on attend du résultat des conférences qui doivent occuper le gouvernement sur cet objet.

Votre Majesté a nommé une commission pour recevoir le compte de la Légion-d'Honneur; mais cette commission n'est sans doute que provisoire. Vous jugerez, Sire, que les comptes de la Légion-d'Honneur et ceux de la caisse d'amortissement doivent être soumis à la cour des comptes, et si l'on croit que les communes qui ont dix mille francs de revenu, doivent compter à la cour des comptes, comme on l'a décidé pour leurs revenus de 1810, comment croirait-on que l'on peut soustraire à l'examen de ladite cour les comptes de la Légion-d'Honneur et ceux de la caisse d'amortissement.

Je suis avec respect, etc.

H.

(Voyage des maires de Paris à Compiègne.)

19 avril 1810.

A S. M. L'EMPEREUR DES FRANÇAIS,

ROI D'ITALIE,

PROTECTEUR DE LA CONFÉDÉRATION DU RHIN,

MÉDIATEUR DE LA CONFÉDÉRATION SUISSE.

SIRE,

Votre Majesté a besoin de se délasser quelquefois de ses travaux, et elle ne doit pas être fâchée d'apprendre quelques détails sur des individus qui, dans le grand tourbillon de personnes qui l'entourent et qui se pressent pour obtenir un regard du monarque, ont quelquefois le malheur, après maintes traverses, de s'en retourner avec l'espoir d'être plus heureux une autre fois.

Les maires des cinquième et huitième arrondissemens, et un adjoint de ce dernier , du département de la Seine, sont partis de Paris pour Compiègne , à six heures du soir, samedi dernier 14, en toilette, et prêts à faire leur cour à Votre Majesté. Des relais avaient été envoyés à moitié chemin. Arrivés à Compiègne , à trois heures du matin , ils espèrent trouver place dans une auberge. Mais toutes leur sont fermées , et partout on leur répond qu'on n'a point de place pour les recevoir. Après être descendus de voiture, et avoir parcouru les rues pendant plus d'une heure , ils sont accostés par l'allumeur de réverbères , qui, les ayant rencontrés pendant la nuit plusieurs fois, se doutant qu'ils n'ont pas de quoi reposer leur tête, leur dit : Messieurs , il paraît que vous n'avez pas d'endroit pour vous reposer ; si vous voulez , je vous conduirai chez un de mes amis , qui se lèvera et vous cédera sa chambre. La proposition est sur-le-champ acceptée , et cet allumeur est pour eux l'étoile qui guidait les trois Mages. Il les conduit dans un galetas , où son ami était couché, et qui se lève ; on donne des chaises à moitié dépaillées à ces Messieurs , qui, fatigués, croient qu'on leur a donné des bergères. Enfin , un peu remis de leur lassitude, la faim se fait sentir. Ils déjeunent, et le temps qui fuit avec la même rapidité pour l'homme heureux que pour l'homme malheureux , fait sonner 11 heures à la cathédrale. On se lève ; la toilette , faite de la veille, n'est pas très-fraîche ; mais il faut aller faire sa cour. Ils s'acheminent ; à vingt pas de la maison qui leur a prêté son abri, on croit qu'ils sortent de leur hôtel : ils arrivent. L'espérance qui les a soutenus sur la pointe du pied, laisse croire aux personnes qui se trouvent dans la galerie du château , qu'ils descendent de voiture. Bientôt les portes s'ouvrent, on annonce l'empereur. Ils espèrent qu'un regard tombera sur eux. Chacune des personnes qui se trouve sous les pas de Votre Majesté, semble dire : Sire, me voilà, veuillez bien penser à moi. Mais Votre Majesté, occupée d'une affaire importante , les voit toutes , sans les distinguer personnellement ; et , après avoir parlé à quelques-unes, se retire. Les maires ne sont point invités à aller le soir au cercle. Par conséquent, Votre Majesté ne les a pas vus. Ils s'en retournent, et se sentent plus las que jamais, chez l'ami de l'allumeur, qui leur tient prêt un morceau de veau froid et une salade. Avant de le quitter, ils demandent ce qu'ils doivent, et on leur dit que c'est au juste trente-deux francs. Après avoir payé, ils reprennent la route de Paris, arrivent chez eux, entrent sous des lambris dorés, s'étendent sur le duvet, et ne se rappellent le voyage de Compiègne que lorsqu'ils entendent descendre le réverbère qui est à leur porte.

Votre Majesté jugera peut-être qu'il faudrait réserver dans le château une salle commune, où ceux qui ne peuvent point trouver place dans les auberges, soit à Compiègne, soit à Fontainebleau, puissent attendre l'heure à laquelle ils doivent se présenter pour faire leur cour à Votre Majesté.

Je suis avec respect, etc.

Notes.

H.

(*Adressée à Anvers.*)

28 avril 1810.

A S. M. L'EMPEREUR DES FRANÇAIS,

ROI D'ITALIE,

PROTECTEUR DE LA CONFÉDÉRATION DU RHIN,

MÉDIATEUR DE LA CONFÉDÉRATION SUISSE.

Sire,

Le cadastre que Votre Majesté a fait entreprendre dans toute l'étendue de l'empire, est un travail qui doit être d'une grande utilité pour la répartition de l'impôt, s'il est bien fait; si, au contraire, les entrepreneurs n'en font qu'une spéculation d'argent, il aura coûté beaucoup, et on aura imposé les administrés sans aucun profit pour le gouvernement : c'est ce que je crains. J'ai interrogé plusieurs

maires, et ils s'accordent à dire que le travail se fait mal.
Il y en a qui m'ont assuré que les arpenteurs avaient demandé aux propriétaires leurs titres pour établir les con-
tenances , et qu'ils avaient ajusté leur travail d'après ces
bases. Cependant, ce n'est pas celles que veut le gouvernement. On paie mal , dit-on, ceux qu'on envoie dans les
communes, et plusieurs sont au-déssous du travail qui leur
est confié. Si les préfets ne surveillent pas scrupuleuse-
ment cette partie administrative, elle ira mal, ou plutôt
elle n'ira pas, et on suivra toujours les anciens rôles et
l'ancienne routine.

Dans l'audience particulière que Votre Majesté à bien
voulu accorder aux maires et adjoints de la ville de Compiègne, le lendemain de son arrivée dans cette ville , elle
s'est entretenue avec autant d'intérêt que de bonté , sur
tout ce qui intéressait la ville , et chacun s'est convaincu
du désir qu'a Votre Majesté de porter ses regards sur les
plus petits détails administratifs, et la marque de souvenir que vous leur avez donné, Sire, en leur rappelant
que , lorsque vous étiez Premier Consul, vous aviez logé
dans une maison que vous leur avez indiqué, les a affermis
dans l'idée qu'ils avaient déjà que rien n'échappe à la
mémoire de Votre Majesté.

On s'est plaint que des inscriptions révolutionnaires
sur divers monumens nationaux existaient encore , et
l'on a eu raison d'en accuser l'imprévoyance des administrateurs. Il serait assez singulier que Votre Majesté
donnât des ordres d'Anvers, pour que le préfet de la
Seine fît ôter au-dessous du cadran de l'horloge de la ville
ces mots encore écrits en gros caractères : *Liberté, unité de
la république, fraternité, etc.*, qui se verront encore au milieu des chiffres de Napoléon et de Marie-Louise, qui vont
décorer la place de l'Hôtel-de-Ville , si on ne les efface
pas tout de suite.

Votre Majesté connaît les sentimens , etc.

Notes.   H.

(Adressée à Anvers.)

6 mai 1810.

A S. M. L'EMPEREUR DES FRANÇAIS,

ROI D'ITALIE,

PROTECTEUR DE LA CONFÉDÉRATION DU RHIN,

MÉDIATEUR DE LA CONFÉDÉRATION SUISSE.

SIRE,

J'apprends à l'instant que le sieur Lefèvre, constructeur d'un vaisseau de 74, à Anvers, et qui devait com-
mander le travail pour le lancer devant Votre Majesté,
vient d'être remplacé, par un ordre du ministre de la
marine. Cette disgrâce, qu'il n'a pas méritée personnellement, puisque son intelligence et son travail lui ont
toujours assuré l'estime de ses chefs, lui a paru un coup
d'autorité inattendu. Décoré, par Votre Majesté, de la
Légion-d'Honneur, pour une action de bravoure, et par
conséquent ayant fait ses preuves de bon citoyen, il était
dans la plus grande sécurité. Ce jeune homme ne peut
donc attribuer cet ordre du ministre qu'à l'événement
qui est arrivé à son père, ex-agent de change, et qui lui
est entièrement étranger. On ne peut pas l'accuser d'a-
voir entraîné son père dans le précipice dans lequel il
s'est plongé, et croit-on qu'il recueillera le fruit de la
mauvaise administration de la maison paternelle ? Non,
sans doute, puisqu'elle ne lui présente que la douleur de
ne pouvoir pas, par sa fortune personnelle, réparer les
fautes de son père. Si le ministre a perdu quatre-vingt
mille francs, sur celle de cent soixante mille francs,
est-ce la faute du fils ? Pourquoi, dit-on, avait-il plus de
confiance dans la fortune d'un particulier que dans les
cinq pour cent consolidés ? et pourquoi punir le fils d'un
fait qui lui est absolument étranger ?

Votre Majesté n'a certainement pas connaissance de la
disgrâce d'un brave jeune homme qui, avec des sentimens d'honneur et de bravoure, doit être maintenu et

encouragé dans la carrière qu'il cherche à parcourir,
plutôt que rejeté et arrêté par une marque, je dirais
presque d'infamie, qu'il n'a pas méritée.

Les sentimens généreux de Votre Majesté sont pour lui
une assez forte recommandation pour qu'il n'ait pas besoin d'autres solliciteurs, et je m'estime heureux d'avoir
mis sous les yeux de Votre Majesté les motifs d'une disgrâce qu'elle voudra bien effacer.

Je suis avec respect, etc.

H.

(*Adressée à Rouen.*)

28 mai 1810.

A S. M. L'EMPEREUR DES FRANÇAIS,

ROI D'ITALIE,

PROTECTEUR DE LA CONFÉDÉRATION DU RHIN,

MÉDIATEUR DE LA CONFÉDÉRATION SUISSE.

SIRE,

J'ai eu l'honneur d'entretenir Votre Majesté dans ma
lettre du 21 février 1810, du décret impérial du 28 août
1808, relatif à la culture des tabacs. Je trouve dans un
journal (*), article Gênes, 26 mai. « M. le préfet de
» Gênes, instruit que la plupart des personnes qui se
» sont livrées à la culture des tabacs, dans ce départe-
» ment, croient pouvoir manufacturer le produit de vingt
» pieds qui leur sont accordés par le décret du 28 août
» 1808, les a prévenus, par un avis affiché et inséré dans
» les feuilles publiques, que Son Excellence le ministre
» des finances avait décidé que la faculté de cultiver
» n'emportait pas celle de fabriquer. Toute fabrication
» de la part des particuliers est généralement prohibée,
» sous peine de confiscation et d'amende. »

(*) 26 mai 1810, *Petites Affiches*, hôtel de Lussan.

C'est contre cette décision du ministre des finances, Sire, que je réclame. Lorsque votre décret accorde la faculté de cultiver vingt pieds de tabac, sans déclaration de la part des particuliers, Votre Majesté a voulu que ces particuliers fissent, de ces vingt pieds, ce qu'ils voulussent ; car elle sait bien qu'on ne peut pas les employer sans une préparation préalable. Qu'ils les réduisent en poudre ou qu'ils en fassent des cigares, peu importe, d'après le sens du décret, puisque, sans déclaration, on peut cultiver vingt pieds de tabac. Le décret n'a pas voulu les livrer au commerce, mais bien à l'industrie du cultivateur, qui ne peut pas les vendre fabriqués, parce qu'alors il lui faudrait une licence, mais qui peut les employer à son usage, comme bon lui semble, et sous quelques formes que son industrie les lui fera employer. Quelle faveur retire-t-on de ces vingt pieds cultivés, s'il faut les vendre au commerce, comme le surplus ? Ne dois-je pas craindre que bientôt on me dise que je peux cultiver les groseilles de mon jardin, mais que je dois laisser la fabrication des confitures aux marchands confiseurs ?

Je lis un ouvrage sur la Corse, et je vois que les Corses se sont plaints long-temps du gouvernement des Génois, sous lequel ils étaient : il ne faut pas maintenant que les Génois se plaignent du gouvernement français.

Je prie donc Votre Majesté de déclarer que les vingt pieds de tabac cultivés peuvent être employés et fabriqués par le propriétaire, pour sa consommation, sans pouvoir en vendre tout ou partie, à moins d'avoir fait sa déclaration et de s'être conformé aux lois des marchands.

> Je suis avec respect, etc.
>
> H.

Notes.

13 juin 1810.

A S. M. L'EMPEREUR DES FRANÇAIS,

ROI D'ITALIE,

PROTECTEUR DE LA CONFÉDÉRATION DU RHIN,

MÉDIATEUR DE LA CONFÉDÉRATION SUISSE.

SIRE,

Vous avez bien voulu honorer de votre personne la fête donnée par la ville de Paris. J'ai mêlé mes acclamations à celles que Votre Majesté a entendues dans la salle des *Fastes*, et il a été heureux pour les habitans de Paris de lire dans les regards de Votre Majesté, qu'elle éprouvait quelque satisfaction, et le sourire qui était sur les lèvres de Sa Majesté l'Impératrice, n'a point échappé aux personnes qui cherchent leur récompense dans la moindre expression de leur souveraine.

Le jeune homme à qui Votre Majesté a demandé dans la salle du bal ce qu'il faisait, et qui a répondu ingénuement qu'il attendait son tour pour la contre-danse, est bien, comme il l'a dit à Votre Majesté, à la tête d'une maison de commerce à Paris, dont l'établissement est dans le département du Haut-Rhin. Envoyé à Paris, il y a environ quatre ans, avec des marchandises de toiles peintes, il s'acquittait si bien de sa mission, que sa maison lui a continué les envois, quoiqu'il n'en fût que le commis, et il fait maintenant pour plus de cent mille écus d'affaires par an. Lorsque son tour de conscription arriva, il y a environ deux ans, il eut un numéro éloigné, et ne fut point désigné ; mais il y a près de quinze mois, on a redemandé des jeunes gens de sa classe, et la maison de commerce, qui le tenait ici, lui écrivit : Soyez tranquille, nous ferons tous les sacrifices nécessaires pour que vous restiez à soigner nos affaires à Paris ; et il est resté, justifiant journellement la confiance de la maison principale de commerce. Mais, Sire, la famille a payé sa dette à la patrie ;

un second fils a été envoyé à Saint-Cyr, et il y a environ quinze mois que Votre Majesté l'a nommé sous-lieutenant d'infanterie. C'est ainsi qu'elle a et des hommes de guerre et des commerçans, pour utiliser la classe du peuple, et donner l'aisance nécessaire à une nation, afin que le souverain ait une population saine et robuste.

Quand on peut, comme le préfet de la Seine, disposer d'une grande somme d'argent pour une fête, il ne s'agit plus que du goût dans le choix des embellissemens. Il me semble que si la galerie, dans laquelle Votre Majesté a vu le feu d'artifice, était décorée élégamment, l'inscription sur le fronton n'était pas d'une imagination bien féconde, et le tapissier paraissait avoir eu plus de goût que le littérateur. Le tableau qui représentait un héros presque nu, qui n'a qu'un manteau, et qui se présente devant l'autel d'Hyménée, au milieu de tout un peuple, ne paraît pas non plus d'une conception heureuse. Elle n'est ni dans nos mœurs, ni dans nos usages; mais quand on a su dépenser de l'argent, il faut savoir en compter; et le préfet de la Seine, ou le chef du bureau du secrétariat, qui conduit à peu près les bureaux, ne sait pas faire compter le receveur municipal. Le compte de 1808, qui aurait dû être présenté à la cour des comptes, en juin 1809, ne l'est pas encore; et le compte de 1807, dont l'arrêt de situation a été rendu en décembre 1808, n'est point encore jugé définitivement, parce que le receveur municipal ne produit aucune pièce, pour obtenir un arrêt définitif. Il se plaint lui-même du préfet, qui ne régularise pas des pièces qui sont à sa signature. C'est ce qui faisait dire, dimanche dernier, que le préfet cherchait à jeter de la poudre aux yeux. Lorsque Votre Majesté veut que ses ministres des finances et du trésor public lui rendent compte tous les ans de la situation du trésor public, et qu'ils s'en acquittent, comment le préfet de la Seine ne peut-il pas faire compte au receveur municipal?

Jusqu'à présent, lorsqu'on avait doté des filles en les mariant, on leur remettait le bon de la dot pour aller, le lendemain, chez le receveur municipal; cette dernière

fois, on a été plus d'un mois avant que de payer cette dot.
Non-seulement la ville de Paris paraît s'endetter, mais
encore il semble qu'elle s'embrouille dans ses comptes
et dans ses opérations. Quel exemple !

J'ai montré à Votre Majesté le mal ; elle ordonnera le
remède qu'elle jugera convenable.

       Je suis avec respect, etc.

Notes.   H.

---

20 juillet 1810.

A S. M. L'EMPEREUR DES FRANÇAIS,

ROI D'ITALIE,

PROTECTEUR DE LA CONFÉDÉRATION DU RHIN,

MÉDIATEUR DE LA CONFÉDÉRATION SUISSE.

Sire ,

La lettre que j'ai eu l'honneur d'adresser à Votre Majesté , à Vienne , le 30 août 1809 , désignait le ministre
de la police générale , comme excédant les pouvoirs que
lui avait confiés Votre Majesté. Ses propos tenus à la
maison de ville du département de la Seine , pour la
prompte formation de la garde nationale , avaient une
arrière-pensée. Il s'efforçait de représenter aux maires ,
qu'un accident pouvait avoir lieu en Allemagne , et qu'il
serait bien aise d'avoir une garde nationale à Paris.
Comme si un ministre de Votre Majesté devait douter du
succès , et s'occuper d'un événement qui ne doit pas
entrer dans sa pensée ; Sire, vos faveurs ont comblé l'ex-
ministre d'une fortune colossale , il va en jouir paisible-
ment dans son exil de Milan.

Le continent est encore prêt de s'agiter par les se-
cousses qu'il éprouve ; la Hollande , l'Espagne , la Westphalie , etc. , peuvent encore occuper un temps précieux
que Votre Majesté donnerait aux soins de son empire.

La paix que repousse l'Anglais ne peut-elle donc pas trouver des moyens conciliatoires ? Qu'est-ce que c'est que deux gouvernemens (car il faut le dire à Votre Majesté) qui cherchent à se contrarier par des lois prohibitives, et qui sont obligés, pour les besoins des gouvernés, de laisser éluder leurs lois ? Pourquoi le sol du continent ne présente-t-il pas à quelques individus la même perspective que la nouvelle Amérique ? Hâtez-vous, Sire, de faire regretter à ceux qui s'éloignent de la mère-patrie, une tranquillité et un bonheur dans la vie, qu'ils cherchent en vain dans un autre pays. La paix couronnant et vos nombreuses victoires et nos vœux, achèvera de remplir vos destinées et comblera les peuples de prospérités.

Vous connaissez, Sire, mon respect, etc.

H.

1ᵉʳ août 1810.

A S. M. L'EMPEREUR DES FRANÇAIS,

ROI D'ITALIE,

PROTECTEUR DE LA CONFÉDÉRATION DU RHIN,

MÉDIATEUR DE LA CONFÉDÉRATION SUISSE.

SIRE,

Le décret qui a nommé l'archi-trésorier lieutenant-général de la Hollande, ne s'est pas étendu sur le traitement de cent mille francs par mois, que Votre Majesté lui accorde. En lui donnant cette somme, il faut croire que l'intention de Votre Majesté est qu'il la dépense, et qu'il ne cherche pas à économiser promptement les cent mille écus que devait lui coûter la terre qu'il allait acheter, lorsqu'il reçut l'ordre de partir pour la Hollande. Elle était pour le fils qu'il a marié il y a six mois. Ce serait une parcimonie véritablement répréhensible. Votre Majesté pourrait peut-être lui faire dire qu'elle entend que cette somme serve à sa représentation.

Le décret du 10 juin 1810 fixe les dépenses départe-
mentales pour le département de la Seine, par abonnement, à 250,000 francs. Il paraît que le préfet économise
sur cette somme, car on assure qu'il se fait un traitement de plus de 130,000 francs. Cependant, sa maison
ne répond pas à un revenu aussi considérable. Quand
on ne met point d'ordre dans ses affaires, on est bien
près de laisser mettre de la confusion dans celles du gouvernement dont on est chargé : c'est sans doute cette
manière de se faire un fort traitement qui nuit à la chose
publique, et qui fait qu'il n'a pas les employés nécessaires au travail. On répète que la comptabilité de la ville
de Paris est arriérée, pour obtenir une augmentation de
dépense et s'en faire une sur son traitement. Réduisez
votre traitement à 100,000 fr., et vous aurez le nombre
d'employés pour faire le travail. Voilà ce qu'on peut
dire au préfet : Ayez des gens instruits qui connaissent
la suite des affaires, et votre comptabilité marchera.
C'est une chose inouie de penser que la ville de Paris
soit presque la seule ville arriérée dans ses comptes, et
que son préfet ne se mette pas en mesure de les rendre.
Il est cependant sous les yeux du monarque ; par quelle
magie se tient-il aussi tranquille ? Est-ce par ses rapports
avec le premier président de la cour des comptes et le
procureur-général impérial de cette même cour, comme
administrateurs des hospices ?

Votre Majesté ne connaît pas sans doute la manière
dont on cherche des souscripteurs pour la Société maternelle : un registre est ouvert dans une administration,
et on le présente aux employés, lesquels, moitié par bonne
volonté, moitié par crainte, souscrivent pour une somme
quelconque. Je ne sais si l'on a rendu compte à Votre
Majesté de la méthode peu dispendieuse employée par l'administration de la Charité maternelle, à Paris. Je doute
que la nouvelle soit de même. Je vois, au contraire, une
somme assez considérable de souscriptions s'en aller en
appointemens de commis et frais de bureau ; et puis, la
dame qui aura souscrit pour 3,000 fr., ou 500 fr., ne se

donnera pas la peine de prendre les renseignemens nécessaires pour connaître la véritable position des personnes
qui réclameront des secours ; elle en chargera sa femme
de chambre ; la femme de chambre, *Frontin* ; et Frontin
fera un rapport qu'il dressera avec un de ses amis, au
cabaret. Au surplus, voilà, Sire, quelques inconvéniens ;
peut-être cherchera-t-on à les éviter : je le souhaite.

Je prie Votre Majesté de recevoir, etc.

H.

4 août 1810.

A S. M. L'EMPEREUR DES FRANÇAIS,

ROI D'ITALIE,

PROTECTEUR DE LA CONFÉDÉRATION DU RHIN,

MÉDIATEUR DE LA CONFÉDÉRATION SUISSE.

Sire,

Le ministre de l'intérieur s'est plaint au préfet de la
Seine de ce que les souscriptions pour la société maternelle n'allaient pas assez vîte. Il aurait désiré que chaque
maire fût de porte en porte exiger une souscription.
Cette manière d'engager à faire la charité tient un peu
d'un emprunt forcé, et l'on ne devait pas s'attendre à
l'indication de cette mesure en 1810. Si cela étonne,
une autre chose ne surprend pas moins. C'est de savoir
que le général sénateur Ferino, le conseiller-d'état Collin,
et Madame de Fleurieu, refusent leurs souscriptions. Ils
veulent, disent-ils, faire leurs charités eux-mêmes, de
sorte que la manière dont on demande et celle qu'on
emploie pour refuser, sont également peu convenables,
surtout pour les personnes qui refusent, et qui tiennent
tout du gouvernement. Ma souscription, Sire, est le
denier de la veuve ; elle indique seulement ma bonne
volonté, d'autant que n'étant point en mon nom, d'autres

en auront le mérite, mais le bien est toujours fait et la conscience est satisfaite.

Je pense que le plan adopté par Votre Majesté pour l'administration de cette société, sera peu dispendieux. Il ne faut pas qu'une partie des aumônes soit employée en traitemens de commis et frais de bureaux. Je m'engage volontiers à surveiller le trésorier et à faire le contrôle de sa caisse, sans aucune rétribution ; mais je ne connais pas l'intérieur des bureaux de cette société ; peut-être le fera-t-on connaître, et alors ceux qui voudront remplir quelques fonctions gratuites, pourront se faire connaître au ministre de l'intérieur ; au surplus, lorsque l'organisation de cette société paraîtra, on verra s'il y a quelques fonctions qu'on puisse remplir honorablement. Il se présentera, peut-être, quelques personnes qui, sans être souscripteurs, donneront leurs veilles et leur temps, et se rendront utiles à la société.

J'ai l'honneur d'offrir à Votre Majesté, etc.

H.

---

23 août 1810.

A S. M. L'EMPEREUR DES FRANÇAIS,

ROI D'ITALIE,

PROTECTEUR DE LA CONFÉDÉRATION DU RHIN,

MÉDIATEUR DE LA CONFÉDÉRATION SUISSE.

SIRE,

On m'a assuré que Votre Majesté a, par un acte de munificence, donné au fils du duc de Massa une somme de 200,000 fr., en faveur de son mariage avec la fille du maréchal Macdonald. On se demande comment, à l'âge de vingt-cinq ou vingt-six ans, il a déjà pu mériter une aussi grande faveur de son prince, ou bien si Votre Majesté a voulu récompenser les services du père. Cependant, j'ai vu déjà, sur la liste *des grâces*, *le duc de Massa*, et les acquisitions qu'il fait prouvent qu'il est amplement récompensé par le souverain, d'autant qu'il diminue, le plus qu'il lui est possible, les frais de sa maison, en faisant porter comme garçons de bureau et attachés au ministère, des gens qui sont à son service particulier. Cela s'appelait un abus, sous l'ancien régime.

Quant au jeune homme, je souhaite qu'il rende des services à sa patrie pour la récompense qu'il reçoit, par forme d'avance; mais j'ai l'honneur de prévenir Votre Majesté qu'il existe quelquefois des débiteurs insolvables.

Grandménil, qui, pour mes deux francs, cherche à me délasser de mes occupations, a reçu une marque signalée de bienveillance de Votre Majesté : elle l'a envoyé chercher à sa maison, près Orçay, pour qu'il vînt jouer dans *les Femmes savantes*, à la cour. On ajoute qu'il a reçu un bon de mille écus, pour s'être déplacé.

Il arrivera, Sire, que quelque jour Votre Majesté révisera ses libéralités et se fera représenter les motifs qui l'ont déterminée à ces actes de munificence; elle en sera aussi surprise qu'elle l'a été pour la pension de la princesse Antoinette, qui est de 30,000 fr.; de celle du sieur Gérard, de 15,000 francs; d'une autre de 6,000 francs à Mme de ***. C'est ce qui arrivera toujours quand Votre Majesté ne consultera qu'un premier mouvement de bonté.

Par ma lettre du 1er août 1809, je priais Votre Majesté de s'occuper des pièces de 30 sous, de 24 sous, 15 sous, 12 sous et 6 sous. Le décret de Votre Majesté, du 18 de ce mois, ne contient qu'une partie de ma demande ; empêchez, Sire, qu'on donne des rouleaux de pièces de 2 francs et d'un franc, et même de 50 centimes, dans les paiemens, et alors on pourra retirer de la circulation les anciennes petites monnaies d'argent qui ne sont pas en rapport direct de centimes avec les pièces de 5 francs.

J'ai l'honneur, etc.

H.

31 août 1810.

A S. M. L'EMPEREUR DES FRANÇAIS,
ROI D'ITALIE,
PROTECTEUR DE LA CONFÉDÉRATION DU RHIN,
MÉDIATEUR DE LA CONFÉDÉRATION SUISSE.

SIRE,

Pendant que Votre Majesté est occupée des monnaies, je la prie de se faire faire un rapport par le ministre des finances, sur la petite monnaie de cuivre décimale. J'ai l'honneur de vous observer, Sire, que les centimes ne circulent point en raison de leur petitesse, et j'ai celui de proposer à Votre Majesté de faire battre des pièces de deux centimes et de trois centimes; par ce moyen, on aura des pièces plus fortes et plus larges. On obtiendra également la fraction d'un centime, par l'échange des deux pièces, et le peuple s'habituera à demander chez le marchand pour deux centimes ou pour trois, comme il demande maintenant pour un liard ou pour deux liards. Il apprendra facilement qu'il faut cinq centimes pour un sou, et qu'il n'a besoin que d'employer deux pièces.

J'ai l'honneur, etc.

H.

---

2 septembre 1810.

A S. M. L'EMPEREUR DES FRANÇAIS,
ROI D'ITALIE,
PROTECTEUR DE LA CONFÉDÉRATION DU RHIN,
MÉDIATEUR DE LA CONFÉDÉRATION SUISSE.

SIRE,

J'ignore si on rend compte à Votre Majesté de l'impression que fait sur le public la statue du général Desaix, au milieu de la place des Victoires : on doit lui dire qu'elle n'est pas favorable.

I

Dès le 24 janvier 1807 , je combattais ce modèle en plâtre , que j'avais vu dans l'atelier du sieur Dejoux. J'avais l'honneur de faire observer à Votre Majesté que le statuaire enlevait au militaire français le panache, les épaulettes, et qu'on ne distinguait plus l'arme à laquelle il appartenait ; que c'était une injure de croire qu'une épée ou un sabre français n'était pas une arme avec laquelle on pût vaincre, qu'il fallait une épée à la romaine, et faire d'un officier-général français un gladiateur. Tout le public fait cette réflexion. Il regarde la statue du grand Condé , de Tourville , etc. , comme représentant des Français. La statue du général Desaix , il la méconnaît pour celle d'un compatriote.

Le public est si fortement convaincu que Votre Majesté a été trompée sur l'effet que ferait cette statue , que le bruit court , et qu'on assure comme certain , qu'elle va être déplacée et refondue par l'ordre de Votre Majesté.

J'ai l'honneur, etc.   H.

Notes.

---

17 septembre 1810.

À S. M. L'EMPEREUR DES FRANÇAIS,

ROI D'ITALIE,

PROTECTEUR DE LA CONFÉDÉRATION DU RHIN,

MÉDIATEUR DE LA CONFÉDÉRATION SUISSE.

SIRE ,

J'ai l'honneur de renouveler à Votre Majesté le besoin qu'a le commerce en détail , d'une petite monnaie de cuivre. Je prie Votre Majesté de vouloir bien ordonner que le ministre des finances lui fasse un rapport sur la nécessité de faire frapper des pièces de deux et de trois centimes , à la place de celle d'un centime. La fabrication en sera de trois cinquièmes plus prompte , et la circulation certaine , attendu leur grandeur et épaisseur.

Je suis de Votre Majesté , etc.   H.

29 septembre 1810.

A S. M. L'EMPEREUR DES FRANÇAIS,

ROI D'ITALIE,

PROTECTEUR DE LA CONFÉDÉRATION DU RHIN,

MÉDIATEUR DE LA CONFÉDÉRATION SUISSE.

SIRE,

Votre Majesté vient de nommer un auditeur attaché à la préfecture de la Seine, pour être commissaire-général de police à Lyon. C'est sans doute une marque bien éclatante de confiance que Votre Majesté lui donne. Il est d'un caractère bon et sociable; mais, Sire, il n'a ni la vivacité d'esprit qu'il faut pour prendre un parti dans les momens difficiles, ni le caractère qui convient au surveillant d'environ 90 mille individus. Il sera peut-être entraîné dans une mesure contraire à celle que vous avez droit d'attendre, et il perdra auprès de vous l'estime que vous voulez bien lui accorder. A 26 ou 27 ans, il n'avait droit qu'à une sous-préfecture, et si Votre Majesté avait voulu lui laisser le temps de prendre quelques instructions, elle aurait pu opérer une mutation dans une des deux du département de la Seine, et le nommer soit à Saint-Denis, soit à Sceaux. Ce n'est pas cinq ou six mois de travail auprès du préfet, qui ont pu lui donner les connaissances indispensables, et surtout cette activité nécessaire pour une place aussi importante. Sire, je suis fâché de parler contre un jeune homme que j'estime; mais le bien public me prescrit de parler franchement à Votre Majesté, et je crains que le choix qu'elle a fait pour cette place, ne réponde pas au résultat qu'elle s'en promet. Cependant le choix est fait. Je demanderais alors à Votre Majesté qu'elle veuille bien nommer un secrétaire-général, qui puisse soutenir le commissaire-général de police, et qui, laborieux et actif, sans cesse occupé de la chose publique, ne se laisse pas balotter par les circonstances, et comme il arrive trop souvent aux hommes dont le caractère est peu prononcé , et qui aiment le repos ou un travail qui ne commande pas.

Il me semble qu'il est revenu , il y a environ trois ans, plus promptement d'Italie que Votre Majesté ne l'attendait. La vie casanière et paisible est dans son goût ; elle est contraire à celle que doit mener un commissaire-général de la police.

Je suis avec respect , etc.

Notes.   H.

———————————

29 septembre 1810.

A S. M. L'EMPEREUR DES FRANÇAIS,

ROI D'ITALIE,

PROTECTEUR DE LA CONFÉDÉRATION DU RHIN,

MÉDIATEUR DE LA CONFÉDÉRATION SUISSE.

Sire ,

Je suis toujours fâché d'apprendre que les personnes attachées au gouvernement ne soient pas aimées de celles qui les entourent.

Il y a quelques jours que, passant dans une commune du département de Seine-et-Oise, j'appris avec surprise que le propriétaire du château, M. le maréchal Davoust, paraissait désirer se faire nommer maire, afin de contrarier un peu les habitans dans des usages journaliers, et que les plus anciens du pays affirment avoir toujours existé.

La foire de la St-Martin , qui se tient devant le château pendant trois jours, paraît contrarier Mme la maréchale, et quoique ce soit hors des cours du château, on veut que les habitans choisissent un autre emplacement. C'est connaître bien peu les volontés de son souverain, que de n'avoir que son crédit pour appuyer ses prétentions, et je désire bien que le prince d'Eckmühl n'en abuse pas.

Votre Majesté sait que rendre le pain à bénir à sa paroisse, paraît être une charge ; mais c'est un devoir aux
personnes qui se disent catholiques. Elle a vu, dans les
campagnes, de pauvres paysans qui ne s'en exemptaient
pas : que pensera-t-elle quand elle saura qu'une personne
qui tient une place dans le gouvernement, dont le choix
a été fait pour qu'elle soit la protectrice des maisons qui
servent d'asile aux filles qui se destinent aux établissemens
de charité, ne croit pas devoir satisfaire à cette légère
charge ? J'aime à penser que cette personne ne sait pas
qu'on répond : *Madame fait ses charités elle-même.* Il s'en
suit de là qu'on ne rend pas le pain à bénir. Cependant,
avec moins de 150 fr., on ferait un acte de catholicité
et de bienfaisance convenable ; car il faut que le prêtre
vive de l'autel. Lorsque j'ai appris cela, j'avais envie
d'aller à la paroisse faire rendre le pain à bénir, et envoyer
le mémoire au trésorier de Madame ; s'il n'avait pas payé,
au moins le pain à bénir aurait toujours été rendu. J'ai
de la peine à croire que ce refus vienne de Madame.

Le canal de l'Ourcq a éprouvé encore quelques dégra-
dations, vers le 4 de ce mois ; la route de Pantin a été
couverte d'eau, et il s'est fait un éboulement de terre
qu'on a été obligé de réparer promptement.

J'ai déjà eu l'honneur de dire à Votre Majesté que ce
canal était les mines du Pérou pour les directeurs, inspecteurs, etc. J'entends sans cesse répéter que les environs de Meaux sont fouillés et que l'eau ne tiendra pas ;
cependant on a déjà bouleversé beaucoup de terrains qui
ne seront d'aucun usage : annonce-t-on à Votre Majesté
l'époque à laquelle ce canal pourra être utilisé ?

Je suis avec respect , etc.

H.

1ᵉʳ octobre 1810.

A S. M. L'EMPEREUR DES FRANÇAIS,

ROI D'ITALIE,

PROTECTEUR DE LA CONFÉDÉRATION DU RHIN,

MÉDIATEUR DE LA CONFÉDÉRATION SUISSE.

SIRE,

Le commissaire-général de police de la ville de Lyon se dispose à se rendre à son poste. Votre Majesté a pu voir que, si j'ai écrit sur sa nomination, c'est plus pour la chose publique que contre lui et dans la crainte qu'on ne dise de lui :

Tel brille au second rang qui s'éclipse au premier.

Son caractère honnête est la garantie qu'il apporte pour remplir les fonctions de sa place.

En nommant pour maître des comptes un ancien général du génie à qui Votre Majesté venait d'accorder une pension de 10 mille francs, elle fait l'économie de cette pension. Il serait à désirer que le même esprit d'ordre et d'économie se fît sentir chez tous les administrateurs de deniers publics ; mais quand on voit, lors de l'arrangement du quai Desaix, ou marché aux fleurs, que des bornes dans toute la longueur sont posées un pied trop bas et qu'on est obligé de les relever ; que deux fontaines-bornes ajustées et posées, sont déplacées pour y substituer deux bassins, que c'est par l'ineptie des entrepreneurs que ces choses sont mal faites, on dit. . . . . . *Argent perdu.*

Au Pont-Neuf, sur l'emplacement qu'on prépare pour recevoir la colonne, on a pratiqué un grand bâtiment dans lequel on aurait pu, je crois, facilement réserver un petit emplacement pour servir de corps-de-garde. Quand on voit que les entrepreneurs de la ville ont trouvé convenable d'en bâtir un à côté, on peut dire... *Argent perdu.*

Il y a environ six mois, on donna l'ordre à la pharmacie centrale des hôpitaux, qui est sur la place Notre-Dame, de déménager. Elle chercha un emplacement, commença à faire plusieurs dispositions de déménagement ; on lui a dit, il y a quelque temps, qu'elle resterait : on a tout replacé, et je crois que cette petite alerte coûtera environ 15 mille francs, n'est-ce pas...... *Argent perdu ?*

Le pavé de Paris était entretenu par un seul entrepreneur ; on a jugé à propos, depuis environ six mois, d'en faire plusieurs lots, et l'on a plusieurs entrepreneurs. On m'assure que c'est une dépense, sur la *totalité*, de plus de 80 mille francs pour la ville. Paris ne sera pas mieux pavé ; car on pouvait faire exécuter le devis par un seul entrepreneur, comme par plusieurs. Je crains bien que ce ne soit. . . . . *Argent perdu.*

Je prierai Votre Majesté de recommander l'emploi des fonds par économie. C'est le produit des contributions, lesquelles coûtent souvent bien des peines aux contribuables.

J'ai l'honneur d'offrir, etc.

H.

8 octobre 1810.

A S. M. L'EMPEREUR DES FRANÇAIS,

ROI D'ITALIE.

PROTECTEUR DE LA CONFÉDÉRATION DU RHIN,

MÉDIATEUR DE LA CONFÉDÉRATION SUISSE.

SIRE,

L'ancienne abbaye de Clairvaux, que Votre Majesté a indiquée, par un décret impérial, pour être une maison de réclusion pour neuf départemens, a déjà reçu environ quatre cents mendians. Il s'agit maintenant de disposer le local pour les détenus condamnés par les tribunaux. Le ministre de l'intérieur a envoyé sur les lieux un architecte, qui a fait des plans, lesquels ne laissent aucun bâtiment ancien sur pied. Il a déjà disposé la démolition de l'ancienne église , et on la fait avec si peu de précaution , que des murs se sont éboulés , et une partie de la couverture , qui aurait pu servir , s'est écroulée ; plus de cinq ou six milliers de tuiles ont été brisées. C'est un dégât , dit-on , abominable , et il est scandaleux de voir que, par les plans qu'on fait adopter au ministre , on va faire une dépense énorme.

Je prie Votre Majesté de demander au préfet de l'Aube , ou au directeur de la maison de détention, quelques détails à ce sujet , et surtout d'insister pour qu'ils disent si on ne pouvait pas utiliser les anciens bâtimens , et s'ils croient d'une nécessité absolue de les jeter tous à bas, pour en construire de nouveaux.

Au moyen du décret impérial qui réduit les écus de six livres et ceux de trois livres , il y a beaucoup plus d'embarras qu'auparavant. Le trésor les fait ressortir , et les remet en circulation. Il me semble qu'il devrait les envoyer à la Monnaie , pour en faire frapper des pièces de cinq francs. Je crois que c'est l'intention de Votre Majesté. Si telle est sa volonté , elle n'est pas suivie.

Le préfet de la Seine , en ne faisant pas présenter le compte à la cour des comptes du receveur municipal , ni pour 1808 , ni pour 1809 , et en ne faisant point arrêter définitivement celui de 1807 , ne fait-il pas preuve d'un administrateur négligent ? Que doit penser Votre Majesté d'une telle conduite ?

Je suis avec respect , etc.

H.

(Adressée à Fontainebleau.)

10 octobre 1810.

A S. M. L'EMPEREUR DES FRANÇAIS,

ROI D'ITALIE,

PROTECTEUR DE LA CONFÉDÉRATION DU RHIN,

MÉDIATEUR DE LA CONFÉDÉRATION SUISSE.

SIRE,

Votre Majesté vient de perdre un ecclésiastique dévoué à sa personne, attaché aux principes du gouvernement, et se servant de son éloquence pastorale pour affermir la religion.

L'évêque d'Orléans vient d'être enlevé à ses diocésains et à sa famille, pendant un court séjour qu'il devait faire à Blois, pour remplir les fonctions de son ministère. Une attaque d'apoplexie l'a frappé, et les secours de l'art ont été infructueux. Puisse, Sire, le souvenir de ce prélat vous faire récompenser son frère J.-J. Rousseau, maire du troisième arrondissement du département de la Seine, dont les qualités personnelles sont en rapport avec celles que Votre Majesté exige dans un fonctionnaire public ! alors ce sera le legs le plus beau que lui aura laissé son frère l'évêque.

Je suis avec respect, etc.

H.

(Adressée à Fontainebleau.)

27 octobre 1810.

A S. M. L'EMPEREUR DES FRANÇAIS,

ROI D'ITALIE,

PROTECTEUR DE LA CONFÉDÉRATION DU RHIN,

MÉDIATEUR DE LA CONFÉDÉRATION SUISSE.

SIRE ,

Je ne sais pas si on rend compte à Votre Majesté des frais qu'occasionne la perception des droits-réunis. Si Votre Majesté veut comparer ces frais avec ceux faits par la régie des Aydes autrefois, elle verra que les droits-réunis coûtent environ 20 à 21 pour 100, tandis que ceux de la régie des Aydes n'allaient pas à 11 pour 100. Il faut le dire à Votre Majesté, cette différence provient de ce que la régie, qui était intéressée à diminuer les frais, pour que les produits fussent plus forts, à cause des remises graduelles sur les produits, n'avait que le nombre d'employés nécessaire; tandis que ceux qui administrent les droits-réunis pour le compte du gouvernement, cèdent à la sollicitude d'un prince, d'un sénateur ou de madame la comtesse, etc., et créent des places, s'il ne s'en trouve pas de vacantes. Plus l'armée de commis est nombreuse, plus les chefs se regardent comme des généraux importans. Une régie intéressée diminuera les frais, et Votre Majesté peut demander à son ministre des finances un rapport sur cet objet.

Il paraissait que Votre Majesté voulait nommer les adjoints aux mairies, dans une classe de personnes qui puissent s'occuper de l'administration. Si telle a été son intention, elle a été trompée dans le choix qu'elle a fait de l'adjoint à la mairie du troisième arrondissement. Cet employé de la trésorerie, qui y est payeur, n'a pas le temps d'aller à la mairie donner ses soins aux administrés, en l'absence du maire , et sans la faveur dont jouit le père auprès du préfet de la Seine, il n'aurait pas été présenté.

J'ai à remercier Votre Majesté de la nomination du préfet de la Lys au conseil-d'état, et ma lettre du 2 mars dernier contenait la prière à Votre Majesté de le voir entrer dans ce conseil. J'avouerai ingénuement que je n'aurais jamais pensé au préfet de la Somme ; mais Votre Majesté est le bon pasteur.

Un préfet dont Votre Majesté, je crois, a déjà eu à se plaindre, est celui du département de Seine-et-Marne. Je n'ai pas trouvé, dans ses administrés, des personnes qui fissent son éloge, tant s'en faut.

Il paraît que Votre Majesté veut qu'on nétoie Paris et qu'on le débarrasse des pierres qui obstruent les rues ; mais un grand inconvénient pour les piétons, et auquel on ne pense pas , ce sont les étalages des bouchers et des charcutiers, à Paris. On ne peut pas se ranger d'une voiture, lorsqu'on est près d'une de ces boutiques, sans frotter ses hardes contre de grands morceaux de viande sanguinolens , ou de lard, qui pendent à un pied en saillie de la boutique jusqu'à terre. Cela ne fait rien aux gens en voiture, et je crains bien que les pauvres piétons tachent encore long-temps leurs habits , s'ils ne veulent pas être écrasés.

  Je suis avec respect, etc.

Notes.   H.

19 novembre 1810.

A S. M. L'EMPEREUR DES FRANÇAIS,

ROI D'ITALIE,

PROTECTEUR DE LA CONFÉDÉRATION DU RHIN,

MÉDIATEUR DE LA CONFÉDÉRATION SUISSE.

SIRE,

Il y a cinq ou six mois que Votre Majesté avait demandé qu'on lui remît sous les yeux le montant des pensions qu'elle avait accordées, avec les motifs. Elle avait vu que la somme en était considérable. Cependant cent mille francs viennent d'être accordés à l'ancien roi de Sardaigne, sur le trésor public. Il me semble qu'on aurait pu proposer à Votre Majesté de faire supporter cette pension sur les biens nationaux, situés dans le territoire des nouveaux départemens de Rome, et sur des biens dont les évêchés sont supprimés. Il en aurait pu être de même de la pension de trente mille francs, que Votre Majesté a cru devoir accorder à Demoiselle Hyacinthe-Dominique de Bourbon, religieuse à Rome. Ces deux pensions n'auraient point paru au trésor public, si elles avaient été affectées sur des biens que la régie des domaines aurait pu désigner.

Il n'en est pas de même de la pension de 60 mille florins, accordée à la princesse de***, pour sa principauté en Westphalie : c'est plutôt une indemnité qu'une pension. Il ne s'agit plus que de déterminer si Votre Majesté évalue le florin à 2 francs 10 centimes, ou 2 francs 5 centimes, et si l'on paiera cent vingt-six mille francs ou cent vingt mille huit cents francs, ce qui fait une différence de cinq mille deux cents francs.

Les pensions sont augmentées depuis quelque temps avec une telle progression, que les extinctions de plusieurs années ne pourront pas les couvrir, et que les tables de mortalité ne peuvent plus suivre les grâces de Votre

Majesté. Sa munificence s'étend sur quelques individus qui ne paraissent pas destinés à en jouir. On se demande ce qu'a fait la veuve du conventionnel Turreau, député de l'Yonne, pour obtenir une pension. Il faut que Votre Majesté ait reconnu ses titres suffisans et légitimes ; sans doute, elle en a d'autres que d'être la veuve d'un conventionnel. J'ai voulu connaître si son mari était un grand orateur ; et j'ai consulté son opinion dans les cinq appels nominaux. Je me suis convaincu qu'il a fallu indiquer à Votre Majesté d'autres talens que ceux qu'il a développés dans cette circonstance.

Le travail sur les tribunaux a été renvoyé par Votre Majesté au grand-juge. Je souhaite que ce travail se trouve avoir les heureux résultats qu'elle désire ; mais c'est le bouquet qu'on veut offrir à un grand-seigneur ; chacun y veut mettre sa fleur, et le souci se trouve à côté de la rose. Il n'y a pas un homme qui élague avec fermeté tout ce qui ne convient pas.

L'opération du cadastre s'avance dans le département de Seine-et-Oise, tant bien que mal ; mais, pour que ce travail soit bien fait, il faut entendre les propriétaires, leur donner plus de temps qu'on ne leur en donne pour leurs réclamations. Car les erreurs sont sans nombre sur les bulletins qu'on délivre, lesquels sont presque inintelligibles par la désignation des terres qui ne se rapporte pas sur les titres. Je prie Votre Majesté de vouloir bien recommander à son ministre de l'intérieur d'ordonner aux préfets qu'en pressant le travail, on entende les propriétaires, et que les géomètres, ingénieurs et autres subalternes, ne négligent pas de relever les erreurs qui leur sont indiquées, afin que l'ouvrage soit fait avec la plus grande précision.

J'ai vu une femme qui venait rapporter son bulletin ; on ne voulait pas l'entendre : on lui avait mis douze arpens de terres en plusieurs parties, et elle n'en avait que deux. Elle a eu de la peine à le faire entendre au géomètre, qui était venu dans la commune. Il était pressé, disait-il, de s'en retourner. J'ai la preuve des erreurs faites sur des

bulletins , puisqu'on m'annonce des terres d'une plus
grande contenance qu'elles ne doivent être. J'en ai de
plus petites, j'ai des pièces de terre entièrement oubliées,
et qu'on a vraisemblablement portées à d'autres.

Votre Majesté est sans doute instruite que l'évêque de
Nantes ne veut pas quitter son évêché, parce que, dit-il,
il a ses bulles. Le curé Laurent ne sait pas ce qu'il deviendra , et il est de nouveau à la disposition de Votre
Majesté.

J'ai l'honneur , etc.

H.

27 novembre 1810.

A S. M. L'EMPEREUR DES FRANÇAIS ,

ROI D'ITALIE,

PROTECTEUR DE LA CONFÉDÉRATION DU RHIN,

MÉDIATEUR DE LA CONFÉDÉRATION SUISSE.

SIRE ,

On lit dans le *Journal de l'Empire* du 23 de ce mois ,
à l'article *Vienne*, que Votre Majesté a chargé l'artiste
Zanara de faire la statue en bronze de l'empereur d'Autriche. On ne sait pas encore quelle place Votre Majesté
lui destine ; on ne croit pas que cette statue puisse être
placée dans le jardin des Tuileries, au milieu des Faunes
et des Satyres, ou d'autres divinités fabuleuses , encore
moins dans une place publique. Cet honneur, qu'une
nation décerne à ses souverains ou à ceux qui ont servi
la patrie, ne peut être accordé à un souverain étranger.
Mais, Sire, votre prévoyance lui a peut-être assigné une
place dans ce parc qui fait l'admiration des étrangers ;
déjà je vois s'élever dans le parc de Versailles, dont le
palais, quelque jour, sera habité par Votre Majesté, un
bosquet dans lequel cette statue sera placée , et alors on

le nommera : *Le bosquet de Marie-Louise.* Là, Sa Majesté l'Impératrice ira lire les lettres qu'elle recevra , et, dans cette retraite paisible, son illusion s'accroîtra , et elle croira que son père converse encore avec elle.

On m'assure que Votre Majesté avait chassé le préfet de Seine-et-Marne. Cela me prouve qu'il y a une justice divine qui punit tôt ou tard le méchant. Il y a long-temps que j'avais instruit Votre Majesté de la conduite de ce préfet envers ses administrés ; trop de voix s'élevaient contre lui, pour que ce ne fût pas une vérité.

Par le décret de réunion de la Hollande à l'empire français, Votre Majesté a pensé qu'un maître des comptes et six référendaires viendraient à la cour des comptes, à Paris ; sans doute, Votre Majesté a vu qu'ils seraient très-utiles pour les comptes dont la langue hollandaise serait encore conservée, et c'est une sage prévoyance de Votre Majesté. Dans ce moment où la cour des comptes est saisie de divers comptes dans lesquels il se trouve beaucoup de pièces écrites en allemand et en italien , Votre Majesté ne trouverait-elle pas convenable d'établir près la cour des comptes des traducteurs auxquels les membres de la cour s'adresseraient pour obtenir quelquefois des éclaircissemens sur les pièces qui accompagnent les comptes , et qui sont en langues allemande et italienne.

J'ai l'honneur , etc.

H.

3 décembre 1810.

A S. M. L'EMPEREUR DES FRANÇAIS,

ROI D'ITALIE,

PROTECTEUR DE LA CONFÉDÉRATION DU RHIN,

MÉDIATEUR DE LA CONFÉDÉRATION SUISSE.

SIRE,

Lorsque Votre Majesté a confié une place à quelqu'un et que cette personne, par sa conduite, a mérité des reproches, faits en public, comme ceux que l'archi-chancelier a adressés le mois dernier en plein cercle à un administrateur des droits-réunis, cette personne a perdu le prestige d'homme intègre et probe qui convient à la place, et c'est une faiblesse ou une condescendance mal entendue, que de ne pas en rendre compte à Votre Majesté, afin qu'elle le destitue. Une preuve que le conseiller-d'état à la tête de cette administration estime peu cet individu, c'est qu'à côté d'une pétition faite par un employé qui lui demandait un congé, il met : *Bon pour le congé du sieur Rousseau et pour le dîner de M. Moustelon*; parce qu'il sait que ce dernier va, au moins une fois par semaine, dîner chez la mère du jeune homme. Pourquoi conserver pour ce parasite les bontés de Votre Majesté, lorsque l'archi-chancelier dit à cet homme : Il ne vous reste plus qu'à implorer la clémence de M. Français, et cela devant plus de cinquante personnes ? Comment cet homme né se cache-t-il pas de honte, et ne donne-t-il pas sa démission, avant que Votre Majesté le destitue ?

L'ex-préfet du département de Seine-et-Marne paraît avoir de grands torts. On l'accuse d'avoir vendu des arbres qui appartenaient au gouvernement, 5 francs la pièce, tandis qu'ils avaient été estimés 25 francs ; si le fait est vrai, c'est une infidélité, c'est une fabrication en écriture authentique; et l'affaire portée devant un tribunal, si elle est constatée, comme on le dit, on doit faire condamner l'individu à quelques années de fers. Il ne faut pas qu'on dise sous le règne de Votre Majesté, comme autrefois : Il n'y a que les petits fripons qu'on punit.

On parle beaucoup, Sire, du projet d'un sénatus-consulte, d'après lequel on rappellerait encore les conscrits de 1806, 1807, 1808, 1809 et 1810, qui annulerait tous les congés de réforme, et exigerait une visite nouvelle des conscrits réformés; qui demanderait trois cent mille hommes, ajouterait quelques centimes à la contribution foncière, créerait une garde nationale, mettrait à la disposition du ministre de la guerre tous les employés des douanes; enfin, il semble, d'après ces bruits, que l'empire français soit menacé de toutes parts; cependant, la guerre d'Espagne paraît être la seule sur le continent. Est-ce elle qui moissonne tout, et qui a besoin encore d'un si grand aliment ?

Dans ce moment où tout paraît porter à la paix, où l'Angleterre seule résiste, et contre laquelle il faut attendre et laisser couler le temps, comment prendrait-on de violentes mesures ? Pitt disait, dans le commencement que Votre Majesté a pris les rênes du gouvernement : *C'est une guerre viagère.* Maintenant, ne pouvons-nous pas le dire avec bien plus de raison et bien plus d'espérances, et les chances de probabilités ne sont-elles pas extrêmement avantageuses pour nous ? Car, si on voulait assurer la vie du roi d'Angleterre, je crois qu'on l'assurerait à 50 pour 100, tant la chance paraît favorable aux assureurs. Je pense donc que ces bruits sur ce sénatus-consulte sont en partie exagérés. On ne peut pas proposer à Votre Majesté de revenir sur des congés de réforme, lorsque l'individu ou sa famille a acquitté la somme qui lui a été imposée. Si un gouvernement ne respecte pas ses engagemens, il donne un dangereux exemple. La création d'une garde nationale est une charge, et quand on a mis des impôts pour acquitter cette charge, c'est doubler l'impôt que de la réorganiser; et à Paris, il vaudrait mieux doubler l'impôt en argent que de la rétablir.

On ne peut pas exiger que la garde nationale sorte de ses foyers ; c'est détruire le commerce, c'est paralyser la culture des arts, et Votre Majesté sait qu'il faut que le souverain se ménage des ressources et ne dévaste pas son propre pays. Sire, heureux les rois qui ont de véritables amis dans les conseils ! Ils les reconnaîtront aux observations ou modifications qu'ils proposeront à des projets conçus quelquefois dans le premier jet d'une vive imagination. Malheur aux rois qui ne trouvent dans les conseils que des hommes qui fléchissent le genou, courbent la tête, et disent toujours au souverain : *Que votre volonté soit faite !* C'est quelquefois une perfidie : heureux les rois qui savent s'en garantir !

Je suis avec respect, etc.

H.

5 décembre 1810.

A S. M. L'EMPEREUR DES FRANÇAIS,

ROI D'ITALIE,

PROTECTEUR DE LA CONFÉDÉRATION DU RHIN,

MÉDIATEUR DE LA CONFÉDÉRATION SUISSE.

Sire ,

Vous venez de perdre un conseiller-d'état profond dans la discussion des lois, mais qui n'était attaché à Votre Majesté que par sa place. Cet ordre de choses déplaisait à cet ex-directeur, et il acceptait les deux majorats de Votre Majesté pour son fils, en disant que la noblesse héréditaire était une mauvaise institution. Il recevait le traitement attaché au grade qu'il avait dans la Légion-d'Honneur, et disait que les distinctions étaient surabondantes dans un gouvernement. Il était toujours tourmenté de son ancienne conduite, et du rôle qu'il était obligé de jouer : cela a pu hâter sa perte.

Dans ma lettre à Votre Majesté, du 4 août dernier, Votre Majesté a vu, sans doute, que le sénateur dont j'avais l'honneur de lui parler, qui voulait faire ses charités lui-même, et qui n'était pas assez riche pour donner 5oo fr. à l'association maternelle, était celui à qui elle vient d'accorder une sénatorerie ; maintenant il faut espérer qu'il pourra détacher 5oo francs pour se faire actionnaire de cette association et qu'il consentira à les économiser du moins sur sa sénatorerie.

Votre Majesté a pensé, en rappelant le préfet du Mont-Blanc dans le département de la Somme, qu'il devait rentrer en grâce, et puisqu'elle sait récompenser les services, il faut espérer qu'elle fera punir le préfet de Seine-et-Marne de ses infidélités. Quant au préfet de la Seine, il a, sans doute, oublié qu'il avait un receveur-municipal, afin de n'avoir pas à s'occuper à rendre un compte; il aime peu la représentation. . . . . . . , ...
. . . .

Il me semble lire le rapport que fera son successeur à Votre Mejtsté. On y verra ces phrases..... Sire, la confusion qui règne dans la comptabilité....., l'énorme déficit que présente un premier aperçu..... Le rapport se terminera par demander un arrêt de surséance à Votre Majesté, pour la ville de Paris.

Je suis avec respect, etc.

H.

14 décembre 1810.

A S. M. L'EMPEREUR DES FRANÇAIS,

ROI D'ITALIE,

PROTECTEUR DE LA CONFÉDÉRATION DU RHIN,

MÉDIATEUR DE LA CONFÉDÉRATION SUISSE.

SIRE ,

On ne sait pas pourquoi on a présenté à Votre Majesté, comme ne faisant pas partie des profits attribués au trésor public , dans le compte des loteries , les lots qui ne sont pas réclamés après un laps de temps déterminé par la loi. Il me semble que ce bénéfice doit être versé au trésor, et que rien ne saurait l'en distraire. Cependant, on voit dans le compte des administrateurs de la loterie, exercice 1808, que Votre Majesté veut qu'une somme de 312,000 francs soit passée en dépense. Personne n'en donne quittance ; elle est restée dans la caisse. Il paraît que ceux qui cherchent à obtenir des grâces de Votre Majesté , en demandent sur ce fonds , et c'est ainsi que le ministre des finances a obtenu une somme de 30,000 francs , pour renouveler quelques meubles de son hôtel. Une autre personne viendra solliciter la bienveillance de Votre Majesté , et ce fonds s'écoulera sans que le trésor public ait joui entièrement de tous les bénéfices que les chances du hasard lui donnent. Si à ce fonds , qui est en stagnation, provenant de 1808 , on joint celui de 1809, la caisse de la loterie a des fonds considérables , et j'ai l'honneur de faire remarquer à Votre Majesté qu'il est dangereux d'en laisser trop dans une caisse particulière. Je prie Votre Majesté de demander au ministre des finances pourquoi ces fonds restent dans la caisse de l'administration de la loterie. Si Votre Majeté juge qu'ils font partie des bénéfices , ils doivent être versés au trésor public ; si, au contraire , ils doivent rester à la disposition de Votre Majesté. ne peut-on pas lui proposer de former des états annuels de secours , qui n'excéderaient pas cinq cents francs, et qui ne seraient pas moindres de cent cinquante francs , pour distribuer à des personnes qui ne peuvent pas obtenir de pensions , mais qui ont des besoins réels , et des droits à la munificence impériale? Mais il faut que cette proposition soit faite par quelqu'un qui n'ait pas d'ameublement à faire ni à changer.

Enfin, Votre Majesté apprendra que le compte de 1808, du receveur municipal de la Seine, est adressé à la cour des comptes ; il n'y a qu'un retard d'environ dix-sept mois ; mais quoique la cour le blâme , il s'en moque, il n'y a point de peine ; la loi est muette à cet égard.

J'ai l'honneur, etc.

H.

---

14 janvier 1811.

A S. M. L'EMPEREUR DES FRANÇAIS,

ROI D'ITALIE,

PROTECTEUR DE LA CONFÉDÉRATION DU RHIN,

MÉDIATEUR DE LA CONFÉDÉRATION SUISSE.

SIRE ,

On m'a assuré que Votre Majesté allait obliger toutes les personnes qu'elle a nommées pour remplir des fonctions publiques, de prendre des provisions délivrées par l'archi-chancelier. J'ai souvent la satisfaction de voir que ce que j'ai l'honneur de soumettre à Votre Majesté s'exécute. Si elle croit que le moment n'est pas favorable , elle attend et choisit un temps plus opportun. Par ma lettre à Votre Majesté, du 11 thermidor an 11, j'avais l'honneur de la prévenir qu'elle pouvait prélever un droit de *provisions* aux personnes à qui elle accordait des places, et que ce droit pouvait être fixé au 10ᵉ du produit fixe de la place ; on vient de me dire que Votre Majesté ne le demandait qu'au 12ᵉ. Elle attendra vraisemblablement que le travail de tous les tribunaux soit terminé pour faire percevoir ce droit.

Je ne me suis pas trompé sur le sénateur dont j'avais l'honneur de parler à Votre Majesté dans ma lettre du 5 décembre dernier, à qui elle a accordé une sénatorerie : il a fait demander s'il pouvait encore donner 5oo fr. pour l'association maternelle; on lui a répondu affirmativement. Voilà un bienfaiteur d'une grande générosité ; c'est bien le cas de dire qu'il donne un œuf pour avoir un bœuf.

Votre Majesté a cru devoir distribuer une partie des travaux du préfet du département de la Seine à des maîtres des requêtes ; elle pourrait peut-être trouver encore à détacher de son travail quelqu'autre partie qui souffre, et alors il ne lui resterait que le soin de faire des discours. Votre Majesté ne penserait-elle pas, après cette réduction de travail, que les 130,000 fr. environ qu'on assure qu'il se fait de sa préfecture, sur les 250,000 fr. qui lui sont attribués, ainsi que j'ai eu l'honneur de le faire remarquer dans ma lettre du 1ᵉʳ août 1810, sont un traitement un peu considérable pour un préfet à qui Votre Majesté a encore ôté de ses occupations, puisqu'elle a supprimé une grande partie des discours qui lui étaient adressés.

On m'a parlé d'un établissement rue de la Clef, faubourg Saint-Marceau, que soutenait l'abbé d'Astros. Il est composé, m'a-t-on dit, d'enfans qui, n'ayant pas été baptisés dans les momens de trouble, sont reçus pour être instruits dans les devoirs de la religion chrétienne. Votre Majesté se fera sans doute rendre compte de cet établissement, afin de savoir si elle doit donner des secours que son fondateur n'est plus dans le cas de continuer, pour cet acte de bienfaisance et d'humanité.

Je suis avec respect , etc.

Notes.

H.

24 janvier 1811.

A S. M. L'EMPEREUR DES FRANÇAIS,

ROI D'ITALIE,

PROTECTEUR DE LA CONFÉDÉRATION DU RHIN,

MÉDIATEUR DE LA CONFÉDÉRATION SUISSE.

SIRE ,

Les personnes qui veulent excuser celles qui font faillite par suite des opérations sur les marchandises, disent que le gouvernement français a autorisé la vente de marchandises anglaises, provenant de prises, qu'il en a lui-même vendu à la charge de les réexporter, que ces mêmes marchandises ont été emmagasinées ; qu'on a pu employer ces fonds à cette spéculation autorisée par le gouvernement. Quelque temps après, et l'on ne devait pas s'y attendre, on a brûlé ces marchandises; on ruine des particuliers qui devaient être dans la plus grande sécurité.

Je prie Votre Majesté de se faire rendre compte de cette mesure, afin de connaître ce qu'il y a de vrai dans cette assertion.

Votre Majesté a voulu étendre ses bienfaits sur les indigens de la ville de Paris. Elle a accordé une somme pour être distribuée aux comités de bienfaisance , et en même temps elle a chargé une commission de veiller à cette distribution.

Je demandais à un membre d'un comité de bienfaisance si les intentions de Votre Majesté avaient été remplies. Il m'a dit : Je ne le crois pas ; voici ce qui est arrivé : la commission a demandé des notes sur les indigens, on a indiqué le nombre d'enfans, on devait s'attendre alors à une répartition en raison de la quantité d'enfans, dans chaque ménage. La commission n'a pas fait ainsi son travail ; on ne connaît point ses bases, et elle a indiqué les personnes à qui on remettrait des secours et le montant , sans que l'on puisse connaître ce qui l'a guidée. Elle n'a rien donné à des ménages qui ont cinq ou six enfans, et elle a donné trente ou quarante francs à des ménages qui n'ont qu'un ou deux enfans. On voit que celui qui a été chargé du travail n'a mis aucune importance, ni aucune réflexion. Il a abandonné ces répartitions à la volonté, vraisemblablement, d'un commis qui n'a eu en vue que de distribuer la somme accordée, sans s'arrêter à l'examen des plus nécessiteux.

Ah ! Sire, c'est un malheur de rencontrer des gens qui ne font consister l'importance de leurs fonctions, qu'en raison de l'argent qui s'y trouve attaché. Celles-là ne rapportaient rien à celui qui devait les remplir, et elles ont été négligées.

Je suis avec respect, etc.   H.

---

28 janvier 1811.

A S. M. L'EMPEREUR DES FRANÇAIS,

ROI D'ITALIE,

PROTECTEUR DE LA CONFÉDÉRATION DU RHIN,

MÉDIATEUR DE LA CONFÉDÉRATION SUISSE.

SIRE,

Je dois informer Votre Majesté sur des renseignemens certains que j'ai obtenus d'une personne qui arrive de Londres.

Le peuple souffre ; le pain vaut neuf sous la livre ; la viande, 3o sous ; les impôts sont énormes. On pense que les deux tiers de la dépense d'une maison servent à acquitter les taxes. Les magasins sont encombrés de marchandises.

Avec un peu de patience, on croit qu'on pourra traiter avec le prince régent.

J'ai l'honneur, etc.   H.

13 février 1811.

A S. M. L'EMPEREUR DES FRANÇAIS,

ROI D'ITALIE,

PROTECTEUR DE LA CONFÉDÉRATION DU RHIN,

MÉDIATEUR DE LA CONFÉDÉRATION SUISSE.

SIRE ,

Par décret impérial du 5o janvier dernier , Votre Majesté a accordé au premier président de la cour impériale de Paris , un traitement de trente-six mille francs. Elle a sans doute en vue d'augmenter aussi le traitement du premier président de la cour de cassation , et celui de la cour des comptes, qui n'ont chacun que trente mille francs. Ils prieront Votre Majesté d'être portés au moins à quarante mille francs. Croira-t-elle que leurs prétentions sont exagérées , lorsqu'ils appartiennent à des cours supérieures ?

Il paraît que Votre Majesté a été peu satisfaite des travaux exécutés par la ville de Paris , outre que l'œil du préfet ne les active pas , il faut ajouter que l'on ne tient pas toujours les marchés que l'on passe avec les entrepreneurs. Si on leur promet vingt ou vingt-cinq mille francs tous les mois , et lorsque les ouvrages avanceront en proportion , on leur paie seulement exactement deux ou trois mois, puis si on retarde les échéances, on les met dans la nécessité de manquer à leurs engagemens , ou de tromper le gouvernement.

Les nouvelles attributions données à la ville de Paris, doivent encore en multiplier les affaires. Quel fardeau pour un préfet , qui , déjà , en a au-dessus de ses forces. Tant que la comptabilité sera arriérée, qu'on n'établira pas des paiemens certains et invariables , pour les engagemens qn'on souscrit , on verra toujours confusion et embarras. Plus on continuera , plus on embrouillera la fusée , et gare au successeur. Il sera obligé, s'il aime l'ordre , de séparer la comptabilité de son prédécesseur de la sienne , et d'appeler dettes arriérées ce qui était dû avant sa nomination.

On dit que, pour première nourrice de l'illustre rejeton de l'Empereur des Français , c'est une dame Froment , épouse d'un ci-devant agent de change qui a fait faillite il y a environ cinq ou six mois. Ce sont de ces coups de bonheur qu'on regrette de ne pas voir arriver à des gens honnêtes, et dont la conduite a toujours été sans reproche.

Je suis avec respect , etc.

H.

14 mars 1811.

A S. M. L'EMPEREUR DES FRANÇAIS ,

ROI D'ITALIE ,

PROTECTEUR DE LA CONFÉDÉRATION DU RHIN ,

MÉDIATEUR DE LA CONFÉDÉRATION SUISSE.

SIRE ,

L'avis du conseil-d'état, approuvé par Votre Majesté , sur les fonds communs des pensions, pour tous les individus qui touchent un traitement du gouvernement , n'attend plus, pour l'exécution, que le mode d'admission, pour jouir d'une pension, que doit vous présenter chaque ministre ; mais , Sire, une explication doit vous être soumise. Tant que Votre Majesté a accordé des pensions sur le trésor public , le ministre de la guerre , plus particulièrement, a pu lui présenter des pensions *par exception,* c'est-à-dire des pensions hors les lois, et qui ne sont que des grâces de la munificence du souverain, pour celui ou celle qui les obtient. En proposera-t-on encore de cette nature à Votre Majesté , et lui demandera-t-on que les pensions soient acquittées sur le fonds commun ? Cela ne serait pas juste , car les exceptions nuiraient aux droits de ceux qui mettent au fonds commun. Si l'on demande à Votre Majesté de ces exceptions, on lui demandera sans doute de les prendre sur les revenus particuliers de la couronne, et alors on en sera moins prodigue.

Je suis avec respect, etc.

H.

---

19 mars 1811.

A S. M. L'EMPEREUR DES FRANÇAIS,

ROI D'ITALIE,

PROTECTEUR DE LA CONFÉDÉRATION DU RHIN,

MÉDIATEUR DE LA CONFÉDÉRATION SUISSE.

SIRE,

Votre Majesté a établi des maisons de détention où doivent être reçus les mendians et les détenus. La maison de détention du département de l'Aube est en activité pour recevoir environ quatre cents mendians : ils n'y sont pas. Neuf départemens doivent faire des fonds, et les verser à la caisse d'amortissement, pour l'entretien de cette maison. Un mois seulement doit être arriéré pour le paiement à faire aux fournisseurs ; cependant il est dû plus de six mois, et lorsqu'on observe au ministre de l'intérieur qu'il est nécessaire qu'on paie les fournisseurs, il répond : Mettez des mendians à la porte, ou refusez ceux qu'on vous amène. Mais, Monseigneur, lui dit-on, le nombre n'étant pas complet, cela ne se peut pas. Les départemens paient ; on ne pourrait en refuser l'entrée qu'autant que la maison aurait le nombre déterminé ; on peut encore moins les mettre à la porte.

Sire, est-ce là exécuter vos ordres ?

Je prie Votre Majesté de se faire rendre compte de cette partie d'administration, et surtout de cette maison de détention dans le département de l'Aube.

Je suis avec respect, etc. H.

20 mars 1811 (10 heures du matin.)

A S. M. L'EMPEREUR DES FRANÇAIS,

ROI D'ITALIE.

PROTECTEUR DE LA CONFÉDÉRATION DU RHIN,

MÉDIATEUR DE LA CONFÉDÉRATION SUISSE.

SIRE,

La masse entière du peuple est dans l'ivresse de la joie.

En sortant de l'Hôtel-de-Ville de Paris, où j'avais appris l'heureuse nouvelle de la naissance du roi de Rome, j'ai eu occasion de la répandre et je peux certifier à Votre Majesté, qu'aucune victoire, aucun événement, n'a fait une sensation aussi vive sur le peuple, et que je ne lui ai vu jamais manifester autant de vrai contentement que dans ce moment. Si Votre Majesté me le permettait, je lui dirais qu'il rivalise avec elle sur le bonheur qu'il en ressent et qu'il s'en promet.

Heureux de pouvoir être auprès de Votre Majesté l'interprète du peuple.

Je suis avec respect, etc.   H.

---

13 avril 1811.

A S. M. L'EMPEREUR DES FRANÇAIS,

ROI D'ITALIE,

PROTECTEUR DE LA CONFÉDÉRATION DU RHIN,

MÉDIATEUR DE LA CONFÉDÉRATION SUISSE.

SIRE,

Un cardinal qui donne un scandale, qui, jusqu'à la chaire, se fait accompagner d'une femme, croit le faire impunément, parce qu'il ne peut être réprimandé de personne, puisque le pape ne lui a pas donné de bulle.

Cependant c'est à Votre Majesté à juger qui doit le censurer.

Le cardinal Maury est nommé pour prêcher la Passion, le Vendredi-Saint, à Notre-Dame ; un peuple immense remplit le temple : j'arrive ; un murmure sourd se fait cependant entendre ; il continue pendant que le cardinal est en chaire. Le suisse veut rappeler les assistans à la décence du lieu. J'entends quelqu'un qui lui dit : « C'est le prédicateur qu'il faut rappeler à la décence. Qu'est-ce que cet oubli des convenances ? qu'est-ce que cette femme en chapeau fait sur les marches de la chaire, et en évidence ? » Le suisse répond : « J'ai été en prévenir un grand-vicaire ; il m'a dit qu'il n'osait pas la prier de s'éloigner, parce que c'était la nièce du cardinal. » Les cardinaux et les curés ont toujours des nièces ou des cousines à leur suite, dit quelqu'un.

Si la religion est belle dans ses dogmes, combien sont coupables ceux dont la conduite est en opposition avec ce qu'elle prescrit, et qu'ils doivent enseigner ! La décence dans les mœurs et la vraie piété, voilà des exemples à donner. Sans doute, malheur à qui se scandalise, mais aussi malheur à celui qui donne un scandale ! Et une femme avec un chapeau, en évidence à tout un auditoire, assise sur les marches de la chaire dans laquelle prêche un cardinal, voilà un motif de scandale répréhensible. Je laisse à Votre Majesté à prononcer.

Il y a de petites intrigues qui se mènent dans l'ombre, pour que toutes les faveurs de Votre Majesté tombent sur le même individu. On se soucie fort peu, pendant ce temps, si les formes de l'administration sont illégales.

Le maire du 12ᵉ arrondissement du département de la Seine a été nommé, par Votre Majesté, maître des comptes ; il siége déjà à ladite cour. Le préfet aurait dû écrire au ministre de l'intérieur pour présenter à Votre Majesté des candidats ; mais ce n'est pas ainsi qu'on veut que cela soit, quoique ce maire ne puisse pas légalement rester maire et maître des comptes en même temps, puisqu'il est comptable, comme maire, des deniers qu'il dépense sur ses mandats, à sa mairie, et que, comme maître des comptes, il juge les dépenses des mairies, dans le compte du receveur de la commune de Paris. On ne proposera pas à Votre Majesté de le remplacer ; on attendra les fêtes de la ville à l'occasion de la naissance du roi de Rome, et on demandera la décoration de la Légion-d'Honneur pour les maires de Paris qui ne l'ont pas. Alors le maire du 12ᵉ arrondissement, qui sera à la Ville en habit brodé et l'épée au côté, l'obtiendra, quoique le matin, peut-être, Votre Majesté aura reçu sa cour des comptes, en robe de soie et en toque, dont il fait partie ; et si, par hasard, Votre Majesté lui adressait la parole, il devra demander, comme maître Jacques : Sire, est-ce au maître des comptes ou au maire que Votre Majesté s'adresse ?

Vous voyez, Sire, par cet exposé, qu'on fait marcher l'administration avec des formes illégales, puisqu'un maire, qui est comptable, qui reçoit les ordres du préfet et qui est sous sa dépendance, vient juger les dépenses de ce même préfet à la cour des comptes.

Voilà, Sire, le vice d'une pareille conduite ; elle vous est connue ; vous demanderez sans doute au ministre de l'intérieur une liste pour remplacer le maire du 12ᵉ arrondissement, appelé à d'autres fonctions, et Votre Majesté régularisera elle-même cette partie de l'administration.

Je suis avec respect, etc.

H.

Notes.

30 avril 1811.

A S. M. L'EMPEREUR DES FRANÇAIS,

ROI D'ITALIE,

PROTECTEUR DE LA CONFÉDÉRATION DU RHIN,

MÉDIATEUR DE LA CONFÉDÉRATION SUISSE.

SIRE,

On a sans doute rendu compte à Votre Majesté de la décision négative de la classe de l'Institut, dans laquelle doit être admis M. de Châteaubriand. Comment une majorité a-t-elle pu rejeter la lecture d'un discours écrit, dit-on, avec une pureté d'expression, et une vérité d'idées saines et religieuses peu communes, et surtout, ajoute-t-on, avec une éloquence digne du sujet, en parlant de Votre Majesté.

Il ne parle pas, dit-on, de celui dont il prend la place, et c'est *un obligé*, dans un discours de réception, de faire l'éloge du mort. Eh ! de quel homme veut-on qu'il fasse l'éloge ? De celui dont on rend ainsi compte dans l'*Espion de la Révolution française*, tome 2, imprimé chez Huet, libraire, rue Vivienne, nº 8, page 109, en l'an 5.

« *Chénier* présidait la section des Filles-Saint-Thomas (pendant les journées de septembre 1793). Voici un trait qui caractérise *ce monstre* : On lui amène de l'hôtel de la Force un grenadier qui venait d'être acquitté au fatal guichet. Il voulut que cet homme éprouvât un second jugement, et fit menace de donner sa démission, si l'on tentait de le sauver. Qu'avait contre lui ce malheureux ? Il était frère de lait de la reine..... Mons Chénier, vous êtes un scélérat ! »

Et dans sa dernière Épître à Voltaire, voici comme il fait la critique des drapeaux suspendus aux voûtes de Notre-Dame, ou du dôme des Invalides :

> Qu'on étale avec pompe aux yeux des conquérans,
> Des gardes, des victimes, des étendarts sanglans.
> Etc. . . . .

Et il ajoute :

> Ces temps-là ne sont plus ; les nôtres sont moins beaux :
> Les Français sont tombés sous des Velches nouveaux.

Il écrivait cela en 1806. J'ai cité de sa vie politique, j'ai cité de ses vers. Si on le considère maintenant dans sa vie privée, elle est honteuse, et il n'a jamais eu l'estime des gens de bien.

Le discours de M. de Châteaubriand ne doit pas être une capucinade ; mais il doit être ferme et d'une noble sévérité de principes. Votre Majesté le fera demander, et indiquera à l'auteur des corrections qu'il recevra avec reconnaissance.

Je dois prévenir Votre Majesté que le but qu'elle se propose sur la culture de la betterave, est manqué cette année. Sur les hectares indiqués par Votre Majesté, il n'y en aura peut-être pas moitié en rapport. J'en vais indiquer la raison : *la semence manque*. Ma commune et celles environnantes n'ensemenceront pas, faute de graines. Le ministre n'a pas pu en fournir à toutes les communes. J'ai vu un sénateur qui a voulu se procurer de la graine à Paris. Je crois qu'on a voulu la lui vendre trois francs l'once. Si cela arrive près de Paris, la graine manquera tout-à-fait dans les départemens éloignés. Il faudrait peut-être, dans ce moment, que le ministre de l'intérieur recommandât de replanter beaucoup de betteraves. Ce sont elles qui seront des porte-graines pour cette année, et alors, l'année prochaine, la culture pourrait s'en étendre.

Je suis avec respect, etc.

H.

(Adressée à Cherbourg.)

28 mai 1811.

A S. M. L'EMPEREUR DES FRANÇAIS,
ROI D'ITALIE,
PROTECTEUR DE LA CONFÉDÉRATION DU RHIN,
MÉDIATEUR DE LA CONFÉDÉRATION SUISSE.

SIRE ,

Votre Majesté sait ce qu'il faut que les rois fassent pour obtenir les bénédictions des peuples qu'ils gouvernent. Mais il faut le dire à Votre Majesté, au milieu de tous ces cris de joie, il est des cris qu'on ne laisse pas parvenir jusqu'au trône, parce qu'ils troubleraient l'illusion. Quant à moi, je pense qu'il ne faut pas traiter un grand homme comme on traite, avec des adulations mensongères, celui qui est né sous la pourpre, qu'on endort avec la flatterie, et dont les yeux sont toujours fascinés par des dehors trompeurs, c'est ce qui m'enhardit à parler avec franchise à Votre Majesté.

La classe ouvrière souffre, Sire, dans Paris et dans les départemens ; vos ministres le savent, puisqu'ils ont prié Votre Majesté de distribuer des secours extraordinaires, dans la ville de Paris. Mais, qu'est-ce qu'un secours ? C'est un palliatif qui peut devenir dangereux : il entretient l'homme indolent dans l'oisiveté, et donne à l'homme méchant la connaissance de sa force. Les armées, dit-on à Votre Majesté, offrent une ressource ; mais combien d'ouvriers ne peuvent pas abandonner leurs femmes et leurs enfans ?

En même temps qu'un ministre propose à Votre Majesté de distribuer des secours extraordinaires, il doit dire : Sire, c'est un état de choses auquel il faut rémédier dans son principe ; cela ne peut pas toujours durer.

Je vois bien un Henri IV, Sire, mais je ne vois pas un Sully.

Depuis quelque temps la mendicité recommence dans Paris. Est-ce depuis que le ministre de l'intérieur a dit au directeur d'une maison de dépôt : Ne recevez plus personne, et, si vous en avez trop, faites-les sortir.

La guerre d'Espagne, plus longue à elle seule que les trois guerres successives d'Allemagne, fatigue l'impatience du bouillant Français ; ce harcellement continuel ; ces peuples qu'il faut sans cesse combattre, et qui sans cesse se soulèvent ; ces Français qui, de retour en France, disent : Que d'autres aillent à leur tour : tout fait désirer que Votre Majesté fasse cesser cet état de choses. Je crois m'être aperçu qu'on met une très-grande différence entre la guerre avec l'Angleterre et celle qu'on a en Espagne.

Aussi les partisans de la paix disaient-ils, il y a quelques jours : L'horizon du nord s'est éclairci ; les préparatifs de guerre sont ralentis ; on parle de paix, puisse-t-elle être générale !

Cette lettre vous parviendra au milieu des acclamations et des cris de *vive l'Empereur !* Vous jugerez, sans doute, ce qu'ils veulent vous faire entendre et vous les traduirez par le mot de *paix*, qui est le cri général !

Je suis avec respect, etc.

H.

29 juin 1811.

A S. M. L'EMPEREUR DES FRANÇAIS,

ROI D'ITALIE,

PROTECTEUR DE LA CONFÉDÉRATION DU RHIN,

MÉDIATEUR DE LA CONFÉDÉRATION SUISSE.

SIRE,

Quand la justice ne préside pas aux décisions d'un administrateur, quand ceux qui l'entourent veulent faire leur cour aux dépens d'intérêts particuliers, on murmure, on est mécontent. Voici ce qui se passe au sujet du canal de l'Ourcq : on s'est emparé de plusieurs arpens de terre près Meaux ; un sénateur se trouve avoir fourni cinq arpens de terre, on le liquide dans les bureaux du département de la Seine, et il reçoit le prix de l'évaluation des cinq arpens. Un fermier a également quatre arpens à la suite de ceux du sénateur, toutes les formalités sont remplies ; il fait dix voyages à Paris pour avoir le prix de l'évaluation de ses quatre arpens, et il ne peut pas l'avoir ; on le remet, on le fait attendre, etc. Votre Majesté doit désapprouver une telle conduite. Pourquoi mettre une différence entre la créance d'un sénateur et celle d'un paysan ?

Un sieur Lefèvre, qui était fermier des canaux de Loing, est obligé de résilier son bail au gouvernement. Par suite de liquidation, quoiqu'il prétendît qu'on lui dût six cent mille francs, on reconnaît une dette de cent quatre mille francs ; d'un autre côté, il doit au nommé Pierlot cent vingt mille francs, et comme le gouvernement a pris à son compte les créances de Pierlot, on poursuit le sieur Lefèvre pour le paiement des cent vingt mille francs. Ce dernier demande la compensation de ce qui lui est dû par le gouvernement ; on vient saisir ses meubles. Il dit que, pour les seize mille francs restant, il vend une terre, et qu'alors il soldera tout ; il veut que le gouvernement prenne ses sûretés ; on continue les poursuites. Cet homme, qui passe pour honnête, ne peut survivre à un procédé aussi dur de la part du ministre du trésor public, et il se débarrasse de la vie par deux coups de pistolet.

L'honnête homme est regretté. Est-ce remplir l'intention de Votre Majesté que de ne pas distinguer les différentes positions des débiteurs ? C'est un homme qu'on avait dépossédé ; on lui devait quelques égards. Il laisse une fille de neuf ans.

Votre Majesté a nommé maire, dans le département de la Seine, un adjoint du 9ᵉ arrondissement... Je cherche à savoir pourquoi le préfet a présenté à Votre Majesté cet adjoint, qui n'avait pas les mêmes droits que beaucoup de ses collègues..... J'apprends que le beau-fils de ce maire est dans les bureaux du ministre de l'intérieur. Voilà le mot de l'énigme.

Un référendaire de première classe, qui a quitté la direction du spectacle de la Vieille rue du Temple pour entrer à la cour des comptes, est criblé de dettes. Un de ses créanciers a voulu, ces jours passés, faire saisir ses meubles; un tapissier s'est présenté, a réclamé les meubles comme lui appartenant, et a produit un bail à loyer pardevant notaire, même pour les matelas sur lesquels était couché le référendaire. Cette conduite, déshonorante pour un corps de magistrats, devrait être dénoncée, par le procureur-général près ladite cour, au ministre des finances, lequel pourrait proposer à Votre Majesté de destituer cet homme méprisable par sa conduite.

Il est des momens, Sire, où je suis désespéré de ne pas voir marcher régulièrement l'administration dans toutes ses parties de détails. Je prie Votre Majesté de ne voir en moi qu'un ami du gouvernement et du bon ordre, attaché aux principes de justice et d'équité, et qui est avec respect,

De Votre Majesté, etc.　　　　　　H.

Notes.

---

2 juillet 1811.

A S. M. L'EMPEREUR DES FRANÇAIS,

ROI D'ITALIE,

PROTECTEUR DE LA CONFÉDÉRATION DU RHIN,

MÉDIATEUR DE LA CONFÉDÉRATION SUISSE.

Sire,

Plusieurs percepteurs des contributions directes de communes, réunissent la recette municipale de la commune et la recette des contributions, même la recette des hospices. Les ministres de l'intérieur et des finances en laissant cumuler ces places, ont pensé que c'était un sort plus avantageux à quelques individus qui auraient eu de faibles appointemens si ces places avaient été séparées. Cependant, je dois dire à Votre Majesté qu'il y a un grand inconvénient de laisser cette cumulation durer plus long-temps, parce qu'on joue les fonds d'une caisse dans l'autre; que les maires ou les administrateurs des hospices étant moins surveillans que le trésor public, facilitent l'agiot des dépositaires des deniers publics. Il est maintenant prouvé que beaucoup de receveurs ont fait de mauvaises affaires. Dernièrement encore, le receveur municipal de la ville de Versailles a été reconnu reliquataire de la commune, d'une somme de 200,000 francs, et du trésor de 30 et quelques mille francs. Le receveur municipal de la ville de Marseille, je crois, a fui avec une assez forte somme. Celui de Nantes s'est tué, et tout cela provient de la faute des maires qui laissent dans la caisse municipale beaucoup trop de fonds oisifs. Un receveur de l'hospice de Clermont (Puy-de-Dôme) s'est tué. Je sais bien que Votre Majesté a remédié à quelques abus, par son décret impérial du 27 février dernier, relatif à la comptabilité des receveurs des communes; mais, malgré cela, je demanderais à Votre Majesté qu'elle voulût bien arrêter en principe qu'un receveur de deniers publics ne cumulât pas deux recettes, et que les administrateurs des maisons de détentions, d'hospices, etc., ne puissent pas présenter, pour remplir la place de trésorier, des personnes nommées déjà pour les recettes des deniers publics sans un supplément de cautionnement.

Je suis avec respect, etc.

H.

(*Adressée à Saint-Cloud.*)

20 juillet 1811.

A S. M. L'EMPEREUR DES FRANÇAIS,

ROI D'ITALIE,

PROTECTEUR DE LA CONFÉDÉRATION DU RHIN,

MÉDIATEUR DE LA CONFÉDÉRATION SUISSE.

SIRE,

On assure que Votre Majesté a daigné jeter un regard d'humanité sur les deux Italiens qui avaient été condamnés, par un conseil de guerre, à la peine de mort, et que l'un des deux a subi la peine, parce que la grâce est arrivée trop tard.

Cette grâce a été accordée par Votre Majesté, sans doute le même jour, dans la soirée. Au lieu de l'envoyer à l'Abbaye, tout de suite, où étaient les condamnés, il paraît qu'on a attendu au lendemain; mais alors ils étaient partis de l'Abbaye, à quatre heures trois quarts du matin, et sont arrivés à cinq heures un quart dans la plaine de Grenelle, de sorte que celui qui a apporté la grâce, n'est arrivé que lorsque le premier était mort. Je ne sais pas si la grâce était pour un seul; on m'assure que Votre Majesté l'avait accordée pour les deux. Ah ! que de réflexions ! Comme on se joue de la vie des hommes, et comme les ordres de bienfaisance de Votre Majesté s'exécutent avec lenteur ! Si j'avais l'honneur d'être le ministre de Votre Majesté, chargé de faire exécuter de tels ordres, je destituerais l'employé qui a mis du retard dans cette exécution.

On parle de la santé de Sa Majesté l'Impératrice, et l'on craint qu'elle ne soit chancelante. Les médecins n'osent pas, dit-on, dire à Votre Majesté, toutes les craintes qu'ils peuvent avoir; et vous, Sire, dans une sécurité parfaite, vous voyez Sa Majesté l'Impératrice partager vos fatigues dans les voyages, sans croire que cela altère

(139)

de plus en plus sa santé, parce que son courage et son attachement pour son auguste époux la portent à vous accompagner.

Je trouve, Sire, que ceux qui vous cachent la véritable situation de Sa Majesté l'Impératrice sont coupables. J'ai pensé que vous verriez plutôt en moi un citoyen fidèle, attaché au bonheur de votre auguste personne. C'est dans une cour vieillie par des usages et des étiquettes, qu'on n'ose pas dire la vérité ; mais dans une cour régénérée, et avec un prince tel que Votre Majesté, le langage de la franchise et de la vérité peut se faire entendre.

Je suis avec respect, etc.

H.

30 juillet 1811.

A S. M. L'EMPEREUR DES FRANÇAIS,

ROI D'ITALIE,

PROTECTEUR DE LA CONFÉDÉRATION DU RHIN,

MÉDIATEUR DE LA CONFÉDÉRATION SUISSE.

SIRE,

On attend avec un grand intérêt à connaître les motifs qui ont porté Votre Majesté à dissoudre le concile. Cependant on a appris que les ministres de France et d'Italie avaient engagé les archevêques ou évêques à ne pas partir qu'ils ne reçussent de nouveaux ordres, et alors on en conclut que la dissolution du concile n'est pas complète.

On parle aussi diversement des arrestations de quelques-uns de ses membres, et ce sont ces différentes versions qui font croire que peu de personnes connaissent les véritables motifs. Les gens modérés croient qu'il y a eu d'autres raisons que celles d'avoir émis une opinion libre dans les discussions des séances du concile, surtout si elles ont eu lieu avec décence et retenue.

Votre Majesté a nommé un sieur Huet, qui demeure rue Chabannais, adjoint à la mairie de la rue de Joui, près celle Saint-Antoine, comme si ceux qui présentent à Votre Majesté ne pouvaient pas trouver un homme qui eût les qualités requises, plus près des administrés. Il est vrai qu'il n'aurait peut-être pas été parent d'un conseiller-d'état en faveur, comme est, dit-on, le sieur Huet, et qui, au lieu de professer les fonctions d'avocat au barreau, comme on le croirait par la qualité qu'il a prise, n'est qu'un agent d'affaires, lequel a acheté, il y a quelques années, le cabinet d'un nommé Javon.

. . . .

Votre Majesté, dans différentes occasions, a donné des marques de faveur aux maires de Paris. Elle vient encore d'en élever trois au titre d'officiers de la Légion-d'Honneur. Lorsqu'elle fait de ces sortes de promotions, c'est alors qu'il revient à la pensée que les quatre maires qui ont été à Vienne n'ont rien obtenu de la munificence de Votre Majesté pour ce voyage. Le ministre de la guerre leur a envoyé une carabine tirée de l'arsenal de Vienne; là s'est bornée la récompense. Cependant il n'en reste que deux à récompenser, parce que l'un est mort, et Votre Majesté a nommé l'autre, comme doyen des maires, au sénat; les deux autres qui restent sont les maires des troisième et huitième arrondissemens du département de la Seine.

J'ai l'honneur de les rappeler aux bontés de Votre Majesté.

Je suis avec respect, etc.

H.

(141)

(Adressée à Rambouillet.)

9 août 1811.

A S. M. L'EMPEREUR DES FRANÇAIS,

ROI D'ITALIE,

PROTECTEUR DE LA CONFÉDÉRATION DU RHIN,

MÉDIATEUR DE LA CONFÉDÉRATION SUISSE.

Sire ,

J'avouerai à Votre Majesté que parmi les receveurs des communes destitués , je croyais y trouver le receveur de la commune d'Ypres , département de la Lys. C'est un mauvais comptable, dénoncé comme tel au ministre depuis plus de six mois, par une autorité supérieure, et dont la comptabilité est dans un très-grand désordre. On sait qu'il se livre à des spéculations de commerce, qu'il est souvent absent de la commune ; Votre Majesté peut ordonner qu'on examine la situation de sa caisse, et sur-tout qu'on s'assure s'il fait les recouvremens dont il est chargé, avec ponctualité ; alors on se convaincra de sa négligence, et, s'il n'a pas de grands protecteurs, je pense qu'il sera au moins remplacé.

Je suis avec respect , etc.   H.

(Adressée à Saint-Cloud.)

22 août 1811.

A S. M. L'EMPEREUR DES FRANÇAIS,

ROI D'ITALIE,

PROTECTEUR DE LA CONFÉDÉRATION DU RHIN,

MÉDIATEUR DE LA CONFÉDÉRATION SUISSE.

Sire ,

J'ai eu le bonheur de mêler mes vœux à ceux qui ont été exprimés à Votre Majesté , dans son palais des Tuileries , jeudi 15 de ce mois ; c'est un bonheur que j'ambitionnais depuis long-temps. Je me suis trouvé dans la galerie , placé par hasard à côté d'un homme que j'ai reconnu pour avoir voulu boire la ciguë , le 9 thermidor. J'ai redoublé mes vœux pour la conservation de Votre Majesté , afin d'atténuer ceux qui n'auraient pas été dirigés vers le même but. Le talent de cet homme le sauve de l'ignominie.

Les affaires du clergé paraissent prendre la tournure que Votre Majesté désire , et il y a lieu de croire que la députation partie pour Savonne , à son retour , donnera sur les intentions de Pie VII , la satisfaction qu'on s'en promet.

La demande qu'a faite Votre Majesté , pour connaître les pensionnaires de l'âge de quatre-vingts ans et au-dessus , sera répondue , je crois , par un nombre de six ou sept mille ; sans doute , elle veut adoucir leur sort, et les faire jouir d'une plus forte pension que le tiers qu'ils reçoivent.

. . . .

Je suis avec respect, etc.

H.

(Adressée à Amsterdam.)

30 septembre 1811.

A S. M. L'EMPEREUR DES FRANÇAIS ,

ROI D'ITALIE ,

PROTECTEUR DE LA CONFÉDÉRATION DU RHIN ,

MÉDIATEUR DE LA CONFÉDÉRATION SUISSE.

SIRE ,

L'intendant-général de l'armée d'Espagne est à Paris depuis quelques semaines. Ses fatigues ne lui permettront pas de retourner en Espagne, et je puis assurer Votre Majesté que ce n'est point découragement de sa part. Il paraît , au contraire , très-convaincu que si Votre Majesté continue à envoyer des troupes, les Anglais se retireront, qu'alors les Espagnols, livrés à eux-mêmes, ne seront pas long-temps à se soumettre. Le retour du roi Joseph a fait une vive sensation et lui a donné beaucoup de partisans.

Je sollicite des bontés de Votre Majesté, pour ce zélé serviteur, une retraite honorable ; il m'a paru mettre une scrupuleuse exactitude dans toutes les affaires dont il a été chargé.

Votre Majesté, toujours juste, n'oubliera pas de récompenser les services de M. Denié, en lui donnant un successeur comme intendant-général de l'armée d'Espagne.

    Je suis avec respect, etc.

Notes.

                                    H.

(Adressée à Bruxelles.)

6 octobre 1811.

A S. M. L'EMPEREUR DES FRANÇAIS,

ROI D'ITALIE,

PROTECTEUR DE LA CONFÉDÉRATION DU RHIN,

MÉDIATEUR DE LA CONFÉDÉRATION SUISSE.

Sire,

Les affaires de l'Eglise n'éprouvent plus d'obstacles, puisqu'un légat va venir résider auprès de Votre Majesté. On réclamera sans doute de Votre Majesté la liberté des ecclésiastiques qui ont mérité de la perdre, et Votre Majesté jugera qu'un exil momentané sera maintenant suffisant.

Les travaux de la place des Vosges sont presque terminés, et votre décret impérial, Sire, de 1807, qui veut que le général d'Hautpoul soit au milieu de cette place, en habit de cuirassier, que deviendra-t-il ? Hélas ! le temps a donc effacé les services de ce général.

J'aurais un plan à proposer à Votre Majesté : je vais le lui soumettre. Le temple de la Gloire doit rappeler les hauts faits de l'armée française. La place de la Concorde, ci-devant Louis XV, se trouve en avant de ce temple, et pourrait servir presque d'introduction. Autour de cette place, Votre Majesté pourrait y faire placer les statues en pied des généraux qu'elle croirait devoir mériter cet honneur. Alors on appellerait cette place : *Place des Généraux.*

    Je suis avec respect, etc.

Notes.

        H.

(*Adressée à Rotterdam.*)

29 novembre 1811.

A S. M. L'EMPEREUR DES FRANÇAIS,

ROI D'ITALIE,

PROTECTEUR DE LA CONFÉDÉRATION DU RHIN,

MÉDIATEUR DE LA CONFÉDÉRATION SUISSE.

SIRE,

Les subsistances de la ville de Paris vont être un sujet d'inquiétude pour Votre Majesté. Déjà quelques boulangers n'ont plus de pain à dix heures du matin. Des gens de la campagne s'approvisionnent à Paris, et cela est naturel, puisqu'il est plus cher à la campagne qu'à Paris. Votre Majesté me permettra de lui observer que le système adopté de vouloir qu'on paie moins cher le pain à Paris que dans les autres parties de l'Empire, aura toujours de très-graves inconvéniens.

J'ai déjà, dans diverses circonstances, eu l'honneur d'écrire à Votre Majesté, sur les subsistances. Elle peut se faire représenter mes lettres du 19 frimaire an 10, et 22 septembre 1807, sur les greniers de réserve, dans lesquelles je cherche à établir les vrais principes sur le commerce des grains.

Que l'on prenne garde aux malveillans; ils sont en grand nombre.

Votre Majesté a destitué le maire d'Anvers , comme ayant participé à des malversations faites sur la perception du droit de l'octroi. Elle pourrait également faire examiner la conduite du maire de Saint-Denis (département de la Seine), qui n'a mis ni en ferme , ni en régie , cette même perception, et qui l'administre avec d'autres individus.

Je suis avec respect, etc.

H.

(Adressée à Liège.)

7 décembre 1811,

A S. M. L'EMPEREUR DES FRANÇAIS ,

ROI D'ITALIE ,

PROTECTEUR DE LA CONFÉDÉRATION DU RHIN,

MÉDIATEUR DE LA CONFÉDÉRATION SUISSE.

SIRE ,

Comme je sais que Votre Majesté aime à connaître jusqu'aux moindres détails de l'administration, je crois devoir l'informer de ce qui vient de se passer à celle des postes.

Le directeur de la poste aux lettres à Limours, département de Seine-et-Oise , a été destitué ; deux candidats se sont présentés, l'un cuisinier-aubergiste, l'autre huissier à la justice de paix et adjoint au maire. Ce dernier m'a écrit pour que je m'intéressasse pour lui auprès de l'administration.

Le connaissant depuis plus de vingt ans, j'ai cru de mon devoir d'éclairer MM. les administrateurs. Je leur ai certifié que depuis plus de vingt-cinq ans, il était domicilié dans la commune, qu'il y était propriétaire, adjoint au

210

maire et qu'il avait souvent été chargé de quelques missions par la municipalité ; qu'il avait l'estime de ses concitoyens; qu'il écrivait très-bien, et qu'il était père de famille ; que je croyais qu'il remplirait, et au-delà, les obligations qui lui seraient imposées.

J'apprends, Sire, que c'est le cuisinier-aubergiste qui est nommé, qu'il doit sa nomination à la sollicitation de Madame de Saint-Marc, dont il était le cuisinier, et qu'il n'a cessé de l'être que lorsqu'elle a vendu sa maison de Limours ; que cet homme, qui donne à boire, à manger et même à danser, l'emporte sur un homme qui remplit avec intégrité les fonctions d'huissier de la justice de paix, à la satisfaction des administrés du canton. Je crois que, malgré qu'on ait ôté du monologue de *Figaro* le motif qui l'avait empêché d'avoir une place de calculateur, on peut encore dire : *Il fallait pour cette place un homme de bureau, ce fut un cuisinier-aubergiste qui l'obtint.*

Il me semblait que, lorsqu'on tenait un rang parmi les fonctionnaires publics, et que, pour éclairer une administration, on lui certifiait, sous tous les rapports, un candidat pour cette place, la place ne devait se donner qu'à quelqu'un qui paraîtrait avoir des qualités supérieures, et qu'on ne devait pas déférer à la sollicitation d'une femme qui, n'ayant pas voulu faire une pension à son cuisinier, cherche à lui faire avoir une place hors du métier qu'il a professé toute sa vie.

La tranquillité, Sire, n'a pas été troublée long-temps, pour le pain, à Paris. Elle est rétablie, et d'aujourd'hui, le pain de 4 livres a été élevé à 15 sous.

On affiche le paiement des rentes toutes les semaines. J'aurais l'honneur de proposer à Votre Majesté de faire également afficher les mercuriales des marchés de Paris et de dix lieues à la ronde. Le peuple connaîtrait alors le prix du blé et de la farine, et lorsque l'un ou l'autre subirait une augmentation, elle paraîtrait toute naturelle au peuple de Paris qui en connaîtrait la raison.

Je suis avec respect, etc.   **H.**

13 décembre 1811.

A S. M. L'EMPEREUR DES FRANÇAIS,

ROI D'ITALIE,

PROTECTEUR DE LA CONFÉDÉRATION DU RHIN,

MÉDIATEUR DE LA CONFÉDÉRATION SUISSE.

Sire ,

J'avouerai à Votre Majesté que lorsque j'entends quelques personnes se plaindre des premiers fonctionnaires de l'état, j'écoute avec attention, et si les plaintes me paraissent fondées, alors j'éprouve un sentiment pénible, parce que je voudrais que tout ce qui approche Votre Majesté s'occupât de faire aimer le gouvernement, et qu'on réservât les actes de rigueur qu'on demande à Votre Majesté, pour réprimer la mauvaise foi, la méchanceté ou le crime.

Madame de Fleurieu éprouve un acte de rigueur qui lui paraît arbitraire de la part du ministre de la marine. Son mari a consacré une partie de sa fortune et de sa vie à un ouvrage de géographie; il en a fait graver les planches à grands frais; l'ouvrage n'était pas encore achevé lorsqu'il termina sa carrière. Madame de Fleurieu a fait continuer l'ouvrage; il est terminé. Il a été présenté au ministre de la marine, qui a fait un rapport à Votre Majesté sur les imperfections de cet ouvrage. *Il l'a jugé seul,* et a demandé à Votre Majesté l'interdiction de l'ouvrage; cependant il en a fait déposer trente-deux exemplaires à la bibliothèque.

S'il y a des fautes dans l'ouvrage, qu'on n'en fasse pas un ouvrage classique, et quand il paraîtra, qu'on charge quelqu'un d'en faire sentir les défauts, et que le public juge.

Madame de Fleurieu ne sait à qui adresser ses plaintes pour vous les faire parvenir, Sire; personne n'ose s'en charger; c'est moi, Sire, qui ne la connais pas, mais qui, attaché à votre personne d'une manière particulière, viens mettre aux pieds de Votre Majesté sa prière. Elle demande, elle supplie Votre Majesté de vouloir bien ordonner qu'il soit nommé une commission pour examiner l'ouvrage de feu M. de Fleurieu; que la commission l'entende, et qu'après, elle fasse un rapport à Votre Majesté.

Une grande partie de la fortune de M. de Fleurieu a été employée pour la confection de cet ouvrage; en garder trente-deux exemplaires à la bibliothèque, ne pas les lui payer et empêcher sa distribution, n'est pas, sans doute, l'intention de Votre Majesté.

Je suis avec respect, etc.

Notes.   **H.**

---

31 janvier 1812.

A S. M. L'EMPEREUR DES FRANÇAIS,

ROI D'ITALIE,

PROTECTEUR DE LA CONFÉDÉRATION DU RHIN,

MÉDIATEUR DE LA CONFÉDÉRATION SUISSE.

Sire ,

On a sans doute prévenu Votre Majesté que l'eau du canal de Saint-Quentin s'était perdue, et que beaucoup de bateaux à charbon étaient restés à sec. On disait que les marchands de bois n'étaient pas étrangers à cet événement, à cause de la diminution qui s'opérait depuis quelque temps sur cet objet de consommation. Mais Votre Majesté aura donné des ordres pour faire rétablir la navigation le plus promptement possible.

Ne peut-on pas espérer que les nombreux travaux qui s'exécutent à Paris soient terminés avant d'en ouvrir de nouveaux. Le pont de la Concorde n'a encore, pour soutenir les réverbères, que des poteaux de bois; le quai Napoléon n'est point pavé, etc. Il serait trop long de dé-

tailler tous les ouvrages commencés et non achevés. Or-
donnez, Sire, qu'on termine ces ouvrages, et qu'on ne
les laisse pas dans un état d'imperfection qui tient à la
négligence de la surveillance.

Le renchérissement du pain paraît inévitable; mais il
devrait être défendu aux boulangers de répondre aux
personnes qui en achètent : *Il deviendra plus cher, et
bientôt il sera à vingt sous.* Ce propos est répété par
presque tous les boulangers. Que prétendent-ils ? Veu-
lent-ils indisposer les esprits ? Quel motif secret les porte
à jeter l'alarme ? Votre Majesté pourrait ordonner au
préfet de police de leur intimer l'ordre de n'annoncer le
renchérissement que lorsqu'il est nécessaire, et de ne
point le dire d'avance.

Il vaut mieux que le gouvernement n'ait qu'une ré-
primande à faire, que d'être obligé de punir plus sévèrement, si les propos aigrissaient les esprits, et avaient
des suites fâcheuses.

Votre Majesté a rendu un décret impérial, pour que
tous les traitemens payés par le trésor public aient à
subir une retenue, afin de former un fonds commun
affecté à des pensions. Il est dit, par ce décret, que chaque
ministre présentera un mode d'exécution, et comme ce
décret ne convient pas aux ministres, ils ne l'exécutent
pas, et contrarient les volontés de Votre Majesté. Quelle
est donc cette manière d'administrer, de présenter à
Votre Majesté l'approbation d'un décret, et de ne pas
l'exécuter ? Est-ce ainsi qu'on doit se jouer d'une volonté
nationale ? Si le décret était inexécutable, il fallait le
combattre ; s'il peut recevoir son exécution, pourquoi le
ministre du trésor ne le poursuivrait-il pas ?

J'aurai l'honneur d'observer à Votre Majesté, en lui
parlant du trésor impérial, que l'archi-trésorier doit
arrêter tous les ans les registres ; que, depuis qu'il est en
Hollande, ils ne le sont pas. Votre Majesté ne jugerait-
elle pas qu'il doit déléguer ses pouvoirs, afin de régulariser
cette partie de service et du bon ordre ?

Je suis avec respect, etc.   H.

1er février 1816.

A S. M. L'EMPEREUR DES FRANÇAIS,

ROI D'ITALIE,

PROTECTEUR DE LA CONFÉDÉRATION DU RHIN,

MÉDIATEUR DE LA CONFÉDÉRATION SUISSE.

SIRE,

L'absence projetée par Votre Majesté, fait dire qu'un conseil de régence va être formé par elle ; on nomme même ceux qui doivent le composer. Un changement dans les ministères doit s'opérer aussi ; mais on se trouve partagé sur l'ennemi que Votre Majesté va combattre. Les uns prétendent que les Français vont marcher contre les Russes ; d'autres croient que, conjointement avec ces derniers, on va renvoyer le Turc d'Europe, projet qui existe depuis long-temps. Ces derniers politiques se fondent sur ce que deux empereurs, qui peuvent se partager presque le monde, ne peuvent et ne doivent pas chercher à s'affaiblir, quand tous les deux ont des moyens d'agrandissement, sans empiéter l'un sur l'autre.

Ce n'est jamais qu'avec une vive inquiétude que les amis du gouvernement apprennent le départ de Votre Majesté pour l'armée. Ah ! quand viendra donc le moment où, vous voyant régner en paix dans votre palais des Tuileries, les Français contempleront Votre Majesté comme le pacificateur du monde, et qu'elle n'aura plus qu'à régulariser l'administration de son vaste empire.

Puisse ce temps n'être pas éloigné !

Je suis avec respect, etc.

H.

15 février 1810.

A S. M. L'EMPEREUR DES FRANÇAIS,

ROI D'ITALIE,

PROTECTEUR DE LA CONFÉDÉRATION DU RHIN,

MÉDIATEUR DE LA CONFÉDÉRATION SUISSE.

Sire,

Le rapport fait par le ministre du trésor, sur la recette municipale de la ville de Rouen, a montré jusqu'à l'évidence à Votre Majesté la conduite répréhensible du maire et du préfet.

On voit, dans le compte que le comptable a rendu pour l'exercice 1809, qu'il n'est fait recette du produit de l'octroi que déduction faite d'une somme de trois cent quatre-vingt-quatre mille deux cent soixante-dix francs, qui devait être payée au receveur-général, pour la contribution mobilière de la ville. A la cour des comptes, le référendaire proposa de forcer le comptable en recette de cette somme, sauf à lui allouer en dépense les récépissés du receveur-général. Les maîtres des comptes de la chambre n'adoptèrent pas l'avis proposé; ils convertirent seulement ce forcement dans la charge de rapporter les pièces de dépenses; mais le référendaire, n'ayant que voix consultative, n'a pu faire adopter son opinion; s'il avait eu la voix délibérative, peut-être le forcement aurait-il eu lieu. Cette restriction, pour les référendaires, est un des inconvéniens de la loi de création de la cour des comptes, que Votre Majesté fera sans doute disparaître; le débet s'est trouvé moins considérable qu'il ne devait l'être, si le forcement eût subsisté.

Dans ce même rapport, on annonce à Votre Majesté que le receveur de la commune n'ayant pas payé le receveur-général, elle sera poursuivie pour la contribution mobilière. Mais, Sire, cela ne paraît juste que jusqu'à un certain point. La commune a fait des recettes pour son droit d'octroi, dont les citoyens ont acquitté leur contribution ; elle n'a pas été versée dans la caisse du receveur-général : qui devait y veiller ? le maire et le préfet. Alors la commune doit avoir son recours contre ces deux individus, pour la remplir des 384,270 francs. Sans doute, Votre Majesté laissera faire un grand exemple de deux fonctionnaires qui ont laissé dilapider des fonds mis sous leur surveillance.

Si, lorsque le receveur de la commune de Versailles a fait tort à la commune, il y a six ou huit mois, d'environ deux cent mille francs, on eût pris des informations sur la conduite du maire, on aurait acquis la preuve qu'il savait, depuis plusieurs jours, que l'on craignait un déficit dans la caisse du receveur municipal. On ne sait comment expliquer la négligence qu'il a mise de se transporter chez le receveur, malgré les avis réitérés qui lui ont été donnés. L'exemple qu'on aurait fait de ce fonctionnaire négligent, aurait peut-être éveillé l'attention du maire de Rouen et du préfet.

Je suis avec respect, etc. H.

17 février 1812.

A S. M. L'EMPEREUR DES FRANÇAIS ,

ROI D'ITALIE ,

PROTECTEUR DE LA CONFÉDÉRATION DU RHIN,

MÉDIATEUR DE LA CONFÉDÉRATION SUISSE.

SIRE ,

Votre Majesté a fait un réglement sur la librairie ; mais elle n'a pas voulu, sans doute, qu'on en abusât, et qu'on pût dire à un auteur : Vous n'imprimerez pas le manuscrit que vous présentez, quoiqu'il ne soit pas contraire aux vues du gouvernement, et qu'il n'y ait rien contre les mœurs, ni contre la religion.

Voilà cependant, Sire, ce qui arrive à quelqu'un qui a

fait un petit écrit d'environ deux feuilles d'impression, intitulé : *Quelques idées sur le commerce entre la France et l'Angleterre*, etc. Tout était écrit dans le système adopté par le gouvernement. Un censeur avait approuvé le manuscrit ; mais le directeur général de la librairie a jugé à propos de l'envoyer au ministre des relations extérieures, lequel a fait faire un rapport et renvoyé le tout à un second censeur : enfin, on a donné ordre au bureau de la librairie de ne pas laisser imprimer l'ouvrage. Un commis a dit à l'auteur que Sa Majesté l'Empereur ne voulait pas qu'on l'imprimât, et on lui a remis son manuscrit.

L'auteur croit qu'on abuse du nom de Votre Majesté. Une petite brochure de deux pages d'impression, écrite d'après les principes avoués par le gouvernement, ne peut pas lui porter ombrage ; encore si le ministre des relations extérieures avait dit à l'auteur quelques mots, ou le directeur général de la librairie, puisque l'un et l'autre savaient qui il était, les formes auraient été honnêtes envers un citoyen qui montre de l'attachement au gouvernement ; mais, au lieu de cela, on intime l'ordre de ne pas laisser imprimer et de faire casser les planches, si l'imprimeur s'est trop pressé de composer, sur la décision du premier censeur.

À qui se plaindre ? Il faut se taire.

Sans doute, pendant un temps, la presse a trop secondé la licence ; mais, en voulant mettre des entraves et forcer à un silence absolu, on abuse du pouvoir qui est délégué par la loi, et c'est méconnaître les intentions de Votre Majesté, que d'empêcher la publicité d'un petit ouvrage qui n'attaque ni les principes du gouvernement, ni les mœurs, ni la religion, et qui a été approuvé par un censeur nommé par Votre Majesté. Il ne pouvait que montrer un esprit national dont était pénétré l'auteur.

On se plaint que les Français n'en ont pas, et quand ils en montrent, on leur interdit la faculté de le manifester : quelle contradiction !

Je suis avec respect, etc.   H.

Notes.

9 mars 1812.

A S. M. L'EMPEREUR DES FRANÇAIS,

ROI D'ITALIE,

PROTECTEUR DE LA CONFÉDÉRATION DU RHIN,

MÉDIATEUR DE LA CONFÉDÉRATION SUISSE.

SIRE ,

La commission d'enquête, composée de plusieurs membres de la haute cour, et qui s'est assemblée il y a quelques jours, afin de prononcer sur les affaires qui ont eu lieu en Espagne vers la fin de 1808, donne lieu à diverses conjectures. Les uns portent un jugement sévère contre les généraux impliqués dans cette affaire , d'autres disent que Votre Majesté s'est réservée d'examiner attentivement le rapport que cette commission a dû faire , et espèrent que la justice et la clémence de Votre Majesté présideront à la décision qu'elle prendra. Déjà , dans mes lettres de septembre et d'octobre 1808, j'ai réclamé , pour ces généraux, un laps de temps convenable pour éteindre les haines ou les jalousies ; maintenant, on a dû faire à Votre Majesté le rapport des déclarations recueillies dans un moment plus calme, et qui ont dû être impartiales : on attend que Votre Majesté prononce.

Le départ de Votre Majesté fera baisser les fonds publics. Il y a quelques jours qu'un agent de change me disait : « Il y a beaucoup de gens qui disent : Il ne me » convient pas d'avoir vingt-cinq ou trente mille francs » de rentes en inscriptions, lorsque l'Empereur est ab- » sent ; j'aime mieux avoir mon argent dans mon coffre , » ou le prêter d'une autre manière. »

Votre Majesté projette une longue absence, et quoique, dans sa capitale, elle soit très-éloignée de plusieurs des gouvernés , ils jouissent d'une grande sécurité ; mais quand elle est à l'extrémité de l'empire , des craintes se manifestent, et il n'est pas possible de s'en défendre.

Malgré que beaucoup de gens fixent le départ de Votre

Majesté vers la fin du mois, je crois qu'elle voudra assembler le corps législatif avant, et que, par conséquent,
son départ n'est pas encore aussi prochain qu'on veut le
faire croire.

Votre Majesté ne partira pas sans être certaine que les
subsistances seront assurées, non pas en spéculations,
mais en réalité; car si elles ne l'étaient pas, ce serait un
sujet de trouble, et les méchans s'en serviraient contre
le gouvernement. Je prie Votre Majesté de faire expliquer les ministres à cet égard, et de s'en faire rendre
compte. On ne manquerait pas de répéter que l'on a fait
acheter des blés bon marché, cet été, pour les échanger
contre du sucre et du café, que l'on vend très-cher à la
Villette, et que c'est ce qui a amené la rareté de cette
denrée de première nécessité. J'ai cru devoir repousser
toujours cette idée.

On assure que Votre Majesté a accordé des licences
pour porter des eaux-de-vie, des vins et des soieries en
Angleterre, et rapporter en échange des denrées coloniales ; quelques personnes en infèrent de là qu'il y a
sans doute un rapprochement entre les deux gouvernemens, et que le prince-régent pourrait bien vouloir changer la direction de la guerre, parce que, lorsqu'on arrive
sur un trône, on veut faire quelque chose à soi.

L'administration des postes a fait des dépenses, d'après
les ordres du ministre d'état le duc de Bassano, pour
courriers, estafettes et ordonnances pour le service de
Votre Majesté. Les pièces de dépenses devaient être régularisées par le ministre d'état. Maintenant, on les présente à M. le comte Daru ; il dit qu'il ne peut pas les
régulariser, attendu que ce n'est pas lui qui a donné des
ordres. L'administration vient de s'adresser au duc de
Bassano; il lui répond que, n'étant plus à la secrétairerie
d'état, il n'a plus les moyens de faire faire les vérifications
nécessaires. Comment faire ? Pendant ce temps, les pièces
ne se régularisent pas, la régularisation des comptes est
entravée, et les administrateurs n'osent rien dire à deux
hommes puissans.

Votre Majesté vient de rendre un décret sur les pensionnaires de la Hollande ; cela me rappelle ceux de la Toscane. Il y a quelques années qu'elle a rendu également un décret sur ces pensionnaires ; cependant ils n'obtiennent point d'inscriptions sur le livre des pensions au trésor. Si Votre Majesté en voulait savoir la cause, il faudrait qu'elle interrogeât ses ministres des finances et du trésor, qui lui diraient sans doute que les états annexés au décret sont égarés, et qu'ils n'osent pas en présenter d'autres à l'approbation de Votre Majesté, de sorte que ces pensionnaires touchent, en Toscane, sur des feuilles incomplètes. La crainte qu'ont les ministres de recevoir quelques réprimandes de la part de Votre Majesté, montre combien ils sont affectés de la négligence qu'on a eue dans les bureaux. J'ai l'honneur d'en prévenir Votre Majesté, afin qu'elle donne seulement l'ordre de dresser de nouveaux états. Cet ordre leur prouvera que Votre Majesté est instruite de la négligence des bureaux, et sauvera aux ministres un aveu qu'ils ne font pas, dans la crainte de déplaire à Votre Majesté.

Je suis avec respect, etc.

H.

14 mars 1812.

A S. M. L'EMPEREUR DES FRANÇAIS.,

ROI D'ITALIE,

PROTECTEUR DE LA CONFÉDÉRATION DU RHIN,

MÉDIATEUR DE LA CONFÉDÉRATION SUISSE.

SIRE,

Par ma lettre du 3 décembre 1810, j'avais l'honneur d'informer Votre Majesté qu'un administrateur des droits-réunis ne méritait pas la confiance que lui accordait Votre Majesté. Il vient d'être remplacé, et on pourrait dire qu'il a été destitué, parce qu'il n'a su qu'il n'était plus administrateur, qu'en recevant son brevet de pension. Parent de l'archi-chancelier, on a encore eu quelques ménagemens, et on a demandé pour lui à Votre Majesté une retraite de 9,000 francs.

Comme on abuse, Sire, de votre munificence ! 9,000 fr. de retraite pour un homme qui n'a rendu aucun service essentiel à la chose publique, et qui n'était ni aimé, ni estimé de ses supérieurs, ni de ses subordonnés !

Cette pension me conduit, Sire, à une autre de trois mille francs que l'on a demandée à Votre Majesté, pour Emanuel Dupati. Qu'a pu dire le ministre pour motiver cette demande ? L'a-t-il présenté comme un littérateur du premier ordre ? Quels écrits a-t-il cités, et la société a-t-elle recueilli quelque avantage de ses ouvrages ? Ses mœurs lui font-elles un titre ? Cet homme, pour lequel on demande les grâces de Votre Majesté, fait des chansons, des vaudevilles, et sa vie se passe dans les coulisses.

C'est ce qu'on n'a pas dit à Votre Majesté.

Je crois que Votre Majesté veut qu'on réserve ses grâces pour des pères de famille estimables, qui s'occupent de sciences et d'arts, dont les ouvrages ont un but utile, et qui, dans la conduite privée, pratiquent les vertus sociales et servent de modèles à leurs concitoyens.

Comme ce qui émane spontanément de Votre Majesté a un caractère particulier de récompenser le mérite, on n'a pas eu besoin sans doute de demander à Votre Majesté une récompense pour le brave Goffin : elle l'a dictée.

Je suis avec respect, etc.

H.

21 mars 1812.

A S. M. L'EMPEREUR DES FRANÇAIS,

ROI D'ITALIE,

PROTECTEUR DE LA CONFÉDÉRATION DU RHIN,

MÉDIATEUR DE LA CONFÉDÉRATION SUISSE.

SIRE,

Les affaires de l'Eglise n'ont pas encore eu le résultat qu'on attend depuis plusieurs mois. La dissolution du concile semblait promettre, de la part du Saint-Siége, une prochaine confirmation des Evêques. Je prie Votre Majesté de ne pas laisser, lors de son départ, quelque chose à régler sur ce sujet ; ce pourrait être un motif de schisme pendant son absence, et les malveillans sont toujours prêts à seconder les perturbateurs.

Le chef d'escadron Meckenem, de la gendarmerie d'élite, a été envoyé en mission, par Votre Majesté, dans divers départemens, pour l'exécution des lois sur la conscription. Si Votre Majesté croyait utile d'avoir des renseignemens certains sur le résultat de la mission de ce chef d'escadron, elle pourrait lui donner l'ordre de venir lui rendre compte lui-même, et alors elle l'interrogerait sur les fonctionnaires civils qui mettent des entraves à l'exécution des lois ; elle saurait de lui la vérité. La vérité, Sire, se montre si peu aux rois !

Je suis avec respect, etc.

H.

10 avril 1812.

A S. M. L'EMPEREUR DES FRANÇAIS,

ROI D'ITALIE,

PROTECTEUR DE LA CONFÉDÉRATION DU RHIN,

MÉDIATEUR DE LA CONFÉDÉDATION SUISSE.

SIRE ,

Il paraît que les prisonniers qu'on amène d'Espagne , ont des maladies contagieuses. Votre Majesté ne jugerait-elle pas convenable d'établir sur la frontière un lazaret , où ils seraient traités , et alors ils n'entreraient dans l'empire , que dégagés de ce virus qui , en se communiquant , rend des Français victimes des soins qu'ils leur donnent.

On a vu à Auxerre , il y a quelques mois , et tout récemment à Dijon, des suites funestes de cette contagion.

Avant de partir , Votre Majesté se fera rendre compte des travaux qui se font à Anvers , et des fonds affectés pour le paiement de la marine. Il y a fort peu de temps que les fonds manquaient ; cela causait un peu de rumeur.

Les subsistances , Sire , occupent les fonctionnaires publics dans tout l'Empire. La disette paraît dans tous les départemens ; le pain vaut huit et dix sous la livre ; il y a encore quatre mois d'ici à la récolte : fera-t-on prendre patience , jusqu'à ce temps, au peuple ? Je supplie Votre Majesté de laisser des instructions à ce sujet. On peut espérer quelque chose du décret du 24 mars dernier, pour la distribution des soupes ; mais les légumes maintenant existans , sont-ils assez abondans pour donner l'augmentation des alimens demandés ? C'est ce que fera connaître l'expérience. On aura dit sans doute à Votre Majesté qu'il y a des gens qui parcourent les fermes pour demander du pain ; qu'ils sont en troupe. Il est de toute nécessité de recommander à la gendarmerie de les faire séparer , autant que possible, afin d'éviter une insurrection. Votre Majesté a bien créé des dépôts de mendicité ;

mais la mendicité n'est pas abolie. Ne pourrait-on pas conduire les gens valides à des travaux que fait faire le gouvernement, afin qu'ils soient obligés de travailler.

Puissent tous les fonctionnaires publics, sur lesquels va se reposer Votre Majesté pendant son absence, remplir leurs devoirs, et donner des marques d'attachement à la chose publique. C'est le souhait que je fais, afin que vous ne soyez occupé, Sire, que des grands intérêts que vous vous proposez de traiter.

Je suis avec respect, etc.

H.

15 avril 1812.

A S. M. L'EMPEREUR DES FRANÇAIS,

ROI D'ITALIE,

PROTECTEUR DE LA CONFÉDÉRATION DU RHIN,

MÉDIATEUR DE LA CONFÉDÉRATION SUISSE.

SIRE,

Toujours les subsistances sont plus inquiétantes cette semaine que la précédente; plus de pain chez les boulangers à dix heures du matin; il paraît qu'ils ne cuisent que la farine que leur cède le gouvernement, et c'est toujours sur lui qu'ils rejettent le manque de pain. Il y a quelques jours, plusieurs personnes étaient épouvantées que, dans le mois d'avril, on fût dans une telle pénurie de pain. Je leur ai demandé s'ils ne se souvenaient pas d'avoir été à peu près dans la même position, il y a quelques années, et comme ils ne voulaient se ressentir que du mal présent, je leur ai dit qu'en frimaire an 10, c'est-à-dire deux mois après la récolte, on payait le pain de quatre livres dix-huit sous, et que cela a duré jusques et compris le mois de messidor; cependant il n'y avait pas eu, à cette époque, des armées aussi nombreuses à

nourrir ; que la mauvaise récolte et d'autres circonstances en avaient été cause ; qu'il fallait prendre le mal
en patience, comme on l'avait fait alors ; qu'au surplus,
ce n'était pas les gens qui pouvaient parer à cette dépense, en en supprimant une autre, qui devaient crier
comme les ouvriers après le prix du pain.

Dans les circonstances présentes, ne pourrait-on pas,
Sire, établir des boulangers qui seuls feraient du pain
de fantaisie, et par conséquent au prix du commerce ?
Le gouvernement ne fournirait alors à ces boulangers
aucun secours ; ceux qui voudraient de ce pain s'appro-
visionneraient chez eux et paieraient le prix déterminé
par la mercuriale du dernier marché, et affiché dans les
boutiques.

Je prie Votre Majesté de demander au ministre de l'intérieur et au préfet de police un travail sur cette idée
qui, ce me semble, doit diminuer le secours du gouvernement.

Les boulangers qui se chargeraient de faire ce commerce mettraient, en gros caractères, sur leurs boutiques : *Pain de fantaisie*. On pourrait en établir un
certain nombre tout de suite, dans différens quartiers de
Paris.

Il pourrait se faire alors que ce fût un luxe de se faire
fournir par ces boulangers ; cela diminuerait nécessairement la consommation chez les autres.

Je suis avec respect, etc.

H.

(Adressée à Dresde.)

30 mai 1812.

A S. M. L'EMPEREUR DES FRANÇAIS,

ROI D'ITALIE,

PROTECTEUR DE LA CONFÉDÉRATION DU RHIN,

MÉDIATEUR DE LA CONFÉDÉRATION SUISSE.

SIRE,

Depuis le départ de Votre Majesté, on est attentif à recueillir tout ce qui peut donner quelques éclaircissemens sur les événemens qui se préparent. On a parlé d'une proclamation, et chacun voulait la connaître; mais, comme elle n'a eu rien d'authentique, on l'a révoquée en doute, et elle est oubliée. Cependant, comme il faut que les nouvellistes fassent au moins des conjectures, ils disent qu'il doit paraître incessamment une déclaration des empereurs et rois, réunis à Dresde, sur la ferme résolution qu'ils ont prise de maintenir le système continental, contre l'Angleterre. Ils ajoutent qu'elle sera notifiée à l'empereur Alexandre, et que c'est d'après sa conduite qu'il y aura de grands événemens militaires.

Sire, on juge ici le prince régent d'un faible caractère et trop âgé pour avoir un vouloir à lui; s'il se voit forcé de changer son ministère, il sera bientôt entraîné à une vacillation dans son système, et Votre Majesté verra peut-être dans peu accomplir ses grands desseins.

Il paraît que les mesures prises par Votre Majesté ont eu d'heureux résultats : tout paraît tranquille.

Votre Majesté a destitué le greffier en chef de la cour impériale du département de la Seine, pour concussion dans ses fonctions. Celui du tribunal de première instance du même département a craint la même peine, et il vient de donner sa démission. On va demander à Votre Majesté de nommer à ces deux places. Si Votre Majesté daignait me permettre, j'aurais l'honneur de lui indiquer, pour remplacer le greffier en chef du tribunal de première instance, le sieur *Hedoin*, greffier à ce même tribunal, homme intelligent, actif et intègre, âgé d'environ 54 ans et qui mérite la confiance de Votre Majesté.

Il ne demandera pas cette place ; le grand juge ne pensera pas à lui ; mais, moi, Sire, qui suis étranger à toutes sortes de considérations pour les protecteurs des candidats, je dois dire à Votre Majesté ce que je crois utile pour le service public, et j'ose l'indiquer.

Je suis avec respect, etc.

H.

(Adressée à Varsovie.)

9 juillet 1812.

A S. M. L'EMPEREUR DES FRANÇAIS,

ROI D'ITALIE,

PROTECTEUR DE LA CONFÉDÉRATION DU RHIN,

MÉDIATEUR DE LA CONFÉDÉRATION SUISSE.

SIRE,

Les inquiétudes qu'avait conçues Votre Majesté sur les subsistances, sont maintenant dissipées ; la gêne qu'on éprouve encore ne peut durer long-temps, et déjà les environs de la capitale voient l'approche des moissons et se tranquillisent. Les rapports qu'on fait à Votre Majesté doivent être rassurans. Des distributions de pain dans les campagnes ont diminué, à cause des travaux que font faire les fermiers. Ainsi, on soulage déjà ceux qui ont fait des sacrifices, et dans une commune du département de la Seine, le maire m'a dit qu'il veillait à ce que les fermiers employassent des individus de la commune.

La présence de Sa Sainteté à Fontainebleau a fait peu de sensation. Cependant, quelques nouvellistes disent qu'il va se composer un conseil de cardinaux pris dans le nombre de ceux qui étaient au concile , et qu'alors les affaires de l'Eglise se termineront d'une manière satisfaisante , tant pour la France que pour l'Allemagne.

Je ne sais si on instruira Votre Majesté d'une difficulté qui vient de s'élever entre le préfet du département de la Seine , et le propriétaire de la maison dite Beaumarchais, boulevart Saint-Antoine. Cette maison a été expertisée contradictoirement entre les architectes de la préfecture et l'architecte du propriétaire, à 551,000 fr. Le travail s'est fait à la préfecture, et le préfet a signé le contrat.

Il paraît qu'on a instruit le ministre de l'intérieur de cette acquisition ; et, dans une entrevue qu'il a eue avec le préfet , il lui a dit : Monsieur le préfet , vous avez acheté une maison bien chère. Le préfet ne se souvenait pas de l'acquisition , et le ministre lui a rappelé la maison Beaumarchais. Alors le préfet a balbutié , et n'a su que répondre. Il avait, à ce qu'il paraît, signé tous les actes sans le savoir , et le chef de cette partie, en les lui faisant signer, ne l'en avait pas prévenu. Arrivé à la préfecture, il s'est fait représenter le travail, et quoiqu'il ait consommé l'acquisition par sa signature, il veut revenir sur l'expertise, et l'on porte, je crois, l'affaire au conseil-d'état, où il sera juge et partie.

Comment un préfet peut-il faire une acquisition de 551,000 fr. , et donner sa signature, sans se faire rendre compte des motifs qui ont déterminé l'estimation ? Comment un chef ne dit-il pas au préfet ce que contient , en substance, ce qu'il lui fait signer ? et comment un préfet peut-il revenir sur sa signature, sans avouer son défaut de prévoyance et sa négligence dans son administration ? Au surplus, on assure que la comptabilité de la préfecture du département de la Seine est dans un tel désordre, qu'on ne sait comment on s'en tirera. Le préfet, sans doute, espère qu'un accès de goutte l'en débarrassera, et que son successeur fera comme il pourra.

Je suis avec respect, etc.

H.

(165)

(Adressée à Wilna.)

26 juillet 1812.

A S. M. L'EMPEREUR DES FRANÇAIS,

ROI D'ITALIE,

PROTECTEUR DE LA CONFÉDÉRATION DU RHIN,

MÉDIATEUR DE LA CONFÉDÉRATION SUISSE.

Sire,

Les nouvelles de la grande armée arrivent toujours trop lentement suivant le désir des Français. Placés à plus de quatre cents lieues des événemens, nous sommes à Paris toujours inquiets. Votre Majesté est le sujet de nos sollicitudes, et lorsque nous recevons un bulletin qui nous annonce les événemens qui ont eu lieu, combien d'autres ont pu leur succéder pendant huit ou dix jours qui se sont écoulés. C'est toujours là, Sire, la fin de mos pensées.

On croit ici qu'il peut s'opérer une grande révolution en Russie, et que le peuple des campagnes peut vouloir secouer le régime féodal. Les grands seigneurs russes, que l'on assure avoir voulu la guerre, auront donc attiré sur eux cette révolution.

Votre Majesté vient de nommer liquidateur général de l'armée d'Espagne, le sieur Denié, ancien intendant général de l'armée d'Espagne, et pour lequel j'avais eu l'honneur d'écrire à Votre Majesté, le 30 septembre 1811. Si on présentait toujours à Votre Majesté des hommes d'une régularité dans les affaires aussi exemplaires que celui-là, elles seraient toujours au courant, et présentées d'une manière claire et précise. Je souhaite bien sincèrement que la santé de ce zélé serviteur ne soit pas un obstacle à ses travaux, afin qu'il justifie la confiance méritée qu'il a obtenue de Votre Majesté.

J'ai déjà eu l'honneur d'entretenir Votre Majesté sur les frais de perception qu'entraînent les droits-réunis. Ils sont tels qu'ils coûtent environ 3o ou 32 p. 1oo de la perception , somme énorme , puisqu'autrefois les droits d'aides n'allaient que de 12 à 14 p. 1oo. Il est vrai qu'on ne donnait des places qu'à ceux qui étaient utiles à la chose. Maintenant, on donne à M. Deparui une place de 3,ooo fr. , pour lui donner ce qu'on appelle une bague au doigt. Lui et tant d'autres parasites de l'administration des droits-réunis ne font autre chose que de donner une quittance au bout du mois , ou émarger un état pour recevoir des appointemens. Mais je dois prévenir Votre Majesté sur une combinaison qui peut-être se prépare. Une compagnie offrira de prendre à bail les droits-réunis; on déduira sur les cent soixante millions environ de produit, à peu près cinquante millions pour les frais de perception, et on dira qu'il n'y a qu'un revenu de cent dix millions ; ce sera d'après cette basse qu'on fera le traité; mais aussitôt qu'il sera conclu , on réduira les frais à 2o p. 1oo , et peu après à 15, de sorte qu'il y aura vingt ou vingt-cinq millions de bénéfice sur la chose même , dont la régie intéressée sera certaine de partager les bénéfices.

Avec moitié de commis qui sont dans les bureaux de l'administration de Paris , on pourrait faire le service ; mais ce sont les protégés de MM. tels ou tels qu'il a fallu placer ; et puis , il faudrait travailler : voilà ce qui ne se fait pas.

Je suis avec respect , etc.

H.

(Adressée à Witepsk.)

15 août 1812.

A S. M. L'EMPEREUR DES FRANÇAIS,

ROI D'ITALIE,

PROTECTEUR DE LA CONFÉDÉRATION DU RHIN,

MÉDIATEUR DE LA CONFÉDÉRATION SUISSE.

SIRE ,

L'éloignement de Votre Majesté ne peut et ne doit pas empêcher tout bon Français d'offrir à Votre Majesté les vœux qu'elle voudrait bien accueillir aujourd'hui dans son Palais des Tuileries. Ma pensée franchit l'espace et j'apporte mes vœux bien sincères au pied du trône de Votre Majesté, à son quartier-général à Witepsk.

Le peuple français, impatient, attend un événement. J'ai pensé que Votre Majesté le marquerait peut-être le 15 août, et que, pour célébrer dignement la fête de son monarque, la grande armée ferait un grand mouvement, et que ce serait une époque glorieuse dans la guerre présente.

Votre Majesté avait demandé cent élèves de l'École Polytechnique, à Paris, pour l'artillerie. Comme il n'y en a que cent-un, des représentations ont été faites au ministre de la guerre, qui a réduit provisoirement le nombre à quatre-vingt-dix. Ces bruits en avaient fait courir d'autres, et déjà on disait qu'on demandait le second ban. Si rien n'est absolument décidé, disent quelques nouvellistes, *avant le 15 septembre, alors les pluies, les mauvais chemins, les froids, etc....., réduiront la grande armée.* Le rétablissement du royaume de Pologne peut avoir lieu ; mais les Anglais n'auront pas moins leur allié Alexandre, et le système continental n'acquierra pas l'étendue que Votre Majesté veut lui donner.

Ces conjectures sont balancées par d'autres ; si la servitude est abolie dans quelques provinces russes, elle doit nécessairement influer sur la population serve, et on attend ici avec impatience cette révolution dans l'empire de Russie.

Je suis avec respect, etc.

Notes.

H.

(*Adressée à Smolensk.*)

10 septembre 1812.

A S. M. L'EMPEREUR DES FRANÇAIS,

ROI D'ITALIE,

PROTÉCTEUR DE LA CONFÉDÉRATION DU RHIN,

MÉDIATEUR DE LA CONFÉDÉRATION SUISSE.

SIRE,

Avant que les treizième et quatorzième bulletins arrivassent à Paris, il en circulait un verbal. On disait que Votre Majesté, dans une reconnaissance sur la position de l'ennemi, faite avec trois mille hommes, avait été enveloppée, et qu'heureusement une division était venue la dégager; que Votre Majesté était tombée à l'eau et avait été secourue par un grenadier; que le prince de Wagram avait été fait prisonnier, et, pour donner des preuves, on ajoutait que ses domestiques s'étaient déjà partagé son argenterie; que, dégagé, il était revenu à l'armée et qu'il en avait fait fusiller un. On ajoutait encore que l'armée avait des malades en très-grande quantité, et on indiquait la dyssenterie pour maladie et comme exerçant ses ravages; dix mille hommes, disait-on, de l'armée autrichienne, avaient été hachés par les Russes; on allait jusqu'à dire que Votre Majesté revenait.

Voilà, Sire, le bulletin fait à Paris sur ce qui se passe à cinq cents lieues.

Une petite commotion se fait sentir dans l'administration des droits-réunis; son chef suprême brise lui-même ce qu'il avait créé. Votre Majesté a nommé le sieur Dandignac administrateur, il y a quelques mois, sur la demande du conseiller-d'état, qui, depuis longues années, était content de son travail ; et voilà qu'il l'envoie en exil à Hambourg, partage la division du personnel, à la tête duquel il était, veut même qu'on s'occupe de nouveaux travaux déjà terminés. M. le comte avait déjà exercé sur le maître des requêtes Helwot, son pouvoir, et il paraît craindre celui des administrateurs ; aussi ne leur en laisse-t-il aucun. Dispensateur des grâces et des faveurs, il veut que tout se reporte à lui. Le fardeau devient cependant bien pesant.

Point de doute qu'avec un peu plus d'attention, on ne diminue les frais de perception, qui, comme j'ai eu l'honneur de le dire à Votre Majesté, coûtent plus de 30 à 32 pour cent. Votre Majesté a voulu établir une ruche, et il s'est glissé des frêlons.

Les frêlons cherchent à se glisser partout à la trésorerie ; ils se sont introduits sous la forme d'un médecin et d'un chirurgien, et l'on a proposé à Votre Majesté l'approbation d'une mesure qui paraît vouloir faire constater d'une manière régulière la maladie des employés au trésor, pour donner un traitement à un médecin et au sieur Levreau, chirurgien, pour qui elle a été prise ; c'est une récompense pour les soins qu'il a donnés à madame Mollien ; et comme le traitement qu'on lui alloue est pris sur la caisse des retraites, il s'ensuit que c'est l'expéditionnaire, à qui on fait une retenue sur ses appointemens, qui récompense le chirurgien de madame la comtesse.

Le cardinal Maury s'est fâché de ce qu'à Saint-Roch on a laissé quêter, il y a environ six semaines, une chanteuse de l'Opéra. Le curé, les marguilliers, ni le bedeau, ne la connaissaient pas ; elle rendait le pain à bénir, et s'est présentée très-décemment à l'église pour quêter, elle a fait une assez bonne quête : que veut-on de plus ? Est-ce que M. le cardinal veut excommunier les chanteuses de l'Opéra ? Il veut au moins qu'on chasse le bedeau qui a donné la main pour faire la quête. Le pauvre homme n'en peut mais ; il croyait avoir fait une bonne chose pour l'église, en présentant le chanteau à une nouvelle paroissienne ; il n'avait pas l'ordre de demander l'état de ceux qui rendent le pain à bénir.

On répand le bruit en ce moment que l'armée française n'est plus à Madrid ; le roi, dit-on, est à Vittoria ou à Valence. Dans quelques jours, on saura si c'est une nouvelle d'agioteur.

Je suis avec respect , etc.

H.

(Adressée à Moscou.)

1: octobre 1812.

A S. M. L'EMPEREUR DES FRANÇAIS,

ROI D'ITALIE,

PROTECTEUR DE LA CONFÉDÉRATION DU RHIN,

MÉDIATEUR DE LA CONFÉDÉRATION SUISSE.

SIRE ,

La bataille de la Moskowa a décidé du sort de Moscou ; mais on ne s'attendait pas que Votre Majesté trouverait cette ville dépeuplée et réduite en cendres. Cependant , voici les paroles du prince Dolgorouky, après la bataille d'Austerlitz, à Vienne, chez le roi de Naples, alors prince Murat : « On aurait dû brûler le pont de Vienne et » Vienne même, pour vous arrêter ; dans la même po- » sition, je ne balancerais pas à brûler St-Pétersbourg. »

Ce qu'a exécuté le gouverneur de Moscou, n'est, vrai- semblablement, que le plan arrêté dans le cabinet russe.

Votre Majesté a été obligée, dit-on, de quitter le Kremlin, à cause des feux qui se rallument dans la ville. On assure qu'elle va prendre son quartier d'hiver en Pologne, et ne reviendra pas en France. L'armée a besoin d'un chef suprême, pour qu'elle soit nourrie et logée et qu'elle soutienne son courage dans un climat aussi âpre que celui où elle est. Votre Majesté le sait, et nous ne pouvons nous dissimuler que la présence de Votre Majesté est impérieusement nécessaire. Sa Majesté l'Impératrice va, dit-on, aussi nous quitter, pour passer l'hiver à Varsovie. Le drapeau qui est toujours sur le palais des Tuileries, ne nous abuse pas, nous pensons toujours que Votre Majesté est à six cents lieues de la ville de Paris.

Plusieurs bruits circulent sans fondement : tantôt ce sont des cédules qu'on va faire souscrire aux propriétaires ; tantôt c'est un dixième des revenus qu'on va demander, et mille autres discours. Les gens un peu instruits, répondent : Lorsqu'un gouvernement a environ 1,100 millions de recettes dans l'année, et qu'il a dans les coffres du trésor quatre ou cinq cents millions lorsqu'il commence l'année, il fait face à beaucoup de dépenses, surtout si elles sont bien administrées.

Le blé sera encore cher cette année, en France ; la gerbe fournit peu ; mais la farine est bonne et rend lors de la fabrication du pain. Votre Majesté voudra bien éviter, autant que possible, les grands achats dans son empire. Il y a eu beaucoup de blé de versé.

Une partie des revenus de l'Hôtel des Invalides est en souffrance, on en ignore la cause. Votre Majesté est priée de demander au ministre des finances ou du trésor public pourquoi le décret du 25 mars 1811, qui veut que les communes paient le centime pour franc de leurs revenus, à compter du 1er janvier 1811, n'est pas encore en activité dans tout l'empire, et pourquoi, dans le mois de septembre 1812, entend-on des receveurs des droits-réunis, nommés pour faire cette recette, dire : Nous ne recevons pas, parce que nous n'avons pas d'ordre. Cette recette est pourtant très-nécessaire, elle doit soulager le trésor.

Je suis avec respect, etc.

H.

(Adressée à Moscou.)

24 octobre 1812.

A S. M. L'EMPEREUR DES FRANÇAIS,

ROI D'ITALIE,

PROTECTEUR DE LA CONFÉDÉRATION DU RHIN,

MÉDIATEUR DE LA CONFÉDÉRATION SUISSE.

Sire,

Le compte qui va être rendu à Votre Majesté sur les événemens qui se sont passés dans la matinée du 23 octobre, à Paris, vous paraîtra, Sire, extraordinaire, en raison des petits moyens qu'avaient les malveillans, et l'entreprise hardie d'arrêter le ministre de la police générale, le préfet de police et le commandant de la place. Ce dernier, blessé, a su mieux ce qu'il devait à son prince et à lui-même que les deux autres, en n'obtempérant pas à des ordres qu'il n'a pas eu la faiblesse de croire.

L'arrestation du duc de Rovigo est une chose inexplicable ; se laisser conduire à la Force dans un cabriolet de place, jusqu'à la place Beaudoyer, et de-là, à pied, jusqu'à la Force, est une soumission aveugle dont le général Savary ne devait pas donner l'exemple. Le préfet de police, conduit également à la Force, a obéi ; le valet de chambre seul a montré de l'énergie, en ne voulant pas laisser partir son maître. Il a reçu dans les jambes deux coups de baïonnette.

Ces hommes si timides, si complaisans à quitter leurs places, lors même que l'accident qu'on disait être arrivé l'eût été, abandonnaient donc le roi de Rome et Sa Majesté l'Impératrice, et laissaient s'écrouler l'édifice que Votre Majesté a créé, sans faire tous leurs efforts pour le soutenir.

L'adjudant-général Doucet paraît avoir contribué à démasquer et arrêter les coupables, et j'ai vu le sieur Laborde, attaché au préfet de police, donner des ordres avec beaucoup d'activité , pour calmer les citoyens. Le peuple ne prenait aucune part au désordre , et ces mouvemens n'ont eu lieu qu'entre quelques militaires.

Si le préfet de la Seine n'a pas été arrêté, en voici la raison , Sire : il avait couché à Nogent , à sa maison de campagne , et il n'est revenu à Paris, que lorsque les meneurs ont été arrêtés. Un fonctionnaire public devrait se faire une loi de ne jamais découcher pendant l'absence de Votre Majesté. La transgression à cette loi a cependant merveilleusement servi le préfet de la Seine.

Ah ! Sire , Votre Majesté sait combien de fois j'ai manifesté mes craintes de la voir éloignée de son empire. Comment les surveillans que Votre Majesté laisse , sommeillent-ils ? Ils ne savent donc pas que les méchans ne dorment pas.

Je suis avec respect , etc.

H.

————————

(Adressée à Smolensk.)

11 novembre 1812.

A S. M. L'EMPEREUR DES FRANÇAIS,

ROI D'ITALIE,

PROTECTEUR DE LA CONFÉDÉRATION DU RHIN,

MÉDIATEUR DE LA CONFÉDÉRATION SUISSE.

SIRE ,

Votre Majesté connaît les événemens du 23 du mois dernier ; elle aura été surprise de la conduite du ministre de la police, du préfet et de quelques autres fonctionnaires publics sur lesquels elle s'est reposée pour veiller à la tranquillité de l'empire. Ces hommes se sont endormis sur leurs jouissances, tandis qu'ils devaient redoubler d'activité ; vous penserez peut-être, Sire, que leur place les a usés et qu'il faut les renouveler. Les hommes qui doivent avoir une surveillance continuelle ont besoin de se succéder; ce sont des sentinelles avancées qu'il ne faut pas laisser engourdir.

La magie de la considération qui tient à ces places se trouve sans aucun pouvoir, et Votre Majesté verra la nécessité de régénérer cette partie de l'administration.

Quelques personnes penchaient pour que l'exécution des coupables n'eût lieu qu'après la réponse de Votre Majesté, parce que, disaient-elles, cette commission, en condamnant et en faisant exécuter de suite, s'empare de tous les pouvoirs, et la prérogative de faire grâce, attachée à Votre Majesté, se trouve enlevée par la commission; le conseil des ministres en a jugé vraisemblablement autrement.

Les assemblées cantonnales ont eu lieu dans le département de la Seine; si elles n'ont pas été plus nombreuses, cela provient des listes mal faites envoyées par le préfet du département. Ces listes avaient été copiées sur celles qui existaient il y a six ou sept ans ; on n'avait pas même fait les corrections que des secrétaires des municipalités avaient indiquées, et il semble qu'on ne voulait pas qu'elles pussent avoir lieu. La moitié des personnes portées sur ces listes étaient ou mortes, ou déménagées ; aucun numéro n'indiquait le domicile, quoiqu'il y ait plus de quatre ans que les maisons de Paris sont numérotées ; on peut, sur cela, interroger chaque président. Il n'y a qu'une voix sur le chef de la préfecture, le sieur Reglé ; il n'aurait fait aucun effort de travail, et le préfet lui aura dit : Je m'en rapporte à vous, je vais coucher à Nogent ; comme il y avait couché la nuit du 22 au 23 octobre. Ne serait-ce pas aussi un de ces fonctionnaires que leur place a usés ? Je prie Votre Majesté de s'en faire rendre compte.

Dans le vingt-cinquième bulletin de la grande armée, on voit que le général Sébastiani a laissé enlever par l'ennemi cent voitures de bagages. Il me semble que déjà plusieurs fois, dans cette campagne, Votre Majesté a eu à s'en plaindre : c'est encore, je crois, un homme usé,

J'aurai l'honneur de vous proposer, Sire, pour lui redonner du ton, de retenir la dotation que Votre Majesté
lui a faite, et de faire vendre son hôtel, à Paris, jusqu'à
due concurrence de ce que valent les cent voitures de
bagages. Quand on perd des bagages en les défendant,
c'est un malheur, mais au moins on a fait ce qu'on pouvait pour ne pas les perdre ; mais quand on les laisse
prendre sans coup férir, c'est imprévoyance, négligence,
pour ne pas dire rien de plus : on doit donc en être
puni. Ce qu'a gagné à la guerre le général Sébastiani,
doit payer ce qu'il perd ; sans cela, Votre Majesté pensera que le peuple français paierait tout et n'aurait aucune chance pour lui.

    Je suis avec respect, etc.

H.

29 novembre 1812.

A S. M. L'EMPEREUR DES FRANÇAIS,

ROI D'ITALIE,

PROTECTEUR DE LA CONFÉDÉRATION DU RHIN,

MÉDIATEUR DE LA CONFÉDÉRATION SUISSE.

SIRE,

    C'est une chose étrange d'entendre les nouvellistes dis-
serter sur la réponse qu'a faite Votre Majesté (qu'ils ne connaissaient peut-être pas), le 7 de ce mois, à la nouvelle
qu'elle avait reçue le 6, de l'affaire du 23 octobre.

    C'est une affaire de caserne, a dit Votre Majesté,
disent les uns, et le tour de Force qu'a fait le duc, a fait
rire, dit-on, Votre Majesté ; point du tout, disent les
autres, M. de Nauzouty vient d'être nommé gouverneur
de Paris ; le commandant Hullin sera remplacé, etc. Les
gens calmes et modérés disent : Sa Majesté se réserve les
changemens importans à faire à son retour.

C'est le moment où chaque ministère s'occupe de la formation de son budget , ainsi que chaque administration , pour 1813. L'administration des droits-réunis se trouve dans ce moment très-embarrassée ; son directeur-général a promis à Votre Majesté de faire verser une somme de..... au trésor public. En 1811 , la recette n'ayant pas répondu à la promesse , on a voulu cacher cela à Votre Majesté, et on a rejeté les dépenses de 1811 sur l'exercice 1812 ; même embarras pour 1812 ; seulement le mal a empiré , parce que la recette ne pouvant couvrir et la dépense arriérée de 1811 et la dépense de 1812 , avec la somme promise au trésor , il faut encore rejeter des dépenses sur 1813. Cachera-t-on le mal à Votre Majesté , ou , ce qui est la même chose , la trompera-t-on encore sur les revenus qui ne sont pas réels ? La recette de trois ou quatre mois de l'an 1813 , ne paierait peut-être pas les dépenses arriérées ; ainsi on grossit le déficit , sans que Votre Majesté s'en doute. Il serait plus franc de dire à Votre Majesté : Les dépenses faites des droits-réunis n'ont laissé de libre que la somme de
Alors Votre Majesté demanderait des moyens d'augmentation de revenus , si on ne pouvait pas faire des économies sur les dépenses. Mais cela est trop simple , et l'on n'aurait pas le ton d'un grand financier, qui, avec de petits moyens , sait procurer un gros revenu au trésor public.

On parle de grands plans de finances qui seront présentés au corps législatif. Il faut attendre.

On ne sait pas pourquoi déjà, dans les bureaux de la préfecture du département de la Seine, on parle , pour le mois de mars, de la conscription de 1814 ; à peine les opérations de l'année 1813 sont-elles finies. On veut jeter de l'inquiétude dans quelques familles sans aucun motif ; les indiscrétions des chefs sont souvent cause de ces bruits.

Je suis avec respect, etc.

H.

(Adressée à Wilna.)

12 décembre 1812.

A S. M. L'EMPEREUR DES FRANÇAIS,

ROI D'ITALIE,

PROTECTEUR DE LA CONFÉDÉRATION DU RHIN,

MÉDIATEUR DE LA CONFÉDÉRATION SUISSE.

SIRE,

A cinq cents lieues de sa capitale, Votre Majesté ne connaît pas les nouvelles de la bourse de Paris. Je vais avoir l'honneur de les lui mettre sous les yeux.

L'empereur d'Autriche veut faire sa paix avec la Russie.

Un corps de vingt mille hommes de la grande armée a été coupé et a dû éprouver un grand échec.

Les Cosaques doivent tellement inquiéter, pendant cet hiver, l'armée, qu'ils lui feront éprouver de grandes pertes par les fatigues et par le froid, et si, dès le 20 septembre, près de Smolensk, un blessé a payé un pain de trois livres douze francs, et un verre d'eau-de-vie, pour bassiner sa plaie, six francs, que sera-ce donc cet hiver ? On ajoute même que Votre Majesté a été prise au dépourvu sur les subsistances, et qu'elle a été obligée d'envoyer chercher chez le ministre-d'état Daru quelques œufs que ce dernier conservait pour lui.

Ainsi, en mêlant quelques nouvelles vraies à d'autres supposées, on jette l'alarme, on joue à la baisse, et l'agiotage trouve un aliment. Quand, après un laps de temps, elles n'ont pas été confirmées, alors on les oublie et chacun veut replacer son argent ; mais les 5 pour 100 sont alors en hausse, et c'est tout ce que veulent les joueurs ; après avoir débité les plus tristes nouvelles, ils en ont de meilleures, et s'ils peuvent, en quinze ou vingt jours, gagner 5 ou 6 pour 100, ce sont les meilleures nouvelles qu'ils ont pu imaginer.

Les dépenses vont, sans doute, être considérables ; point

de contributions sur l'ennemi ; ainsi, tout sortira des coffres du gouvernement. C'est donc la plus grande économie que les ministres doivent mettre dans l'emploi des fonds. Ils doivent supprimer dans les budgets tout ce qui tendrait à la prodigalité. Les traitemens de plusieurs fonctionnaires publics ne seraient peut-être pas trop forts, s'ils les reversaient en circulation ; mais ils thésaurisent, ils accumulent ; de-là la stagnation du numéraire. Tel sénateur qui, avec son traitement et sa sénatorerie, reçoit près de soixante mille francs, n'en dépense pas vingt mille ; les ministres ne tiennent pas un état de maison conforme au traitement que leur fait Votre Majesté. Le ministre des finances paraît avoir retranché de ses jours de réception. Si la plupart de ces hommes d'état avaient l'esprit public, ils sentiraient que c'est dans un moment difficile qu'ils devraient remettre dans le commerce l'argent qu'ils reçoivent, et l'aider de tous leurs moyens ; mais l'esprit d'égoïsme prend le dessus.

On croit que le corps législatif va être convoqué ; on s'attend à quelques opérations de finances.

On aurait été flatté si, à l'audience de dimanche 6 décembre, Sa Majesté l'Impératrice avait donné des nouvelles de Votre Majesté ; on assure qu'elle en avait reçu le 5. Son silence a consterné les personnes attachées à Votre Majesté et qui sont toujours inquiètes des chances que court Votre Majesté, à plus de cinq cents lieues de sa capitale.

La présence de Votre Majesté serait nécessaire à Paris ; elle l'est essentiellement à l'armée : c'est cette anxiété qui trouble les amis du gouvernement et qui excite la malveillance.

Je suis, etc.

H.

(Adressée aux Tuileries.)

30 janvier 1813.

A S. M. L'EMPEREUR DES FRANÇAIS,

ROI D'ITALIE,

PROTECTEUR DE LA CONFÉDÉRATION DU RHIN,

MÉDIATEUR DE LA CONFÉDÉRATION SUISSE.

SIRE,

Ce que Votre Majesté a fait insérer dans le *Moniteur* du 27 de ce mois , sur la grande armée, a fixé les amis du gouvernement sur sa position. Les bruits étaient que le maréchal Macdonald avait été tué, le maréchal de Bellune tué , le maréchal Davoust attaqué d'une maladie au cerveau , le prince de Wagram obligé de fuir , le roi de Naples retourné dans ses états , le reste de l'armée française sur le Rhin , l'indiscipline à son comble. Ainsi, par cette note , tout paraît être rétabli dans sa véritable situation.

Malgré les élans que vous voyez , Sire , de toutes parts , je dois déchirer le voile qu'on cherche à mettre entre Votre Majesté et le peuple. Je serais coupable envers elle, si je me taisais plus long-temps. Le tableau, que font ceux qui sont échappés, de cette dernière campagne est effrayant. Les pères craignent pour leurs enfans; les enfans n'obéissent qu'à la loi ; quelques-uns même , dit-on, s'y refusent : c'est un grand malheur. On doit tout dire à Votre Majesté , afin qu'elle cherche un remède au mal.

Dans ma lettre adressée au Premier Consul , le 9 fructidor an 11 , que Votre Majesté peut se faire représenter, elle y verra l'histoire de Polénano , qui est celle de tous les temps , dans les mêmes circonstances. Dans ma lettre du 15 août 1812, que j'avais l'honneur d'adresser à Votre Majesté , à Witepsck , je rappelais les mauvais temps , le froid , et le désir qu'on avait de voir Votre Majesté se concentrer dans la Pologne , vers le 15 septembre. J'ignore si on met toujours mes lettres sous les yeux de

Votre Majesté ; il se pourrait qu'on ne le fît pas , parce que mes tableaux ne sont pas toujours rians ; mais j'ai promis franchise et loyauté à Votre Majesté, et j'ai rempli mon devoir.

Au lieu de ces taxes arbitraires, envoyées par les maires aux contribuables cotés à une contribution personnelle de trente francs, Votre Majesté ne pensera-t-elle pas qu'il vaudrait mieux une addition aux centimes imposés , et qu'une loi les réglât ; car il y a des gens qui se refusent à payer sur l'invitation du préfet. Que fera-t-on ? On aura compromis le maire et le préfet ; ni l'un ni l'autre n'ont le droit de faire poursuivre la rentrée de la somme qu'ils imposent ; s'ils le prenaient , ce serait un abus d'autorité , et une concussion que Votre Majesté ferait punir.

Sur les réquisitions de chevaux , Votre Majesté doit savoir comment cela se fait. Un sieur Périer, demeurant, je crois , place Vendôme , est requis par M. Cordier , maire , de donner un cheval ; il en avait quatre : il veut qu'on les conduise à l'école militaire , pour en laisser le choix d'un. Que fait-on, Sire ? on les garde tous les quatre. Est-ce votre intention qu'on traite ainsi les particuliers ? M. Pio , maire, qui était présent, n'a pu empêcher ce coup d'autorité.

Sire, les amis du gouvernement sont ceux qui cherchent à le faire aimer par les formes qu'ils emploient pour exercer ce que la loi exige. Les autres y mettent toute l'âpreté et la rudesse qui peuvent le faire haïr ; aussi y a-t-il d'anciens perturbateurs qui disent : Il faut laisser aller le gouvernement avec ses mesures violentes ; cela fait des mécontens. Jugez, Sire , ce que c'est quand il les excite.

Les vrais amis du gouvernement ont toujours confiance aux grandes conceptions de son chef. Ils pensent que Votre Majesté ne laissera échapper aucun moyen pour ramener la paix et la tranquillité dans un pays aussi fertile que la France, où quelques années de paix auront bientôt tout réparé , ainsi qu'elle vient de le faire pour l'Eglise.

Je suis , etc.

H.

22 février 1813.

A S. M. L'EMPEREUR DES FRANÇAIS,

ROI D'ITALIE,

PROTECTEUR DE LA CONFÉDÉRATION DU RHIN,

MÉDIATEUR DE LA CONFÉDÉRATION SUISSE.

SIRE,

Le maréchal que Votre Majesté a nommé, dit-on, prince de la Moskowa, excite bien des rivalités ; les divers chefs de l'armée qui ont éprouvé des pertes, des fatigues dans cette dernière campagne, et qui ont cru, en faisant tout ce qu'ils pouvaient, faire leur devoir, éprouvent un sentiment pénible lorsqu'ils voient un seul homme comblé d'honneurs et de récompenses.

Les rivalités entre les généraux, sous l'ancienne dynastie, ont été quelquefois funestes aux armées françaises ; mais il faut espérer que Votre Majesté préviendra les conséquences qui pourraient résulter de cet esprit de mécontentement qui paraît circuler sourdement.

On aura sans doute rendu compte à Votre Majesté de l'esprit qui anime les cohortes qui marchent à la grande armée : elles paraissent avoir, pour la plupart, le désir de n'aller que jusqu'aux frontières. Cet esprit, qu'elles ont pris lors de leur formation, paraît vouloir se maintenir et même se justifier. Ce sont de ces choses que Votre Majesté doit savoir, afin de prévenir l'insubordination qui pourrait se manifester, et qui serait très-dangereuse aux plans de campagne faits par Votre Majesté.

Les nouvelles, depuis quelques jours, annoncent que Varsovie est au pouvoir des Russes, qu'une partie de la Prusse se trouve séparée, et que le général d'Yorck fait des recrues. On craint que, par suite, la confédération du Rhin ne change de système, et, comme je ne dois rien cacher à Votre Majesté, malgré l'élan que la nation française paraît mettre dans cette circonstance, on pourrait craindre un découragement, si ceux qui ont confiance dans Votre Majesté n'espéraient de grandes ressources.

Les suppléans des deux dernières conscriptions ont mis leur remplacement à un très-haut prix, et comme ils ne doivent toucher la somme convenue qu'après deux années révolues, il est à croire qu'ils feront de très-mauvais soldats, parce qu'ils voudront conserver l'espoir de jouir de la somme pour laquelle ils se sont vendus : je crois que Votre Majesté doit faire surveiller ces hommes dans les corps.

On assure que Votre Majesté va partir pour Mayence ; mes vœux l'accompagneront, et mes désirs sont que les peines et soins que prend Votre Majesté puissent amener des paroles de paix, paroles que des millions d'hommes attendent.

Je suis, etc.

H.

(*Adressée à Trianon.*)

18 mars 1813.

A. S. M. L'EMPEREUR DES FRANÇAIS,

ROI D'ITALIE,

PROTECTEUR DE LA CONFÉDÉRATION DU RHIN,

MÉDIATEUR DE LA CONFÉDÉRATION SUISSE.

SIRE,

Depuis que Votre Majesté ne fait point donner des nouvelles des armées, voici celles qui circulent, et je la prie de me permettre de les lui faire connaître :

1° Dantzik est au pouvoir des Russes ;

2° Hambourg est au pouvoir des Danois et des Suédois, s'il n'est pas au pouvoir des Russes ;

3° Le vice-roi a quitté l'armée, comme avait fait le roi de Naples ;

4° Le maréchal Augereau est disgrâcié, pour avoir dit à Votre Majesté qu'il fallait faire la paix ;

5° L'indiscipline de l'armée continue et se propage, ce qui fait que cette désorganisation empêche tout mouvement défensif ;

6° Berlin est au pouvoir de l'ennemi ;

7° L'armée d'Espagne épuise la nation sans aucun espoir de pacification.

Voilà pour les armées.

Quant au civil, le ministre de l'intérieur, dit-on, fait place au comte Molé ; plusieurs préfets sont appelés au conseil-d'état, quelques-uns à d'autres fonctions, et un travail est proposé et même approuvé par Votre Majesté pour le remplacement d'environ dix-huit ou vingt préfets.

Votre Majesté verra qu'il n'y a pas aridité de nouvelles ; elle trouvera seulement qu'il y en a quelques-unes d'un peu sombres ; mais je manquerais à mon devoir envers Votre Majesté, si je les lui cachais.

Depuis quelques mois, la mendicité a fait des progrès dans la capitale, et les décrets impériaux sur la mendicité n'ont aucune influence dans ce moment à Paris. Ce relâchement de l'autorité est-il nécessaire, et croit-on qu'il faille laisser exercer la mendicité ? C'est ce que Votre Majesté demandera sans doute au préfet de police.

Je suis avec respect, etc.

Notes.   H.

10 mars 1813.

A S. M. L'EMPEREUR DES FRANÇAIS,

ROI D'ITALIE,

PROTECTEUR DE LA CONFÉDÉRATION DU RHIN,

MÉDIATEUR DE LA CONFÉDÉRATION SUISSE.

Sire,

Oui, on sait à Paris que Votre Majesté a fait une chute; on aurait désiré avoir un bulletin. On espère que cette chute n'est pas dangereuse ; cependant on craint, et c'est pour cela que je prie Votre Majesté de donner des ordres pour qu'on fasse connaître aux Français l'état de sa santé.

Sa Majesté l'Impératrice en a été vivement affectée, on ajoute même que les suites en ont été funestes à son état. Vive Dieu ! Sire, pourquoi exposer votre vie, aurait dû s'écrier un Sully, si Votre Majesté en avait eu un à côté d'elle ?

On prétend que tout ce qui entoure Votre Majesté veut la guerre, et qu'elle seule veut enfin terminer cette lutte que la nation française soutient depuis plus de vingt ans. Il paraît que Votre Majesté connaît l'esprit des Français et qu'elle sait qu'ils ont besoin de repos. Un désir général se manifeste dans tout l'empire, et ce désir, Sire, s'il passe les bornes, ferait craindre une résistance qui pourrait devenir funeste aux armes françaises. Ainsi Votre Majesté prévoit le danger qu'il y aurait à tendre trop la corde de l'arc : l'histoire du berger Polénano ne doit pas s'oublier.

Je suis avec, etc.

H.

31 mars 1813.

A S. M. L'EMPEREUR DES FRANÇAIS,

ROI D'ITALIE,

PROTECTEUR DE LA CONFÉDÉRATION DU RHIN,

MÉDIATEUR DE LA CONFÉDÉRATION SUISSE.

SIRE,

Tant que les gens sont en place, Votre Majesté sait qu'on craint leur pouvoir, on n'ose pas se plaindre de leurs vexations ; mais aussitôt qu'ils ont perdu la faveur du prince, cent bouches crient et les voix s'élèvent contre eux.

Le ci-devant préfet du Haut-Rhin, appelé à d'autres fonctions, et qu'une liste à la main mettait au rang de ceux qui ne doivent point avoir de retraite, paraît mériter sa destitution par plus d'un motif. Le commerce se plaint à Colmar et dans son département, qu'il faisait trafic de son pouvoir ; on ajoute que, si on voulait interroger les commerçans, on apprendrait avec surprise la quantité d'argent qu'il a tiré d'eux, et l'on assure que Votre Majesté ferait alors sur lui une punition exemplaire.

Le cardinal nommé archevêque de Paris avait fait don d'un cheval, Votre Majesté a pu croire que ce don, annoncé dans les journaux, était une offrande faite à la patrie, je dois la dissuader à ce sujet. Le cardinal a pris un mandat de mille francs, montant de l'estimation du cheval, et en le recevant, il a dit : Je ne perds que cent francs. Voilà un cardinal qui donne seulement le denier de la veuve, et l'on peut lui rappeler ce qui est dit dans l'évangile, *qu'il est plus difficile qu'un riche entre dans le royaume des cieux, qu'un chameau passe par le trou d'une aiguille.*

Je supplie Votre Majesté de ne rien précipiter dans le commencement de cette campagne. Elle désire que toutes ses troupes soient parties le 15 du mois prochain. Qu'elle se fasse rendre un compte exact du matériel de quelques corps; elle saura que quelques-uns ne peuvent être habillés ni équipés pour ce temps, et que les recrues pour la cavalerie sont encore bien novices. Il ne faut pas que les chefs de corps abusent Votre Majesté sur la véritable situation d'une grande partie des régimens, et que, d'un autre côté, ils sentent n'être pas en mesure pour tenir la campagne.

Je suis avec respect, etc.

Notes.

H.

(*Adressée à Mayence.*)

25 avril 1813.

A S. M. L'EMPEREUR DES FRANÇAIS,

ROI D'ITALIE,

PROTECTEUR DE LA CONFÉDÉRATION DU RHIN,

MÉDIATEUR DE LA CONFÉDÉRATION SUISSE.

SIRE,

Depuis long-temps on sait à Paris que le vice-roi a changé son quartier-général; on dit, de plus, que Votre Majesté a fait assembler un conseil de maréchaux et de généraux, pour recueillir les avis sur le plan d'attaque; que tous, à l'exception d'un (*), ont opiné pour que l'armée se tînt sur la défensive.

Beaucoup de régimens ont de jeunes officiers; des milliers de jeunes troupes qui ne sont pas encore habituées à tenir la campagne, leur font craindre de manquer le premier coup. Il ne faut pas cacher à Votre Majesté que tout dépend du premier combat qu'on livrera à l'ennemi; s'il réussit, les troupes prendront confiance dans

(*) On nomme le maréchal Ney.

leur force ; si, au contraire, le combat laisse à l'ennemi la supériorité, les événemens les plus sinistres peuvent en être la suite.....

Les nouvelles de la bourse, il y a quelques jours, étaient que la Saxe s'unissait à la Prusse, et que l'Autriche voulait rester neutre..... Effectivement, on ne voit pas qu'elle fasse de grands mouvemens pour entrer en Silésie. On assure que, dans le conseil de l'empereur d'Autriche, on voulait se déclarer contre la France.

Si ces bruits sont sans fondement, Votre Majesté doit toujours les connaître, parce qu'ils annoncent que l'Autriche n'est pas encore bien prononcée.

On ajoute que les puissances du Nord veulent se rendre médiatrices entre la France et l'Angleterre, et que c'est pour cela que les unes arment, et les autres veulent rester neutres.

Des conscrits en grand nombre sont en marche de toutes parts ; mais Votre Majesté sait que ce sont des hommes neufs, qui ne sont pas encore, pour la plupart, habillés. Ils ne peuvent faire de bons soldats que l'année prochaine.

Si la Prusse n'a plus à craindre l'Autriche, alors elle portera toutes ses armes contre la France, et la guerre en Prusse sera peut-être comme celle d'Espagne.

L'inquiétude est dans tous les esprits ; on attend avec une impatience incroyable les nouvelles. La confiance ne se soutient que parce qu'on connaît les ressources que Votre Majesté a dans son génie. On sait que si des ouvertures de paix raisonnables étaient faites à Votre Majesté, elle les écouterait, et alors que de bénédictions Votre Majesté recueillerait du peuple français !

Il n'y a que moi, Sire, qui ose écrire toutes ces choses à Votre Majesté.

Je suis avec, etc.

II.

(Adressée à Dresde.)

25 mai 1813.

A S. M. L'EMPEREUR DES FRANÇAIS,

ROI D'ITALIE,

PROTECTEUR DE LA CONFÉDÉRATION DU RHIN,

MÉDIATEUR DE LA CONFÉDÉRATION SUISSE.

SIRE ,

La bataille de Lutzen a rendu à l'armée la confiance de ses forces ; elle a exécuté les ordres de Votre Majesté et rempli son attente. Mais la cour de Vienne paraît toujours inquiéter les politiques : ils disaient, il y a quelque temps, sous l'arbre de Cracovie, que le vice-roi n'était retourné en Italie que pour s'opposer à l'Autriche, qui menaçait d'entrer dans le Milanais avec quatre-vingt mille hommes ; d'autres ajoutaient qu'elle avait signifié qu'elle voulait être médiatrice, et qu'elle appuyait ses propositions avec deux cent mille hommes.

Les nouvelles de la situation des armées au 18 mai, insérées dans le *Moniteur* du 24, donnent quelque espoir sur la proposition d'un congrès à Prague.

Que les plénipotentiaires français n'y viennent pas avec cet esprit de prévention contre l'Angleterre, et qu'avant de l'entendre, ils ne disent pas qu'il est douteux qu'elle se relâche de ses prétentions ; car c'est ainsi qu'on rejette toutes les propositions, sans vouloir les discuter et les approfondir. On croirait alors que les plénipotentiaires français n'ont pas cet esprit de modération et de conciliation qu'ils doivent apporter. Sire, après avoir été le conquérant du continent, soyez-en le pacificateur ; que les peuples, tranquilles au sein de la paix, jouissent long-temps de votre paternelle administration.

Quand on voit sur le champ de bataille vingt ou vingt-cinq mille hommes qui ont cessé de vivre en vingt-quatre heures, et qu'on pense qu'il a fallu douze ou quinze années de soins, de peines et d'attentions pour chaque individu, que de réflexions ne doit-on pas faire ! Votre Majesté les a faites, et c'est pour cela qu'elle a dit : Je veux faire cesser l'effusion du sang humain. Heureux les peuples dont le souverain n'a pour but , dans la guerre, que de procurer une paix solide et longue, et qui n'en laisse pas échapper les occasions !

Je suis avec, etc.

H.

——————

(*Adressée à Bautzlau , quartier-général , Prusse.*)

4 juin 1813.

A S. M. L'EMPEREUR DES FRANÇAIS ,

ROI D'ITALIE ,

PROTECTEUR DE LA CONFÉDÉRATION DU RHIN,

MÉDIATEUR DE LA CONFÉDÉRATION SUISSE.

SIRE ,

Les batailles de Lutzen et de Wurtchen , à quelques jours de distance et à quelques lieues l'une de l'autre , laissent craindre que les ennemis ne disputent ainsi le terrain toutes les douze ou quinze lieues. On croit généralement ici que Votre Majesté sera encore obligée de livrer une bataille avant d'entrer à Berlin.

Qu'ils sont coupables , ceux qui se refusent à la réunion du congrès proposé par Votre Majesté ! Déjà deux batailles ont mis hors de combat environ soixante mille hommes d'un et d'autre côté, et la campagne ne fait que commencer , et une troisième bataille ajoutera encore aux pertes déjà faites.

Votre Majesté Impériale et Royale a senti vivement la perte qu'elle a faite du grand-maréchal du palais ; elle a été témoin de ses souffrances pendant plus de 20 heures.

Combien Votre Majesté a pu dire : *Je l'ai présenté tou-*
jours avec avantage à mes amis et à mes ennemis ! Sire,
quand un monarque perd un ami et un militaire comme
était, pour Votre Majesté, le duc de Frioul, il est difficile
qu'elle puisse le remplacer, ou plutôt il faut que Votre
Majesté sache qu'il ne l'est jamais. Cependant il paraît,
d'après les renseignemens que j'ai obtenus, qu'elle pourrait jeter les yeux sur le *général Bertrand*, et qu'il ren-
drait quelques services à Votre Majesté. Je ne fais que
l'indiquer ; Votre Majesté le jugera plus sévèrement, d'a-
près les ordres qu'elle lui fera exécuter, suivant la manière dont il se conduira.

Je ne sais pas si on a dit à Votre Majesté qu'il paraissait
y avoir eu un moment de gêne au trésor public. Les fonds
pour les traitemens, qui devaient être faits mardi 1ᵉʳ juin,
ne l'ont pas été, et l'on a remis à quelques jours. Cette
ponctualité à laquelle Votre Majesté a accoutumé le trésor
s'est trouvée en défaut ; mais il faut espérer que cela ne
sera pas de longue durée.

Les annuités se font à 12 ou 12 et demi de perte ; le
cours ne se cote pas. Je pense qu'on en instruit, malgré
cela, Votre Majesté ; ne pourrait-elle pas demander au
ministre du trésor pourquoi cet effet perd autant, et
quelles sont les craintes qu'on a à ce sujet, tandis que
les 5 pour 100 consolidés ne donnent que 7 ou 7 et demi ?

Sire, éloigné de votre capitale, tous les bons Français
désirent que Votre Majesté termine promptement et glorieusement cette campagne, afin qu'ils puissent offrir, le
15 août prochain, à Votre Majesté, dans son palais des
Tuileries, les vœux pour la conservation des précieux
jours de Votre Majesté et de son auguste famille.

Je suis avec respect, etc.

H.

Notes.

(Adressée à Dresde.)

20 juillet 1813.

A S. M. L'EMPEREUR DES FRANÇAIS,

ROI D'ITALIE,

PROTECTEUR DE LA CONFÉDÉRATION DU RHIN,

MÉDIATEUR DE LA CONFÉDÉRATION SUISSE.

SIRE,

Les affaires d'Espagne contrarient celles du nord ; elles ont pris une tournure à laquelle on ne devait pas s'attendre. J'ai remarqué que les officiers qui revenaient de l'armée du midi, n'avaient pas une grande confiance dans les talens militaires du chef du gouvernement espagnol ; qu'ils le croyaient plus occupé de ses plaisirs que de toute autre chose, et que c'est à cela qu'ils assignaient la cause des derniers événemens qui n'ont pas été prévus.

Il faut que Votre Majesté sache qu'elle seule sait régner, et que les autres gouvernans qu'elle a élevés, ne s'occupent qu'à jouir de la bonne fortune qui les a placés si haut. Ils ne veulent pas avoir les soucis du trône et laissent à Votre Majesté le soin de le leur conserver.

On a sans doute rendu compte de la vente des biens ruraux communaux, à Votre Majesté. Elle passe toute attente dans les départemens qui avoisinent celui de la Seine. J'ai vu des biens se vendre le double de l'estimation, et un lot de terre estimé 19,000 fr. a été vendu 28,000 francs. On peut donc compter sur un capital de plus de 600 millions que produiront ces biens.

Le bruit courait, il y a quelques jours, que l'armistice était prorogé de vingt jours ; cependant aucune nouvelle officielle n'est venue confirmer ce bruit.

On fait faire des recherches sur l'état de la fortune des individus ; malgré les précautions qu'on prend, cela n'en inquiète pas moins, parce que cela peut amener des taxes arbitraires. Le revenu d'un homme n'est pas toujours

son revenu net, il peut avoir des charges qu'on ne connaît pas, et cependant on l'a taxé sur un revenu apparent.

Je prie Votre Majesté d'empêcher ces taxes qui n'ont
que des aperçus pour bases. Celles qui sont mises pour
l'équipement des gardes-d'honneur, ont souvent les inconvéniens de l'arbitraire ; elles indisposent les individus.
Tout ce que les gens sensés peuvent dire à ceux qui se
plaignent, et qui sont loin du théâtre de la guerre, ce
sont ces paroles : « Votre perte ne serait-elle pas plus
» considérable, si les armées foulaient notre territoire,
» détruisaient vos maisons, et si le canon faisait brèche à
» vos granges ? Payez donc, et attendez les jours de paix. »

Je suis avec respect, etc.

H.

(Adressée à Mayence.)

5 août 1813.

A S. M. L'EMPEREUR DES FRANÇAIS,

ROI D'ITALIE,

PROTECTEUR DE LA CONFÉDÉRATION DU RHIN,

MÉDIATEUR DE LA CONFÉDÉRATION SUISSE.

SIRE ,

On assure que le premier président de la cour de cassation est dans un état de faillite, et que sa banqueroute
monte à plus de cinq cent mille francs. On ajoute que
Votre Majesté a dit qu'elle paierait les dettes de cet homme.
Mais Votre Majesté sait-elle que ce conseiller-d'état est un
homme de mœurs équivoques, qui s'est endetté à cause
de son inconduite ? On trompe Votre Majesté, si on ne lui
dit pas cela. Lié vraisemblablement par le besoin d'argent
avec le juif Crémieux, qui est en banqueroute, il a dû
éprouver le même sort. Il est impossible de croire, Sire,
que vous ayez donné des ordres pour que l'argent du

trésor, qui est celui qui provient de la sueur des peuples, serve à acquitter les dettes de cet homme. L'argent de votre trésor extraordinaire ne doit pas non plus servir à favoriser le vice, et le vice doit être puni. L'homme qui occupe une place éminente, s'il se conduit mal, doit en être chassé.

      Je suis avec respect, etc.

Notes.   H.

(Adressée à Dresde.)

9 août 1813.

A S. M. L'EMPEREUR DES FRANÇAIS,

ROI D'ITALIE,

PROTECTEUR DE LA CONFÉDÉRATION DU RHIN,

MÉDIATEUR DE LA CONFÉDÉRATION SUISSE.

SIRE,

On persiste toujours à dire que Votre Majesté veut acquitter les dettes du premier président de la cour de cassation. Si cela est certain, que de gens alors vont solliciter de Votre Majesté pour obtenir cette faveur, ou se mettront dans le cas de l'obtenir. Il me semble déjà voir un maître des comptes dire à Votre Majesté : Sire, et moi aussi, j'ai des dettes ; le mois dernier, un insolent créancier m'a fait arrêter ; j'étais caché dans ma cheminée ; les recors m'ont tiré par les pieds, et m'ont inhumainement conduit à Sainte-Pélagie. Heureusement qu'on a payé pour moi dans la matinée ; car, dans la journée, un autre créancier est venu pour m'écrouer ; mais j'étais décampé. Depuis ce temps, je me cache, et la cour des comptes ne me voit plus. Je prie Votre Majesté de payer mes dettes. Je vais lui remettre mon bilan..... Voilà à peu près ce que vous dira, Sire, ce maître des comptes. Mille autres débiteurs succéderont ; alors il arrivera peut-être que, lorsque je me présenterai avec mon inscription au trésor public, pour recevoir ce qui m'est légitimement dû, on me dira : Il n'y a pas de fonds, revenez ; les créanciers des sieurs Muraire, de Cernon et autres ont épuisé le trésor...... Il paraîtra, Sire, honteux à Votre Majesté que la première cour de magistrature de l'empire soit présidée par un homme dont la conduite est aussi scandaleuse. Ses amis disent qu'il a fait des billets de complaisance, pour des sommes considérables. S'il l'a fait par ineptie, c'est un imbécille qui ne mérite plus la confiance et qui ne peut plus juger ses concitoyens ; s'il l'a fait par des motifs d'intérêt, il est encore dans le même cas. Je prie Votre Majesté d'en faire un justice éclatante, pour l'honneur de la magistrature et pour celui des mœurs. Je demande la même sévérité pour ce maître des comptes, et que tous deux ils soient chassés.

   Je suis avec respect, etc.

Notes.   H.

(*Adressée à Paris.*)

13 novembre 1813.

A S. M. L'EMPEREUR DES FRANÇAIS,

ROI D'ITALIE,

PROTECTEUR DE LA CONFÉDÉRATION DU RHIN,

MÉDIATEUR DE LA CONFÉDÉRATION SUISSE.

SIRE,

Je ne remplirais pas la tâche que je me suis imposée, si je gardais plus long-temps le silence auprès de Votre Majesté.

Les revers que l'armée française vient d'éprouver, presqu'à la suite de la pénible retraite de Moscou, doivent affliger le cœur de Votre Majesté. Elle ne doute pas non plus de la sensation que cela fait sur la nation française.

Ces pertes ne peuvent se réparer que par le repos , et la paix est nécessaire au repos ; partout, Sire , on la désire.

Votre Majesté ne se méprendra pas sur la confiance qu'elle doit avoir dans les adresses des conseils munici- paux. C'est à votre sagesse, Sire , à modérer cet élan qui, dans l'exécution , ne répondrait peut-être pas aux pro- messes qui sont faites.

Le 9 fructidor an 11, j'avais eu l'honneur d'adresser à Votre Majesté l'histoire de Polénano ; cette histoire est celle de tous ceux qui ne conservent pas un ascendant toujours égal sur les autres hommes et qui éprouvent des vicissitudes.

Quand on lit que l'artillerie française a tiré deux cent vingt mille coups de canon en cinq jours, cela prouve sans doute qu'elle est servie avec activité, mais cela ne prouve pas qu'elle le soit avec une grande justesse. Faire une telle déclaration , n'est-ce pas montrer à nos ennemis le peu de précision de notre artillerie ?

Ma lettre du 25 avril 1813 annonçait à Votre Majesté des craintes sur l'Autriche et sur la Saxe ; malheureuse- sement, depuis elles ont été confirmées. Dans la position actuelle, je dois encore prévenir Votre Majesté qu'il est possible que la Suisse laisse passer une armée ennemie ; elle viendra attaquer l'empire français de ce côté , et aucune place importante ne peut soutenir d'attaque. Besançon, ni Dôle , n'empêcheront pas une invasion dans tous les départemens qui bordent ce côté de l'empire , et il est peut-être déjà bien tard de penser à la défense de ce côté.

Je n'ai pas dissimulé à Votre Majesté combien le peuple français désire la paix ; le plus grand malheur serait (je dois le dire) si l'armée la demandait , sénateurs, con- seillers-d'état , ministres , généraux , etc. ; tous disent dans les sociétés qu'ils désirent la paix, et quand ils sont devant Votre Majesté , ils n'osent manifester ce vœu ; ils craignent de tomber en défaveur.

Pendant la paix , que d'abus encore à réformer, que de belles et grandes choses il vous reste encore à faire dans ce vaste empire qui doit conserver, malgré la jalousie de ses voisins, une grande prépondérance, à cause de son sol !

Si personne n'ose parler avec autant de franchise à Votre Majesté, c'est que personne ne vous est aussi attaché, Sire, que celui qui est avec respect,

Le très, etc.

H.

(Adressée à Paris.)

21 novembre 1813.

A S. M. L'EMPEREUR DES FRANÇAIS,

ROI D'ITALIE,

PROTECTEUR DE LA CONFÉDÉRATION DU RHIN,

MÉDIATEUR DE LA CONFÉDÉRATION SUISSE.

SIRE ,

Pourquoi Votre Majesté n'est-elle pas témoin de la sensation que font les nouvelles de la paix qui circulent, et l'espoir de voir la réunion d'un congrès ! Elle verrait combien le peuple aspire à la paix, combien il en a besoin. Si depuis vingt ans la France est en guerre , Votre Majesté jugera qu'il lui faut un peu de repos ; si le Rhin sert de limite ; si la Belgique reste ; si, etc....., augmentent l'ancienne France, Votre Majesté aura ajouté plus que Louis XIV ; et, Sire, que de grandes choses il restera encore à faire dans l'intérieur de ce bel et vaste empire, qu'une bonne législation peut rendre très-florissant en très-peu d'années ! que de bras rendus à l'agriculture, au commerce, aux arts ! Les armées en temps de paix se réduiront peut-être à deux cent mille hommes et pourront suffire à garantir les frontières et à maintenir l'ordre au dedans ; c'est alors, Sire, c'est alors que Votre Majesté entendra un concert unanime de bénédictions, et qu'elle apprendra l'art de régner à son fils ; qu'elle verra les Français confondre leur amour entre Votre Majesté et le prince qui doit lui succéder.

Au moment où Votre Majesté demande des sacrifices en argent, n'aurait-on pas dû retarder pour quelque temps de grandes libéralités.

Une princesse de Bourbon vient de mourir, et laisse libre trente mille francs de pension. On croit que le fonds des pensions va en être diminué ; point du tout, la sœur du général Pot,...., obtient cinquante mille francs. Était-ce le moment de faire cette demande, et un ministre économe aurait-il osé faire une pareille demande à Votre Majesté ?

Un maître des comptes est obligé de donner sa démission, et l'opinion publique le chasse de cette magistrature, à cause du dérèglement de sa conduite. On fait valoir quelques services qu'il a rendus lors de l'assemblée constituante, dans un comité dont il était membre. On demande pour lui à Votre Majesté six mille francs de pension, et il les obtient.

Qu'obtiendra, Sire, un honnête homme qu'un accident priverait de continuer son service ? Ne doit-il pas y avoir une distinction dans les récompenses ? Votre Majesté le pense.

Un premier président de la cour de cassation prend des engagemens pour payer une somme énorme. Il ne les tient pas, et malgré sa banqueroute, il reste à présider sa cour et se présente à Votre Majesté comme un homme qui n'a aucun reproche à se faire.

Ainsi, l'homme dont la conduite a été sévère et sans reproche, est confondu et n'obtient pas la considération particulière qu'il mérite.

Voilà, Sire, ce que ma franchise et mon attachement pour Votre Majesté ont dû mettre sous ses yeux.

Je suis avec respect, etc.

H.

(Adressée à Paris.)

24 novembre 1813.

A S. M. L'EMPEREUR DES FRANÇAIS,

ROI D'ITALIE,

PROTECTEUR DE LA CONFÉDÉRATION DU RHIN,

MÉDIATEUR DE LA CONFÉDÉRATION SUISSE.

SIRE,

A l'audience de dimanche dernier 21 de ce mois, j'ai cru entendre le préfet de la Seine, lorsque Votre Majesté lui a demandé combien valait le pain à Paris, parler d'un projet pour établir une compagnie qui s'engagerait à fournir toujours le pain à quinze sous les quatre livres. J'ai cru remarquer que Votre Majesté trouvait cette idée lumineuse et grande. Permettez-moi, Sire, de la combattre, parce qu'elle tend à gêner l'agriculture et à fouler une portion du peuple français.

D'abord, la compagnie fournira-t-elle du pain à quinze sous les quatre livres, dans tout l'empire français, et en fera-t-on une ferme, comme était anciennement celle du tabac? Alors la compagnie demandera qu'on fixe un prix déterminé pour l'achat du blé, et, par suite, elle prescrira à chaque laboureur ce qu'il devra lui vendre de sa récolte; elle lui fixera sa consommation, et si le fermier a besoin de plus qu'on ne lui a passé, la compagnie lui revendra son grain. Pour s'assurer de la quantité de grains, la compagnie aura une armée de commis, des inspecteurs, et le fermier ne pourra battre son grain que lorsqu'il y aura un commis présent, afin de constater la quantité. Je vois tant d'inconvéniens, que la compagnie ne doit pas fournir toute la France, mais seulement quelques grandes villes.

Voyons si cela est praticable.

Le pain à Paris est, dans ce moment, à quatorze sous les quatre livres. Je crois que, sous peu, il ne sera plus qu'à

13 sous. Quels énormes bénéfices ne prépare-t-on pas à cette compagnie ?

Comment fera-t-elle ses acquisitions ? par la voie du commerce libre. Alors les habitans des villes que la compagnie fournira paieront le pain à quinze sous les quatre livres, lorsque la commune la plus voisine ne le paiera que onze ou douze sous; car le pain n'est pas toujours et toute l'année à quinze sous dans les grandes villes. La compagnie alors demandera qu'on fouille toutes les personnes qui entreront dans les villes qu'elle fournira ; lorsque le pain sera moins cher dehors la ville que dedans, parce qu'elle sera intéressée à une grande consommation ; et lorsqu'il sera plus cher, elle demandera qu'on fouille tous ceux qui sortiront des grandes villes ; afin de savoir s'ils n'emportent pas du pain hors la ville. Cette fouille est une vexation qu'éprouvera une portion du peuple, pour un objet de première nécessité. On laissera entrer dans Paris, sans payer aucun droit, des volailles, du gibier pour la consommation des gens aisés; mais pour le pain, seul aliment du pauvre, lorsqu'il sera plus cher à Paris qu'à Mont-Rouge, le peuple sera obligé de l'acheter plus cher de la compagnie.

Pendant qu'on fouillait aux barrières, à Paris, les personnes qui en sortaient, pour savoir si elles emportaient du pain, et que lorsqu'on en trouvait, il était saisi et envoyé au comité de bienfaisance le plus prochain, voici ce qui est arrivé :

Un maçon qui demeurait à Paris, et qui allait travailler à environ six cents pas de la barrière, emportait deux livres de pain dans son sac. A la barrière, on l'arrête, on le fouille, et on lui trouve du pain ; on le saisit : il dit qu'il demeure à Paris, qu'il va travailler à peu de distance, que c'est son pain pour la journée ; aucune exemption n'était exprimée dans l'ordre, et les commis veulent saisir et envoyer les deux livres de pain au comité de bienfaisance. Le brigadier, homme qui entend plus raison, mais qui n'ose pas contrarier les commis, propose de n'envoyer le pain que le lendemain, si le maçon ne le reprend pas le soir en rentrant dans Paris. Je n'ai pas suivi l'affaire; je pense que le maçon a dû reprendre son pain le soir.

Lorsqu'on aura la soumission de la compagnie, dit-on, le gouvernement, si le pain est cher, n'aura plus de sacrifice à faire.

Lorsque le gouvernement fait un sacrifice, où prend-il l'argent? au trésor public. S'il a besoin pour cet objet de centimes, il en impose, et ils sont payés dans tout l'empire. Le gouvernement ne doit pas faire un bénéfice sur le blé, au lieu qu'une compagnie doit en faire; ainsi les habitans des villes enrichiront les actionnaires. Lorsqu'on traite d'une affaire de commerce, on ne la ferait pas si on croyait perdre, et le gouvernement ne peut et ne doit pas avoir l'intention de ruiner ceux qui traitent avec lui.

Pour limiter le gain de la compagnie, après qu'elle aura donné un aperçu des approvisionnemens qu'elle sera obligée de faire, on forcera sans doute tel département, et, par suite, telle commune, à livrer une certaine quantité de blé, à un prix déterminé, à la compagnie. C'est un maximum, c'est une gêne qui doit influer nécessairement sur l'agriculture. Lorsque le blé sera au-dessus du prix déterminé, la compagnie se le fera livrer par la commune; lorsqu'il sera au-dessous du prix fixé, quel moyen la commune aura-t-elle pour le livrer à la compagnie et pour s'en faire payer? La compagnie s'en procurera par la voie du commerce, et elle sera toujours en gain.

Le gouvernement sera obligé de faire surveiller toujours la compagnie, pour savoir si les approvisionnemens sont en raison des besoins et des soumissions qu'elle aura faites. Ce sont des fonds d'avance que la compagnie doit avoir, et qui doivent bénéficier aux actionnaires en tout temps.

Lorsque le gouvernement ne s'occupe que de surveiller le commerce des grains, il n'y a point de fonds d'avance, les grains ne sortent de chez le fermier qu'au fur et à mesure des besoins; par conséquent, le consommateur n'a point de surcharge à payer. Le grain est toujours mieux soigné chez le fermier ou chez celui qui se livre à ce genre de commerce, que par une compagnie. Cette dernière ne peut le faire qu'à grands frais, et les agens dont elle se sert ne sont jamais aussi intéressés à sa conservation que celui à qui le grain appartient directement. Ainsi, outre qu'on paiera le pain cher, on le mangera peut-être médiocre ou mauvais : il faudra bien que la compagnie écoule les farines échauffées ; le gouvernement ne sera pas le maître d'obliger la compagnie à faire une nouvelle fourniture d'un mois pour la consommation de Paris ; lorsque environ quarante-cinq mille sacs de farine se trouveront médiocres, il faudra les laisser écouler.

Mettre la substance du peuple entre les mains d'une compagnie, est un projet que Votre Majesté doit rejeter. *Laissez faire et laissez aller*, est la maxime la plus encourageante pour le commerce, et surtout pour l'agriculture ; il faut que ce soit sur elle que les impositions soient les plus assurées, car c'est toujours d'après l'impôt foncier qu'on calcule les autres.

Sûreté et protection, voilà ce que le commerce doit trouver auprès du gouvernement.

Que le préfet de la Seine, Sire, se fasse représenter les mémoires envoyés à la municipalité, en 1791, sur cette question, proposée par le conseil municipal :

« Quel est le moyen de pourvoir à l'approvisionnement » de la capitale, et d'empêcher que le pain, dans aucun » temps, ne s'élève à un prix disproportionné du blé ? »

Divers mémoires ont été envoyés ; mais deux ont fixé plus particulièrement l'attention de la municipalité ; l'un, déposé le 30 octobre 1791, et l'autre, en février 1792 ; tous deux ont été imprimés par ordre du conseil municipal ; ils sont de la même personne. Le préfet verra quels sont les principes développés dans ces deux mémoires. Les troubles qui se sont élevés dans la municipalité ont empêché qu'elle suivît ce travail.

Si je croyais qu'on pût donner un mémoire à Votre

Majesté en faveur de cette compagnie, je regretterais bien
sincèrement de ne pas en avoir connaissance, afin de
faire tout mon possible pour faire connaître le danger
d'une telle mesure.

Je suis avec respect, etc.

H.

---

28 décembre 1813.

A S. M. L'EMPEREUR DES FRANÇAIS,

ROI D'ITALIE,

PROTECTEUR DE LA CONFÉDÉRATION DU RHIN,

MÉDIATEUR DE LA CONFÉDÉRATION SUISSE.

SIRE,

Dans la lettre que j'ai eu l'honneur d'écrire à Votre
Majesté, le 4 juin dernier, j'espérais que le général Bertrand pourrait remplacer le duc de Frioul. Je vois avec
plaisir que Votre Majesté a confirmé ce choix. Puisse-t-il
maintenant remplir les espérances que j'en ai conçues
pour le service de Votre Majesté ?

Le 18 mars précédent, j'avais l'honneur également
d'indiquer à Votre Majesté M. le comte Molé, pour un
ministère ; sa jeunesse, les connaissances étendues qu'il
faut dans l'ensemble des lois, m'auraient empêché de le
présenter pour grand juge ministre de la justice à Votre
Majesté, parce qu'il ne faut pas que tout soit nouveau
pour un ministre de la justice.

Le préfet de la Seine a écrit aux maires de Paris pour
les inviter à demander les fusils de calibre qui appartien-
draient à quelques-uns de leurs administrés, en leur re-
commandant de ne pas donner de la publicité à cette
mesure. Mais cela ne peut pas se concilier. Qu'a-t-il dû
arriver ? On a mis la lettre dans le carton, à la municipalité, et là s'est terminé la mesure recommandée par le

préfet ; car la demande faite par les maires aurait donné
de la publicité.

Je suis avec respect, etc.

H.

-----

8 décembre 1813.

A S. M. L'EMPEREUR DES FRANÇAIS,

ROI D'ITALIE,

PROTECTEUR DE LA CONFÉDÉRATION DU RHIN,

MÉDIATEUR DE LA CONFÉDÉRATION SUISSE.

SIRE,

Il est donc certain que nos ennemis ont passé le Rhin.
La nation française voit tous les dangers à quoi elle est
exposée ; son armée n'est pas assez bien organisée pour
arrêter le vainqueur. Votre Majesté a-t-elle autour d'elle
des gens qui aiment assez leur patrie pour lui dire la position de la France ? l'ennemi est aux portes ou plutôt il
a déjà franchi nos limites. Sire, ne comptez pas sur les
nouvelles levées d'hommes pour le repousser ; ces
hommes ne sont point exercés ; une armée de dix mille
hommes de troupes réglées, en dissipera cent mille. La
nation française veut la paix, et il s'agit de la tirer de la
crise où elle se trouve, de ne pas la laisser ravager par le
vainqueur, ni exercer un fléau dévastateur. Les représen-
tans au corps législatif sont assemblés : que Votre Majesté les rapproche d'elle, de manière que ce soit le vœu
de la nation qu'elle connaisse ; que ceux qui sont les
interprètes de Votre Majesté n'aient point de détours ;
que l'on ne prononce pas un discours avec d'autres paroles
que celles qu'on imprime ; que vos agens, Sire, ne se
mettent pas à la place de la loi ; que l'on ne demande pas
à des citoyens de l'argent qu'aucune loi n'autorise ; qu'un

préfet, lorsqu'il a demandé 5,000 fr. pour un garde-d'honneur, ne soit pas réduit à transiger pour 3oo fr.

Déjà je me suis plaint à Votre Majesté de ces taxes
arbitraires ; déjà j'ai dit à Votre Majesté qu'on lui cachait
la véritable position de l'empire français. Dans ma lettre
du 13 novembre dernier, je prévenais Votre Majesté
d'une attaque du côté de Besançon ; il n'y a point de force
de ce côté. Vous demanderez sans doute quel est le but
de cette imprévoyance : les troupes qui s'y trouvent sont
de nouvelles levées.

La crise est grande ; j'ai l'honneur de vous en prévenir,
Sire ; puissiez-vous voir en moi un ami de sa patrie, et
mon attachement pour la personne de Votre Majesté !

Je suis avec respect, etc.

H.

7 janvier 1814.

A S. M. L'EMPEREUR DES FRANÇAIS,

ROI D'ITALIE,

PROTECTEUR DE LA CONFÉDÉRATION DU RHIN,

MÉDIATEUR DE LA CONFÉDÉRATION SUISSE.

SIRE,

Le receveur-général des droits-réunis vient d'emporter
la caisse ; les uns disent qu'il avait deux millions cinq
cent mille francs, d'autres disent un peu moins. M. le
directeur-général avait été averti, il y a déjà long-temps,
par un inspecteur, qu'on avait été obligé de faire réinté-
grer cent vingt mille francs qui avaient été déplacés de
la caisse ; qu'une autre fois, un bon de quarante mille
francs du sieur James était en caisse pour un versement
qu'on avait fait faire à la banque de France, pour acquitter les traites de la maison de commerce de ce receveur-
général. C'était un comptable infidèle, et M. le comte
Français en était instruit. Un vice de la formation de ce

bureau, c'est que le caissier était le beau-frère du receveur-général, et par conséquent se prêtait aux déplace-
mens de fonds.

On lui avait demandé, je crois, un cautionnement de
cent mille francs, et il était notoire dans l'administration
qu'il s'était fait verser entre ses mains, par les employés
qui étaient dans ses bureaux, une somme beaucoup plus
forte. Comment le directeur-général a-t-il pu souffrir une
extension pareille? Mais il faut excuser le directeur-
général, le comptable infidèle était protégé, dit-on, par
le roi Joseph; on va même jusqu'à dire que ce comptable
a voulu se couvrir de quelques sommes avancées à Sa
Majesté.

Sire, vous voyez que la suppression des abus est difficile, parce qu'il y a des hommes faibles et courtisans, et
qu'à côté il s'en trouve d'arrogans, et l'on peut dire même
de fripons. Votre Majesté voit la plaie, c'est à elle à y
porter remède.

Je suis avec respect, etc.

H.

23 janvier 1814.

A S. M. L'EMPEREUR DES FRANÇAIS,

ROI D'ITALIE,

PROTECTEUR DE LA CONFÉDÉRATION DU RHIN,

MÉDIATEUR DE LA CONFÉDÉRATION SUISSE.

SIRE,

On assure que Votre Majesté va se mettre incessamment
à la tête de son armée. Je lui dois compte de l'opinion
générale. La crise est violente, elle ne peut être de longue
durée. A-t-on tout dit à Votre Majesté? Les caisses publiques n'alimentent plus les dépenses, la confiance s'é-
loigne, l'argent se cache, les relations commerciales sont
suspendues, l'ennemi s'avance; s'il est battu, alors la

levée en masse aura lieu ; mais s'il ne l'est pas , c'est abuser Votre Majesté que de la lui faire espérer. Ce que l'on met dans les journaux , pour remonter l'esprit public, ne sert à rien.

Qu'on ne compte pas sur la garde nationale pour repousser l'ennemi , s'il se présente à ses portes : ce serait tromper Votre Majesté sur une force qui n'existe pas. La garde nationale parisienne fera son service régulièrement pour maintenir la tranquillité publique et le bon ordre ; mais qu'on n'exige rien de plus.

On dit que le préfet de la Seine a proposé une adresse à Votre Majesté , au nom de la garde nationale , qui n'a pas voulu l'approuver. Cela fait toujours un mauvais effet. Les courtisans perdent souvent leur souverain dans l'esprit public par trop d'adulation..... Les rois n'ont donc pas de vrais amis ?

Heureusement qu'on rencontre encore dans les salons quelques personnes qui ne désespèrent pas de la chose publique, et alors elles compriment les nouvelles sinistres, fausses ou vraies , qui portent l'alarme et le découragement dans l'âme des personnes timides. J'ai l'honneur de le répéter à Votre Majesté, tout dépend du premier choc. Jusqu'à présent , les avantages qu'a obtenus l'ennemi , l'ont été presque sans résistance de la part des Français : c'est ce que font remarquer les amis du gouvernement.

Le corps législatif ajourné, le budget qui ne lui a pas été présenté et qui se perçoit, vu l'urgence : voilà, Sire, le sujet de beaucoup de conversations. Tout sera sanctionné , disent quelques personnes , si le succès termine cette campagne.

La paix, aussitôt qu'elle sera possible , voilà le désir de tous les Français , et sans doute le but où aspire Votre Majesté.

Je suis avec respect , etc.   H.

P. S. Je dois dire à Votre Majesté que je quitte à l'instant des officiers de la garde nationale, qui reviennent du palais des Tuileries. Le discours de Votre Majesté les a vivement émus.

(Adressée à Troyes.)

5 février 1814.

A S. M. L'EMPEREUR DES FRANÇAIS,

ROI D'ITALIE,

PROTECTEUR DE LA CONFÉDÉRATION DU RHIN,

MÉDIATEUR DE LA CONFÉDÉRATION SUISSE.

SIRE,

Informe-t-on Votre Majesté que, depuis que les alliés ont mis le pied sur l'empire français, ils font passer le Rhin à des armées innombrables ? Qu'au lieu de deux ou trois cent mille hommes que Votre Majesté croit avoir à combattre, elle en a peut-être quatre à cinq cent mille, et que bientôt elle pourra en avoir six cent mille ?

Dit-on tout cela à Votre Majesté ? Des négociations, Sire, des négociations qui amènent une suspension d'armes, et que le résultat soit la paix ! voilà le moyen de sauver l'empire français de la rapacité de ces hordes du Nord.

Les troupes alliées viennent avec l'espoir d'un butin considérable ; elles vont tout ravager.

Les troupes de nouvelles levées qu'a à leur opposer Votre Majesté ne leur feront qu'une faible résistance ; vos généraux doivent augmenter leur force aux yeux des ennemis ; mais, dans vos conseils, Sire, ils doivent tout dire, et ne pas dissimuler leur faiblesse ; sans cela ils sont très-coupables, car Votre Majesté calcule sur une force qui n'existe pas ; dès-lors, elle se trouve déçue dans ses combinaisons.

L'argent, ce nerf de la guerre, manque au trésor public. On ne peut pas long-temps employer tout celui qui arrive, exclusivement pour l'armée; car il faut que d'autres services se fassent.

Est-ce qu'il n'y a pas un homme qui dise tout cela à Votre Majesté ?

Le duc de Vicence, dont on n'entend plus parler, a donc échoué dans les négociations ? Les bruits les plus sinistres circulent.

M. Demailly, aide-de-camp du maréchal Ney, est, dit-on, arrivé à Paris, pour dire à Madame la maréchale de le quitter. Cela a semé l'alarme, et beaucoup de gens quittent Paris, pour ne pas être témoins des désastres qu'on pronostique.

Le ministre de l'intérieur, par un arrêté du 31 janvier dernier, a fait suspendre les remboursemens du Mont-de-Piété. C'est un coup d'autorité qui porte atteinte au crédit public. En avait-il le droit ?

Le même ministre et le maréchal Moncey, commandant-général de la garde nationale parisienne, écrivent que cette garde doit s'apprêter à prendre, le 3 février, les postes au palais des Tuileries et de la ville.

Le général Caffarelly s'oppose à ce que l'on prenne le poste du palais des Tuileries, parce que Votre Majesté ne l'a pas encore décidé ; cependant elle a dit, dans son discours, qu'elle remettait S. M. l'Impératrice et son fils, le roi de Rome, sous la garde de la garde nationale parisienne sédentaire.

Il n'y a donc plus d'unité dans les autorités.

Voilà, Sire, comme on indispose les bons citoyens par cette conduite oblique ; pourquoi ne pas présenter une volonté franche et loyale ?

Vous jugerez sans doute, Sire, de mon attachement au gouvernement, par ma franchise.

Je suis avec respect, etc.

H.

(Adressée à Meaux.)

10 février 1814.

A S. M. L'EMPEREUR DES FRANÇAIS,

ROI D'ITALIE,

PROTECTEUR DE LA CONFÉDÉRATION DU RHIN,

MÉDIATEUR DE LA CONFÉDÉRATION SUISSE.

SIRE,

On attend toujours la paix : est-ce que les alliés ne veulent la faire qu'à Paris ?

Par ma lettre du 23 janvier dernier, j'avais l'honneur de prévenir Votre Majesté que, si le premier début de la campagne ne s'annonçait pas par un grand succès, les troupes seraient découragées.

Dit-on à Votre Majesté qu'il n'y a point de distribution régulière, point d'étape ; que l'on envoie les soldats chez les particuliers pour les loger et les nourrir ; qu'il arrive de là que les uns et les autres sont mécontens, que la discipline militaire ne peut être observée, que c'est un embarras extraordinaire dans les ordres qui sont donnés ?

Depuis le 5 de ce mois, que les conférences sont ouvertes, les ennemis ont toujours fait des progrès ; cependant aujourd'hui on commence à espérer, et on croit à un arrangement possible. Les plus grands sacrifices peuvent être faits pour tirer la nation française de la crise dans laquelle elle est.

A-t-on dit à Votre Majesté ce qui s'est passé lundi dernier à l'Ecole de Médecine, à Paris, lorsque le comte de l'Espinasse s'y est présenté pour faire faire l'appel de deux compagnies de canonniers ? Les huées ont couvert ses paroles ; il a été obligé de s'en aller, et on l'a suivi jusque dans la rue, où sa voiture a renversé, parce qu'on avait coupé une sous-pente.

Les palissades faites aux portes de Paris ne peuvent

2   14

point arrêter l'ennemi; c'est un simulacre de défense ; on exagère à Votre Majesté ses moyens de résistance. On parle de corps francs qu'on organise ; mais ces corps s'organisent lentement, et lorsqu'on voit un ancien représentant du peuple faire un appel, les bons citoyens craignent que ce ne soit un appel à un certain parti.

On a mécontenté la garde nationale parisienne en lui refusant de relever la moitié des postes du palais des Tuileries : était-ce l'intention de Votre Majesté ? Je ne le crois pas ; n'a-t-elle pas mis l'Impératrice et le roi de Rome sous la protection de la garde nationale ?

Que rien n'arrête Votre Majesté pour la paix ; qu'elle ne craigne pas de faire des sacrifices ; la nation verra en vous un pacificateur, et dans quelques années il y aura bien des pertes qui pourront être réparées.

Je suis avec respect , etc.

Notes.

H.

____

(*Au quartier général impérial.*)

13 février 1814.

A S. M. L'EMPEREUR DES FRANÇAIS,

ROI D'ITALIE,

PROTECTEUR DE LA CONFÉDÉRATION DU RHIN,

MÉDIATEUR DE LA CONFÉDÉRATION SUISSE.

SIRE ,

L'aspect de Paris , pendant la semaine qui vient de s'écouler, était extrêmement affligeant et effrayant : une population immense parcourant les rues, avec des visages sombres ; des groupes d'ouvriers sans ouvrage, depuis la Grève jusqu'au quai du Louvre ; une multitude de gens rassemblés aux portes Saint-Antoine, Saint-Martin, Saint-Denis ; des militaires blessés le long de la rue Saint-Antoine , qui s'arrêtaient pour montrer leurs blessures ;

d'autres tombant de fatigue , se reposant sur des bornes ;
les boutiques des orfèvres ou des jouailliers presque
toutes fermées , ou celles qui ne l'étaient pas , présentant
l'aspect de la dévastation , à cause du peu d'étalage
qu'elles offraient ; des files de charrettes chargées de
meubles des maisons de campagne des environs de Paris,
qui rentraient ; des chaises de poste , des voitures qui
partaient pleines d'hommes , de femmes , d'enfans et de
paquets.

Voilà ce qu'on a dû dire à Votre Majesté sur la situation de Paris. Mais les nouvelles de la bataille de Champ-
Aubert , du vendredi et du samedi , ont suspendu les
alarmes. Fasse le ciel que les nouvelles se soutiennent !

Ce n'est pas le moment d'entretenir Votre Majesté de
ses finances ; elles auront besoin d'un sévère examen.

Je suis avec respect , etc.

H.

(Adressée à Troyes.)

28 février 1814.

A S. M. L'EMPEREUR DES FRANÇAIS ,

ROI D'ITALIE ,

PROTECTEUR DE LA CONFÉDÉRATION DU RHIN ,

MÉDIATEUR DE LA CONFÉDÉRATION SUISSE.

SIRE ,

La situation de Paris est difficile à décrire à Votre Majesté , aujourd'hui 28 février. L'ennemi qui s'est emparé
de Lagny , de Meaux , a jeté l'épouvante sur toute la
route ; femmes, enfans, vieillards, charrettes de meubles,
ne cessent d'entrer à Paris. La colonne ennemie est annoncée contenir au moins trente mille hommes , et point
de troupes régulières pour leur disputer le passage ; il
faut en envoyer à la hâte. On a peut-être trompé Votre

Majesté par une fausse suspension d'armes proposée ; on
a voulu masquer le véritable point d'attaque.

Il est parti, jeudi 24, à 9 heures du soir, du Champ-
de-Mars, un train d'artillerie que j'ai rencontré à la
Grève, et dans la rue Saint-Antoine, vers 10 heures. Je
n'ai vu de conducteur à cheval, ni en avant, ni en arrière ; ces Messieurs, vraisemblablement, ne voulaient
le rejoindre que le lendemain matin à Charenton, où il
allait coucher. Les chartiers disaient qu'ils manquaient
de cordages pour attacher le foin et les sacs d'avoine qui
tombaient. Un soldat qui accompagnait ce train, me disait : On en perdra la moitié en route. La plupart des
roues n'étaient point graissées : cela s'entendait aux cris
qu'elles faisaient. Les chevaux avaient de la peine à tirer,
et déjà, dans la rue Saint-Antoine, il y en avait qui paraissaient fatigués. Des roues de rechange qui étaient mal
attachées, se trouvaient traînées.

Voilà, Sire, comme le service se fait.

Ce matin lundi, on charge dans la rue Saint-Jacques,
une charrette de pains pour l'armée, vers onze heures.
On met si peu de soin à ce chargement, que le derrière
de la voiture tombe dans la rue de Saint-Séverin ; le pain
roule dans le ruisseau ; on rattache enfin le derrière de
la voiture, on remet le pain crotté dans la charrette, et
elle a un retard d'environ deux heures.

Voilà, Sire, comme le service se fait.

Des blessés arrivent le soir du 22 dans la place des
Vosges ; on ne sait où les envoyer ; plusieurs personnes
s'en chargent. Il en restait encore à placer, lorsque quelqu'un indiqua la maison du général-sénateur Aboville,
place des Vosges, n° 21. Le sénateur, dit-on, refuse de
recevoir un blessé ; mais son portier, plus humain, le
garde dans sa loge.

Voilà, Sire, les égards qu'un général-sénateur a pour
les défenseurs de la patrie.

La populace de Paris paraît agitée : la classe au-dessus est dans la stupeur. C'est à Votre Majesté à faire
cesser cet état qui, s'il continue encore quelque temps,

doit entraîner la dissolution de la capitale , et par conséquent , de toutes les parties de l'empire , qui sont le
théâtre de la guerre.

Je suis avec , etc.

H.

17 mars 1814.

A S. M. L'EMPEREUR DES FRANÇAIS ,

ROI D'ITALIE,

PROTECTEUR DE LA CONFÉDÉRATION DU RHIN,

MÉDIATEUR DE LA CONFÉDÉRATION SUISSE.

SIRE ,

L'espoir d'une suspension d'armes est donc évanoui.
Le congrès se traîne en longueur, et pendant ce temps
une partie de l'empire français est ravagée par l'ennemi ;
l'autre s'épuise par toutes sortes de moyens pour aider à
le repousser du sol français.

Les coalisés attaquent tantôt d'un côté, tantôt d'un
autre, pour fatiguer Votre Majesté ; ils veulent se jeter,
dit-on, dans la Beauce, parce qu'ils ont épuisé les pays
par où ils ont passé.

On ne dit pas à Votre Majesté que c'est un gaspillage
désordonné ; point d'administration de vivres ; dans plusieurs endroits, on fait des réquisitions ; point de magasins. Les fermiers amènent dans la ville qui leur est
indiquée, et ils versent, sur la place publique, foin ,
paille, avoine : tout est à l'injure du temps. Viennent
les militaires qui prennent à même les tas ; ils perdent
une partie de ce qu'ils emportent , et une autre se perd
sur la place. Cette imprévoyance amènera une disette
horrible.

On disait, il y a quelques jours, et cela s'est répété
aujourd'hui, que l'empereur d'Autriche quittait la coa-

lition. Si cela était, Votre Majesté aurait promptement raison des autres coalisés.

Paris est toujours inquiet ; il entre encore des voitures de meubles.

Les gens les plus sages espèrent dans le génie de Votre Majesté ; d'autres s'abandonnent à une crainte sans mesure ; cependant tous disent : L'Empereur connaît la position de l'empire français ; il n'échappera pas le moment de faire la paix. Si Votre Majesté ne la connaissait pas, les ministres seraient bien coupables.

Ceux qui ne disent pas la vérité aux souverains, n'aiment ni les souverains, ni leur patrie. Ils aiment les fonctions qu'ils exercent avec autorité au nom du prince, et l'argent qu'ils retirent de leurs places.

Les vertus morales doivent entrer en grande considération dans le choix d'un ministre, parce que, lorsque ce ministre fait une observation dans le conseil, elle ne doit pas être perdue pour le souverain, lors même que celui-ci croirait se décider contre l'observation. Faire une spéculation de finance de sa place, c'est être prêt à masquer la vérité à son prince pour entasser or sur or.

Votre Majesté connaît mon attachement à sa personne. J'élève souvent mes mains au ciel pour demander qu'une paix prompte couronne tant de sacrifices. Les Français en font beaucoup.

Je suis avec respect, etc.

HÉLÉODORE.

FIN DES LETTRES.

NOTES.

DATES DES LETTRES.

25 *Thermidor an* 8. Arrêté des Consuls du 6 vendémiaire an 9, qui charge le capitaine Baudin de conduire *A-Sam* à la Nouvelle-Hollande, et de prendre des mesures pour qu'il soit conduit à Nankin, sa patrie.

5 *Nivôse an* 9. Tabatière donnée par le premier Consul au second Consul Cambacérès, sur laquelle Mars et Pallas étaient représentés.

27 *Nivôse.* Ecrite pendant la discussion de la loi des tribunaux spéciaux.

11 *Ventôse.* Ecrite lors de la nomination du conseiller d'état Barbé-Marbois, à la place de directeur du trésor public, après le décès du C. Dufresne.

3 *Prairial.* Un membre de la commission avait annoncé à l'ambassadeur d'Espagne que Madame d'Orléans était éliminée; l'ambassadeur avait envoyé la nouvelle à sa cour.

29 *Prairial.* Réponse du Premier Consul à une députation du corps législatif.

27 *Brumaire an* 10. Voir le discours du grand-juge, relatif au crime de l'infanticide, *Journal des Débats* du 6 vendémiaire an 12.

2 *Frimaire.* Le général Lannes avait demandé au Premier Consul une frégate pour le conduire en Portugal.

26 *Germinal.* Sénatus-consulte du 6 floréal an 10 :

Art. 1er. Amnistie est accordée pour fait d'émigration à tout individu qui est prévenu, et qui n'est pas rayé définitivement, etc.

1er *Prairial.* Discussion, au tribunat, de l'ordre de la Légion-d'Honneur.

22 *Prairial.* Les certificats d'amnistie ont recommencé à être délivrés le 29 prairial an 10.

15 *Fructidor. Journal des Débats* du 29 frimaire an 11 :
Lettre du grand-juge aux conseils de guerre et aux tribunaux criminels , laquelle annonce que les recours pour demande de sursis doivent avoir lieu pendant la durée de l'instruction.

18 *Brumaire an 11.* Faillite des frères Coullon. — C. Bourienne conseiller-d'état.

9 *Frimaire.* Arrêté du 29 fructidor an 11, sur le recrutement de l'armée. *(Journal des Débats* du 20 vendémiaire an 12.)

30 *Pluviôse. Journal des Débats* 29 pluviôse an 12 :
En marge de la délibération du conseil municipal d'Orléans , le Premier Consul a mis l'apostille suivante :

« L'illustre Jeanne-d'Arc a prouvé qu'il n'est pas de mi
» racle que le génie français ne puisse produire dans les cir
» constances où l'indépendance nationale est menacée.

» Unie, la nation française n'a jamais été vaincue; mais
» nos voisins plus calculateurs et plus adroits , abusant de
» la franchise et de la loyauté de notre caractère, semèrent
» constamment parmi nous des dissentions, d'où naquirent
» les calamités de notre époque et tous les désastres que
» rappelle notre histoire.

» Paris, 10 pluviôse an 11.

» *Le Premier Consul ,* BONAPARTE. »

24 *Ventôse.* Arrêté du 3 floréal an 11 , qui dispense de faire les déclarations.

20 *Germinal.* Remise à un huissier, en sortant de faire partie d'une députation au Premier Consul.

21 *Floréal.* Le Premier Consul, en voulant conduire une calèche à quatre chevaux, a été renversé, et s'est tellement mutilé , que le 10 floréal, il avait été saigné.

11 *Prairial.* Le 14 prairial an 11 , il y a eu capitulation entre le général Mortier et la régence de Hanovre.

Autre capitulation du 16 messidor an 11.

Journal des Débats du 16 avril 1804, lequel annonce que le roi de Prusse a fait signifier à l'ambassadeur anglais qu'il s'emparait du Hanovre en son nom.

On assure que le ministre de l'intérieur, le C. Chaptal, ayant éprouvé quelques désagrémens de la part du Premier Consul, est allé chez le grand-juge Regnier porter sa dé mission ; que celui-ci ne voulait pas la recevoir ; mais le C. Chaptal ayant insisté, le C. Regnier a été la porter au Premier Consul, lequel a dit : « *Je ne reçois pas la démission de mes ministres ; lorsque je crois qu'ils ne doivent plus continuer leurs fonctions, je les destitue.* Dites au C. Chaptal qu'il continue son travail. »

10 *Messidor. Journal des Débats* du 17 thermidor, dans lequel on voit que le Premier Consul a voulu payer à la ville de Bruxelles la voiture et la robe de dentelles, et qu'il a donné 110 mille francs.

7 *Thermidor.* La veuve du contre-amiral Peréc.

8 *Thermidor. Journal des Débats* du 6 thermidor an 11. Lettre du C. Cambacérès au C. Denon.

29 *Thermidor.* Le petit mur dont il est parlé dans cette lettre a été abattu dans les premiers jours de brumaire an 12.

9 *Fructidor. La Parisienne*, péniche qu'on construisait à la Rapée pour envoyer à Boulogne. Histoire de Polénano.

20 *Fructidor.* Nomination de M. Deluyne à une place de sénateur.

22 *Fructidor.* La chambre du commerce de Paris a envoyé une députation au Premier Consul, à Bruxelles, composée des citoyens Dupont (de Nemours) et Rousseau, et ils n'ont pu obtenir audience.

3 *Vendémiaire an 12.* Le traitement des desservans a été fixé à 500 francs payables par le trésor public. — Arrêté de prairial an 12.

18 *Vendémiaire.* Le *Journal de l'Empire* du 15 thermidor an 11, annonce que le ministre de l'intérieur a fait un rapport à l'Empereur, pour des indemnités à accorder aux habitans des communes de Granville et de Portel, dont les propriétés ont été endommagées par le bombardement de l'ennemi.

25 *Vendémiaire.* Feuilleton du *Journal des Débats* du 21 vendémiaire.

11 *Brumaire.* Extrait de cette lettre a été adressé au *Journal des Débats*, qui l'a insérée le 11 brumaire an 12. (HÉLÉODORE).

7 *Frimaire.* Le C. Lebrun de Rochemont était le frère du troisième Consul Lebrun. — Dans le mois de pluviôse, le Premier Consul a présenté au sénat pour candidat, à une

(218)

place de sénateur, le C. Boissy-d'Anglas, et le 28 pluviôse
le sénat l'a nommé sénateur.

11 *Frimaire.* C. Chénier.

15 *Frimaire.* C. Merlin, de Douay,

4 *Nivôse.* C. David, peintre.

25 *Pluviôse.* C. Réal.

2 *Ventôse.* Le général Moreau avait été arrêté, et le 21
prairial, après quinze jours de comparution au tribunal
spécial du département de la Seine, il a été condamné à
deux ans de prison. Sa peine a été commuée par un exil.

8 *Ventôse.* Arrestation de Pichegru, dans la nuit du 6
au 7 ventôse. Il a été trouvé mort dans sa prison au Temple,
dans la nuit du 15 au 16.

14 *Germinal.* C. Bergerot. — Poitevin-Maissemy, préfet.

26 *Germinal.* Le 15 floréal an 12, on avait raccommodé
les mutilations faites aux murs du château des Tuileries,
par le canon du 10 août 1792, et effacé les mots : 10 *août*
1792.

29 *Germinal.* Le *Journal de l'Empire* du 6 fructidor an 13
qui indique le théâtre des Italiens.

Décret impérial du 21 février 1806, qui désigne l'emplacement de l'église de la Madeleine, pour y placer la bourse.

Le 22 mars 1808, envoyé au ministre de l'intérieur Creté,
par Héléodore, 40 francs pour coopérer au bâtiment de la
bourse.

8 *Prairial.* Le contre-amiral Gantheaume a été nommé
vice-amiral de la flotte de Brest.

9 *Messidor.* Cour de cassation, séance du 4 messidor.

Journal des Débats du 6 messidor, résumé du C. Merlin,
procureur-général-impérial dans l'affaire de Cadoudal et
autres.

Lettres de commutation de peine du 4 messidor. — *Journal des Débats* du 7 messidor.

7 *Fructidor.* Le *Journal des Débats* du 7 fructidor an 12,
dit que M. Barbé-Marbois est nommé ambassadeur près la
cour de Vienne, et qu'il est remplacé par M. Molien, directeur de la caisse d'amortissement.

16 *Fructidor.* Le 29 fructidor an 12, il a paru une instruction du ministre de la guerre.

16 *Pluviôse an 13.* Députation du sénat, le 15 pluviôse,
auprès du prince Murat et sa réponse. — *Journal des Débats*
du 18 pluviôse an 13. — Eugène Beauharnais.

(219)

22 *Ventôse.* Napoléon a été couronné à Milan, le 15 mai 1805, ou 6 prairial an 13.

18 *Germinal.* Décret impérial du 6 germinal. — *Journal des Débats* du 10 germinal an 13.

20 *Germinal.* Le 15 messidor an 13, on a su d'un employé des poudres et salpêtres, que l'opération avait été faite.

17 *Floréal.* De retour à Paris le 22 messidor an 13.

26 *Thermidor.* Ces renseignemens ont été demandés au préfet de la Corse, en messidor an 10. Il a été repondu par le conseiller-d'état administrateur-général des départemens du Golo et du Liamone, ainsi qu'il est constaté par une lettre du 14 thermidor an 10, datée d'Ajaccio, et par laquelle on voit qu'il envoie une note dressée par le C. Cemeo-Ornano, bibliothécaire de l'école centrale du département de Liamone. C'est cette note qui a été remise en l'an 10, à l'imprimeur de l'Almanach national, et qu'on n'a jamais pu retirer des mains de l'imprimeur.

12 *Vendémiaire an* 14. La paix a été signée à Schœnbruun, le 27 décembre 1805, ou 5 nivôse an 14.

4 *Brumaire.*

Couplets chantés dans les rues de Paris, sur les motifs de la guerre présente et sur les succès de la grande armée.

Air : *Savez-vous Mam'zel' Manon.*

Enfin v'là NAPOLÉON,
Qu'on force à faire la guerre,
Et c'est par la trahison
De l'Autriche et de l'Angleterre.
Faut espérer cette fois,
Qu'il va leur donner sur les doigts.   *Bis.*

L'traité d'Amiens était fait ;
On voyait la signature
De Georges, qui l'approuvait
D'un bout à l'autre, sans rature ;
Mais c'est un homme sans cœur,
Qui nierait jusqu'à son honneur.   *Bis.*

On croyait qu' les Allemands,
Au traité de Lunéville,
Tiendraient bien mieux leurs sermens ;

Et que l' continent s'rait tranquille ;
Ça pens' noir, ça vous dit blanc :
Ça n'a pas comm' nous le cœur franc.   *Bis.*

V'là-t-il pas qu'en tapinois,
Bientôt dedans l'Allemagne,
On voit que l'emp'reur François
Met tout' son armée en campagne ;
Puis il dit : C'est aux Anglais
Qu' j'ai vendu le sang de mes sujets.   *Bis.*

Pour s'approcher de chez nous,
L'Autriche prend la Bavière ;
V'là qu'elle y fait les cent coups,
Et croit nous prendre par derrière.
Soldats, dit Napoléon,
Bien vîte un tour sur le talon.   *Bis.*

Bientôt dit, bien plus tôt fait,
Quand la voix d' l'honneur appelle
L' Français court, comm' chacun sait,
Au feu, tout comme à la gamelle.
L' cavalier, le fantassin,
En chantant vont passer le Rhin.   *Bis.*

Ne croyez pas qu' Napoléon,
Dans son palais se goberge,
Dam' c'est qu' c'est un fier luron,
A qui son manteau sert d'auberge.
Il est son premier soldat,
Prêt à répondre à qui va là.   *Bis.*

L' princ' Murat, not' gouverneur,
Qui s' bat d'estoc et de taille,
D' Wertingen par sa valeur
A l' premier gagné là bataille.
Dans Paris bientôt j' verrons,
D' l'enn'mi les drapeaux, les canons.   *Bis.*

L' colonel Lamotte-Houdart,
Avec son infanterie,
Fait feu roulant, pour sa part,
Enfin c'est pis qu'une tragédie ;
Son grand-père en écrivait :
Faut voir s'tila comme il en fait.   *Bis.*

Le premier pas des Français

Leur a donné la victoire.
Ça nous promet des succès
Qu' nos n'veux auront d' la peine à croire.
Aux cris de vive l'Emp'reur !
L'soldat fait des traits de valeur.   *Bis.*

L'Autriche attend des secours
Qui lui viennent de Russie ;
Mais l' soldat Français, toujours,
La p'lote en attendant partie ;
Et pour voir les Russes plus tôt,
Notre armée a pris le galop.   *Bis.*

J' voudrais bien d' tous les Français,
Chanter les traits de vaillance ;
Mais je n' tarirais jamais,
Quand un finit, l'autr' recommence.
J' crois qu'à leur santé j' boirais
Plus long-temps que j' ne chanterais.   *Bis.*

27 *Janvier* 1806.

Couplets chantés dans les rues de Paris, à l'occasion du retour de Napoléon-le-Grand dans cette ville, après la bataille d'Austerlitz.

AIR : *Ah ! le bel oiseau, maman.*

De Napoléon-le-Grand,
Français, chantons la vaillance ;
Assurons ce Conquérant
De notre reconnaissance.
Qu'il vive, notre Empereur,
Que chacun répète en France :
Qu'il vive, notre Empereur,
Pour faire notre bonheur.

Depuis long-temps on disait :
L'Etat tombe en décadence ;
Mais Napoléon paraît,
Son bras lui rend la puissance.
Qu'il vive, notre Empereur,
Que chacun répète en France :
Qu'il vive, notre Empereur,
Pour faire notre bonheur.

(222)

Nous avons vu ce Héros ,
Bien plus grand que Charlemagne ,
Renverser tous ses rivaux
Dans une seule campagne.
Qu'il vive, notre Empereur,
Que notre amour l'accompagne ;
Qu'il vive, notre Empereur,
Pour faire notre bonheur.

Des soldats il partageait
Les fatigues de la guerre ;
D'eux sans cesse il s'occupait ,
Comme aurait fait un bon père.
Qu'il vive, notre Empereur,
Et que chacun le révère ;
Qu'il vive, notre Empereur,
Pour faire notre bonheur.

Nous avions des ennemis
Dont on vantait le courage ;
Mais le vainqueur d'Austerlitz
A fait changer de langage.
Qu'il vive, notre Empereur,
Et qu'on dise d'âge en âge :
Qu'il vive, notre Empereur,
Pour faire notre bonheur.

François deux l'a reconnu
Son maître en l'art de la guerre ;
Pour le voir il est venu,
Et l'embrasser comme un frère.
Qu'il vive, notre Empereur ,
Et que chacun le révère ;
Qu'il vive, notre Empereur,
Pour faire notre bonheur.

Lorsqu'Alexandre est parti
Pour retourner en Russie :
Ah ! de me battre, a-t-il dit,
Je viens de perdre l'envie.
Qu'il vive, notre Empereur,
Que chacun de nous s'écrie :
Qu'il vive, notre Empereur,
Pour faire notre bonheur.

(223)

C'est par son rare talent
De savoir faire la guerre,
Qu'il procure au continent
La paix , malgré l'Angleterre.
Qu'il vive , notre Empereur,
Pour que chacun le révère ;
Qu'il vive , notre Empereur,
Pour faire notre bonheur.

De ce guerrier les haux faits
Occupent la Renommée ;
Elle redit les succès
De sa belle et grande armée.
Qu'il vive , notre Empereur,
Ainsi que sa bien-aimée ;
Qu'il vive , notre Empereur,
Pour faire notre bonheur.

Napoléon , en ce jour,
Paraît rayonnant de gloire ;
Il est enfin de retour
Sur le char de la Victoire.
Qu'il vive , notre Empereur,
Conservons-en la mémoire ;
Qu'il vive , notre Empereur,
Pour faire notre bonheur.

De l'Imprimerie de la V⁺ HAYEZ , rue de
la Harpe, N° 40. — 1806.

3 *Février* 1806. M. Molien , ministre du trésor public
(né en 1758, Nicolas-François), premier commis du département de la ferme et de la régie générale au contrôle
général, avait obtenu une pension de 2,000 fr. en 1785
ou 1786 : elle n'a pas été recréée en 1790.

7 *Février.* Se reporter à la lettre du 25 vendémiaire
an 12, où il est fait mention d'un article dans *l'Historien*,
n° 580, 5 messidor an 5, tome 15, page 50 ; quoiqu'il ne
soit pas signé, il est de *Héléodore*.
Décret impérial du 14 février, relatif à l'alignement des
boulevarts jusqu'aux bords de la Seine.

24 *Mars.* Mᵐᵉ veuve Bureau de Puzy a obtenu 1,200 fr.
de pension ; sa fille, âgée de treize ans, 300 fr. ; son fils ,
âgé de sept ans, est placé au lycée de Saint-Cyr.

En outre, l'Empereur a accordé, sur sa cassette, une gratification de 15,000 fr. à Mme veuve de Puzy.

Le bâtiment sur le boulevart a été en partie démoli sur un alignement.

23 *Juillet.* Croix de mérite, Target. — *Journal de l'Empire* des 13 juillet, 12 août et 24 août 1806, relatifs à la colonne.

11 *Août.* Décret impérial du 21 août, qui crée des notaires-certificateurs. Par suite, ce décret a été modifié.

Fin octobre. Madame de Lamotte a obtenu 1,200 fr. de pension.

7 *Février* 1807. Compte du receveur-général du département de l'Ardèche, etc., an 12.

15 *Mars.* Voir la note du 2 septembre 1810.

26 *Mars.* Des lettres de Russie, dans le *Moniteur* du 17 de ce mois, ont indigné les bons Français.

30 *Mars.* Le préfet de la Nièvre a été remplacé par M. Plancy, gendre du troisième consul.—Dupont de Nemours, sous-bibliothécaire à l'Arsenal.

6 *Avril.* Décret du 22 mars, qui nomme l'évêque de Coutances à l'évêché d'Orléans.

4 *Août.* Le dimanche 2 août, Sa Majesté a donné audience à Saint-Cloud, dit le *Moniteur* du 3, à différentes députations, et entr'autres, à celle de l'Institut. Le *Journal des Débats* du même jour ajoute : à différens tribunaux de Paris.

Il est certain que le tribunal de première instance était à l'audience ; le *Moniteur* n'a pas cru devoir l'annoncer, parce qu'il n'a pas voulu rapporter le mot de *badauds*, qu'a prononcé l'Empereur, en parlant des Parisiens au premier président du tribunal de première instance, à côté de qui j'étais. Le mot a été à l'instant répété par vingt bouches, et a fait sensation.

Les autres journaux n'ont pas osé rappeler ce mot.

14 *Août.* Fleur adressée à l'Empereur des Français, roi d'Italie.

18 *Août.* Décret du 14 août, qui nomme le C. Dupont, maire de Paris, sénateur.

19 *Août.* Couplets chantés dans les rues de Paris, signés Montabbé, nom d'une ferme appartenant à Héléodore.

Couplets faits après la signature de la paix de Tilsitt et de Kœnigsberg.

Juillet 1807.

Air : *Tous les bourgeois de Chartres.*

Enfin la paix est faite,
J'ons entendu l'canon ;
Notre joie est complète,
Grâce à *Napoléon.*
Qui s'ra bien attrapé, dans toute cette affaire,
Qui perdra son argent, son temps,
Ses beaux discours et ses présents ?
Ce sera l'Angleterre.

A Tilsitt on s'embrasse,
On s'donne aussi la main ;
On pose la cuirasse,
On chante ce refrain :
Qui s'ra bien attrapé, dans toute cette affaire,
Qui perdra son argent, son temps,
Ses beaux discours et ses présens ?
Ce sera l'Angleterre.

V'là l'emp'reur de Russie
Qui s'en r'tourne content,
Et qui n'a plus l'envie
De v'nir à Friedland.
Qui s'ra bien attrapé, dans toute cette affaire,
Qui perdra son argent, son temps,
Ses beaux discours et ses présens ?
Ce sera l'Angleterre.

La Prusse, enfin battue,
Nous d'mande aussi la paix ;
La voilà résolue
A s'allier aux Français...
Qui s'ra bien attrapé, dans toute cette affaire,
Qui perdra son argent, son temps,
Ses beaux discours et ses présens ?
Ce sera l'Angleterre.

Le monarque de France
Avait dit en partant :

Je peux prédire d'avance
La paix au continent.
Qui s'ra bien attrapé, dans toute cette affaire,
Qui perdra son argent, son temps,
Ses beaux discours et ses présens ?
Ce sera l'Angleterre.

De notre grande armée
Célébrons les exploits ;
Déjà la Renommée
Les a redit cent fois.
Qui s'ra bien attrapé, dans toute cette affaire,
Qui perdra son argent, son temps,
Ses beaux discours et ses présens ?
Ce sera l'Angleterre.

Par M. MONTABBÉ.

Imprimerie d'AUBRY, au Palais de Justice.

22 *Septembre* 1807. M. Barbé-Marbois, premier président de la cour des comptes.
24 *Septembre*. Décret du 28 septembre sur les travaux de la cour des comptes.
24 *Mai* 1808. L'archevêque de Paris, mort le 10 juin, à deux heures du matin.
Fin Septembre. Les généraux Dupont et Marescot.
1er *Octobre*. Le général Marescot.
6 *Octobre*. Marche guerrière.

Chant Français dédié aux militaires, paroles et musique de MM. SAMUEL *et* HÉLÉODORE, *à Paris, chez* Bonjour, *marchand de musique, rue St-Honoré, n°s 663 et 83.*

Septembre 1808.

Guerriers, marchons,
Marchons ensemble,
L'ennemi tremble ;
Il ne peut résister à tous nos bataillons.
Redoublons le pas, courons.   (*Bis.*)
Il est perdu (3 *fois*), Français, nous l'approchons.
S'il voit nos drapeaux, il s'étonne,
Quand nous avançons, il frissonne ;
Redoublons le pas, courons.   (*Bis.*)

(227)

Il est perdu *(3 fois)*, Français, nous l'approchons.
Le voilà, le jour de la gloire,
Vaillans Français,   *(Bis.)*
Volons à la victoire ;
Voyons l'ennemi de plus près.

Le tambour bat,
Que l'on s'apprête,
Que rien n'arrête ;
Baïonnette en avant, présentons le combat.
Redoublons le pas, courons.   *(Bis.)*
Il est perdu *(3 fois)*, Français, nous l'approchons.
L'ennemi nous craint, nous redoute,
Amis, pour hâter sa déroute,
Redoublons le pas, courons.   *(Bis.)*
Il est perdu *(3 fois)*, Français, nous l'approchons.
Opposons à son arrogance,
Soldats Français,   *(Bis.)*
L'honneur et la vaillance,
Et soyons certains du succès.

C'est en nos mains
Que l'on confie,
De la patrie,
L'honneur du nom Français, l'intérêt, les destins.
Redoublons le pas, courons.   *(Bis.)*
Il est perdu *(3 fois)*, Français, nous l'approchons ;
Au bruit de l'airain qui résonne,
Et de la trompette qui sonne,
Redoublons le pas, courons.   *(Bis.)*
Il est perdu *(3 fois)*, Français, nous l'approchons.
Ennemis de la perfidie,
Soldats Français,   *(Bis.)*
Vengeons notre patrie ;
Elle attend de nous des succès.

Le fier Anglais,
Dans son délire,
Croit-il nous dire :
J'apporte ici des lois, obéissez, Français ?
Redoublons le pas, courons.   *(Bis.)*
Il est perdu *(3 fois)*, Français, nous l'approchons.
Si le Léopard en furie

Sous nos coups blessé, tombe et crie
Redoublons le pas, courons.　　　　(*Bis.*)
Il est perdu *(3 fois)*, Français, nous l'approchons.
Que tout cède à notre courage ;
Vaillans guerriers,　　　　　　(*Bis.*)
Allons, au pas de charge,
Moissonner encor des lauriers.

Napoléon,
Sous son égide
Quand il nous guide,
Entend nos chants guerriers, redire avec son nom :
Redoublons le pas, courons ;　　　(*Bis.*)
Il est perdu *(3 fois)*, Français, nous l'approchons.
Chassons l'ennemi de la France,
Si du continent il s'avance,
Redoublons le pas, courons ;　　　(*Bis.*)
Il est perdu *(3 fois)*, Français, nous l'approchons.
Que tout cède à notre courage,
Vaillans guerriers,　　　　　　(*Bis.*)
Allons, au pas de charge,
Moissonner encor des lauriers.

23 *Mars* 1809. Voir les *Petites Affiches* de la rue d'Argenteuil, du mardi 21 mars 1809.

20 *Mai.* M. Dupont, ancien doyen des maires et sénateur.

1er *Août.* Décret du 18 août, rendu au palais de Saint-Cloud, relatif aux pièces de 24, 12 et 6 sous.

17 *Mars* 1810. Lefèvre, syndic des agens de change. — Decrès, ministre de la marine.

9 *Avril.* Couplets chantés dans Paris :

L'ÉLAN DU CŒUR,

Chanson à l'occasion du mariage de Sa Majesté l'Empereur des Français, NAPOLÉON, *avec Sa Majesté* MARIE-LOUISE, *archiduchesse d'Autriche, Impératrice des Français.*

AIR : *Ton humeur est, Catherine.*

Tout comme un autre, à mon prince,
Je veux payer mon tribut.

(229)

Viens, ma lyr', faut que j' te pince
Comme si j'étais d' l'Institut.
Du canon j'entends l'vacarme ;
C'est bien là, j' crois, le moment
De faire un épithalame
A Napoléon-le-Grand.

François deux donne sa fille
A l'Empereur des Français.
Bon, le v'là de la famille,
Avec lui j' vivrons en paix ;
J' nous sentons tous dans l'ivresse,
Depuis que c' beau carillon
Annonc' qu'une archiduchesse
Epouse Napoléon.

C' que je vois d' beau dans c' mariage,
C' n'est ni l'or, ni les brillans.
Ça peut faire bien en ménage ;
Mais l' bonheur n' gît pas là-d'dans :
C'te princess' que rien n'égale
Vaut encor mieux que tout ça ;
C'est la pierr' philosophale,
Que j'crois, j'avons trouvé là.

Qu' tout bon Français s' réjouisse ;
Nous voyons, en ce beau jour,
Qu'une jeune Impératrice
Vient embellir notre cour.
Peuple de la Germanie,
Qui nous avez fait ce don,
La France vous remercie
Comme a fait Napoléon.

Pour combler notre espérance,
Et pour accomplir nos vœux,
Faut bientôt qu'on voie, en France,
Un r'jeton d' ce couple heureux.
Quand j' verrons ce roi de Rome,
Not' bonheur sera parfait ;
C' jour-là j' boirai le rogome,
Au moins pour un franc, d'un trait.

HÉLÉODORE.

De l'imprimerie d'AUBRY, au Palais de Justice.

19 *Avril* 1810. Maire du cinquième arrondissement du département de la Seine, M. Péan de Saint-Gilles. — Maire du huitième, M. Benard ; adjoint, M. Delarue.

28 *Avril.* Les maires des Molières et S-Arnoult (Seine-et-Oise). — Le 9 juin, on a effacé les mots dont parle la lettre, et ôté le bonnet de la Liberté sur une pique de la statue qui est au-dessus du cadran.

28 *Mai.* Voir les *Petites Affiches*, hôtel de Lussan, du 26 mai.

15 *Juin.* L'inscription était : « En jurant leur bonheur, deux illustres époux ont juré celui de la terre. »

2 *Septembre.* Aussitôt que l'Empereur a été de retour, il est allé avec l'Impératrice à la place des Victoires, voir la statue du général Desaix. Le lendemain, on avait mis des planches autour, et peu de temps après, elle a été enlevée.

29 *Septembre.* M. Abrial, auditeur.

10 *Octobre.* Letourneur de la Manche, ancien directeur.

27 *Octobre.* M. Chauvelin, préfet de la Lys. — Préfet de Seine-et-Marne, M. Lagarde. Ordonnance de police du 29 janvier 1811, concernant l'étalage des bouchers et charcutiers.

5 *Décembre.* Treilhard. Conseiller-d'état, sénateur Farino.

14 *Janvier* 1811. Le sénateur Ferino a obtenu la sénatorerie de Florence. L'abbé d'Astros avait été mis en prison.

13 *Avril.* Buffault.

29 *Juin.* Guyard, référendaire de première classe. Il était neveu de Madame de Fourcroy.

22 *Août.* David, peintre.

30 *Septembre.* M. Denié.

6 *Octobre.* Le 63ᵉ bulletin ordonne que le général d'Hautpoult sera représenté avec son habit de cuirassier.

13 *Décembre.* L'ouvrage de M. de Fleurieu a été annoncé dans le *Journal de Paris*, le 16 avril 1812.

17 *Février.* Il y a erreur d'impression pour la date ; elle est du 27 février.

C'était le libraire Dentu qui avait imprimé le mémoire d'après une lettre, du 25 décembre 1811, de M. Sauvo, censeur, qui avait annoncé qu'il avait approuvé le manuscrit, et qu'il l'avait renvoyé à M. Paumereuil, directeur de la librairie. Ce mémoire a été de nouveau renvoyé à M. le ministre des relations étrangères, duc de Bassano, qui l'a fait examiner par M. le comte d'Hauterive, et le 15 février 1812, un agent de la librairie a été chez le libraire Dentu faire briser les planches.

15 *Août* 1812. La bataille de la Moskwa a été donnée le 7 septembre, et l'armée française est entrée le 14 septembre 1812 à Moskou.

18 *Mars* 1813. Le comte Molé a été nommé grand-juge, le 20 novembre 1813.

31 *Mars*. Félix Desportes. Le cardinal Maury, le 24 avril, a renvoyé le mandat, et en a fait don. L'empereur est parti pour l'armée, le 15 avril.

4 *Juin*. Le général Bertrand a été nommé grand maréchal du palais, le 21 novembre 1813.

5 *Août*. Muraire, président du tribunal de cassation.

9 *Août*. Pinteville-Cernon, maître des comptes en septembre, a été obligé de donner sa démission.

25 *Janvier* 1814. L'Empereur est parti de Paris, à huit heures du matin, pour l'armée.

5 *Février*. Le 13, la garde nationale a pris les postes aux Tuileries.

10 *Février*. Merlin de Thionville, ancien jacobin de la Convention.

FIN DES NOTES.

TABLE.

DATES DES LETTRES.

An 8.

13 *Ventôse*. Exposition des motifs qui feront écrire les lettres suivantes. — 22 *Ventôse*. Nomination des préfets. Actes de justice à faire sur les déportés. Pichegru et Villot. Maires qui font les mariages dans les églises du culte catholique. — 29 *Ventôse*. Nominations des ex-députés. Prévenus d'émigration. Madame d'Orléans. — 16 *Germinal*. Contribution foncière. Réclamations des contribuables. — 23 *Messidor*. Le général Bonaparte doit être le conservateur du peuple français. Lettre écrite au roi d'Angleterre. — 3 *Thermidor*. Lorsque la paix sera faite, c'est alors qu'on pourra dire que la révolution est finie. Manifestation du peuple pour la paix. — 5 *Thermidor*. Chinois qui est à l'hôpital du Val-de-Grâce. Capitaine Baudin. — 12 *Thermidor*. Nomination du C. Barbé-Marbois, à l'administration de la marine. Arrêté sur les décadis. Foissac-Latour. — 4 *Fructidor*. La paix. Prévenus d'émigration. Le Chinois. — 23 *Fructidor*. Prévenus d'émigration. Lettre du ministre de l'intérieur, du 1er fructidor, aux préfets.

An 9.

3 *Vendémiaire*. La paix, congrès qui doit se tenir. Portalis. Barbé-Marbois. Frochot. — 12 *Vendémiaire*. Ministre de la police. Franquetot-Coigny. Préfet du Haut-Rhin, déclaration à faire par les ministres des cultes. Préfet de Bruxelles, qui met un impôt de 12 fr. à ceux à qui il accorde un port-d'armes. Prévenus d'émigration. — 27 *Vendémiaire*. Prévenus d'émigration. Réponse faite au tribunat. — 2 *Brumaire*. Radiation des émigrés. Moyen pour aller à la postérité. — 2 *Frimaire*. Bruits de guerre. Banque de France. Impositions, anticipations. M. de Calonne. —

(233)

28 *Frimaire*. C. Barbé-Marbois. Fourcroy. Départemens
de l'Ouest. — 3 *Nivôse*. Tabatière donnée par le Premier
Consul au deuxième consul Cambacérès. — 8 *Nivôse*. Appeler aux fonctions publiques l'homme probe, le vrai citoyen. Qu'on ne dise plus : c'est un patriote. Bigot de
Préameneu. Etienne Méjan. Démeunier. — 13 *Nivôse*. La
nation demande l'ordre. Le Directoire employait des
contre-poids, que disait-on du Directoire ? — 27 *Nivôse*.
Tribunaux spéciaux. — 29 *Pluviôse*. Gouverner avec sagesse. Dans un discours public, les phrases doivent être
modérées. — 11 *Ventôse*. C. Barbé-Marbois, directeur du
trésor public. C. Harmand. — 13 *Ventôse*. Biens des mineurs. — 4 *Germinal*. Jardin des Tuileries. Candidat au
tribunat, Crassous. — 23 *Germinal*. Liberté des cultes.
Protestans. Juifs. Théophilantropes. Cette liberté n'existe
pas. — 26 *Germinal*. Tiers consolidé. Article inséré dans le
Moniteur. — 7 *Floréal*. Prévenus d'émigration. Prêtre qui
ne peut pas obtenir de radiation. — 23 *Floréal*. Nomination
des préfets. Ils doivent apporter tous le même esprit dans
les fonctions administratives. — *Prairial*. Madame d'Orléans. — 5 *Prairial*. Esprit public. — 23 *Prairial*. Tiers
consolidé. — 7 *Messidor*. Affaires qui se traitent dans les
ministères. — 13 *Messidor*. Fête du 14 juillet. On a promis
la paix. Des éliminés. — 27 *Messidor*. Les mesures sages et
bienfaisantes du gouvernement ne peuvent déplaire qu'aux
méchans. — 1er *Thermidor*. Prix du pain. — 14 *Thermidor*.
Eliminés dont le travail se fait lentement. — 26 *Thermidor*.
Dialogue dans un café sur les prévenus d'émigration. Manière de peindre la vérité. — 9 *Fructidor*. Bois séquestrés,
arrêté du 24 thermidor. — 19 *Fructidor*. Vaisseau anglais
le *Swiffure*, action à récompenser. Le contre-amiral Gantheaume. — 23 *Fructidor*. Mouvemens occasionnés par le
renchérissement du blé.

An 10.

12 *Vendémiaire*. Vers à Bonaparte sur la paix. — 22 *Vendémiaire*. Eliminés. — 28 *Vendémiaire*. Culte des théophilantropes. Arrêté du 15 vendémiaire, et lettre du ministre
de la police, du 17, au préfet de Maine-et-Loire. Prévenus
d'émigration. — 4 *Brumaire*. Ce que dira l'histoire de
l'homme d'état. — 20 *Brumaire*. Contributions. — 27 *Bru-*

maire. Crime d'infanticide. — 2 *Frimaire*. Départ pour Lyon. Renchérissement du blé. Primes à accorder. — 11 *Frimaire*. Inscriptions. Fonds disponibles aux mineurs. — 19 *Frimaire*. Subsistances. — 13 *Pluviôse*. Candidat au corps législatif. Au tribunat, Abraham Joly. — 18 *Pluviôse*. Compte de l'an 8 examiné par le Premier Consul. — 15 *Ventôse*. L'homme d'état doit être maître de ses passions. — 26 *Ventôse*. Comptabilité nationale. — 5 *Germinal*. Cautionnemens des comptables. Demande d'inspecteurs du trésor. Banqueroute. — 8 *Germinal*. La paix. Dilapidations des deniers publics. — 17 *Germinal*. Abus de crédit. Faveurs. — 19 *Germinal*. Liberté des cultes. Discours de M. Portalis. Registres tenus par les curés. — 21 *Germinal*. Crédit public. Inscriptions qui devraient se négocier avec les arrérages échus du semestre. (Dans le commencement de germinal an 11, le bulletin de la bourse a indiqué la jouissance du premier jour du semestre, et a continué pendant le semestre, ce qui n'avait pas lieu avant.) —26 *Germinal*. Prévenus d'émigration. La paix. — 1ᵉʳ *Floréal*. Impôts directs et indirects. — 8 *Floréal*. Sénatus-consulte du 6 floréal an 10, relatif aux certificats d'amnistie. — 12 *Floréal*. Caisse d'amortissement. Portau. — 18 *Floréal*. Caisse d'amortissement qui n'amortit pas. — 18 *Floréal*. Arrérages des cinq pour cent. — 28 *Floréal*. Sénatus-consulte du 18 floréal. — 1ᵉʳ *Prairial*. Séance du tribunat. — 14 *Prairial*. Caisse d'amortissement. Activité dans les affaires. — 22 *Prairial*. Certificats d'amnistie. — 26 *Prairial*. Comptabilité intermédiaire. — 11 *Messidor*. Pensions des demoiselles de Normandie. — 3 *Thermidor*. Comptabilité nationale, qui doit arrêter les comptes de la caisse d'amortissement. — 8 *Thermidor*. Récolte des grains. — 11 *Thermidor*. Impôts directs et indirects. Droits de provisions. — 18 *Thermidor*. Inscriptions au porteur avec des coupons d'arrérages. — 25 *Thermidor*. Recettes et dépenses effectives. — 26 *Thermidor*. Préfet du département du Rhône. M. Bureau de Puzy. — 18 *Fructidor*. Sénatus-consulte du 16 thermidor.

An 11.

Vendémiaire. Surveiller l'emploi des dépenses. Le mérite a ses bornes pour les récompenses. —13 *Vendémiaire*. Réunion des ministres de la police, de la justice et du grand-juge.

(235)

— 16 *Vendémiaire*. Arrêté du 8 vendémiaire, relatif aux bouchers. — 28 *Vendémiaire*. Arrérages du 5 pour 100 et des
rentes viagères. — 8 *Brumaire*. Curé de Saint-Roch. Loi sur
le divorce. Eglise catholique. — 18 *Brumaire*. Faillites. —
4 *Frimaire*. Conscription. — 16 *Frimaire*. Lettre du ministre
de la guerre. —29 *Frimaire*. Anticipations qui ôtent le crédit.
— 14 *Nivôse*. Légion-d'Honneur. Général Marescot. Hullin
Boischevalier. — 20 *Pluviôse*. Prévenus d'émigration Session du corps législatif. — *Pluviôse*. Qui vous le dira ? Moi.
Maire d'Orléans. — 10 *Ventôse*. Anecdote sur une condam-
nation à mort. — 24 *Ventôse*. Paiemens de la dette viagère.
Comptabilité. Déclaration de la fortune des pensionnaires
ecclésiastiques. —4 *Germinal*. Bruits de guerre. — 20 *Germinal*. Banque de France et autres banques publiques. —
1ᵉʳ *Floréal*. Médailles des autorités constituées. — 10 *Floréal*.
Loi discutée au tribunat. Plainte d'un conseiller-d'état au
corps législatif. — 21 *Floréal*. Evénement arrivé au Premier
Consul, dans le parc de Saint-Cloud. — 29 *Floréal*. Notes
mises dans les journaux. Fox, préfet de la Tamise. — 11
Prairial. Lettre de l'ambassadeur anglais à sa cour. Le colonel Sébastiani. Souscriptions volontaires. — 20 *Prairial*.
Article sur la guerre actuelle, adressé à un journal. — 30
Prairial. Dépense des impôts. — 10 *Messidor*. Ne pas s'arrêter aux discours des autorités, qui sont tous étudiés. Parcourir les villages. — 27 *Messidor*. Prière faite pour le culte
protestant. — 7 *Thermidor*. Mˡˡᵉ d'Aumont. La veuve du
contre-amiral Perée. — 8 *Thermidor*. Musée des Antiques.
C. Denon. C. Cambacérès — 15 *Thermidor*. Ministère de la
marine. C. Fleurieu. Barbé-Marbois. — *Thermidor*. Musée
des Antiques. Pont des Arts. Quai Desaix. Pont de le Cité.
Petit mur devant la porte du Musée au Louvre. — 9 *Fructidor*. Peniche parisienne. Histoire de *Polénano*. — 20 *Fructidor*. Places données par le gouvernement. M. Deluynes.
— 22 *Fructidor*. Commerçans-manufacturiers. Malheur si
la voix faible n'arrive pas jusqu'au palais.

An 12.

3 *Vendémiaire*. Rétablissement du culte catholique, pres-
bytères. — 7 *Vendémiaire*. Institution des jurés. — 18 *Vendémiaire*. Demande d'indemnités pour les propriétaires des
frontières, dont les propriétés sont ravagées par l'ennemi.

— 25 *Vendémiaire*. Phèdre. Harmand. Preuve que le gouvernement finit en pointe. — 1ᵉʳ *Brumaire*. Pétition remise à un sénateur. — 6 *Brumaire*. Le sculpteur Canova. Le C. Callaman et l'artiste Massimiliano. — 10 *Brumaire*. Le grand Condé, Henri IV, le maréchal de Saxe, Pigal. La reine Elisabeth d'Angleterre, l'impératrice de Russie. — 12 *Brumaire*. Iles de Jersey, Grenesey et Wight. — 24 *Brumaire*. Salve d'artillerie. — 7 *Frimaire*. Boissy-d'Anglas. Lebrun de Richemont. — 11 *Frimaire*. Légion-d'Honneur. Laplace, Suart, Félix Faucon, Viennot-Vaublanc. — 15 *Frimaire*. Légion-d'Honneur. Henri IV. — 4 *Nivôse*. On ne transige pas avec l'honneur. — 11 *Pluviôse*. Tribunat, séance du 9. Loi rejetée. — 25 *Pluviôse*. Grand-juge. Nomination d'un conseiller-d'état. — 2 *Ventôse*. Conspiration. Général Moreau. — 3 *Ventôse*. Arrestation de l'ex-général Pichegru. — 8 *Ventôse*. Arrestations. — 6 *Germinal*. Proclamation à faire. — 14 *Germinal*. Elections au corps législatif, en l'an 7. Préfet du Pas-de-Calais (Maissemy). Petiet. Bergerot, Mathieu Dumas, général Mortier, Delarue, Foignet. — 26 *Germinal*. Palais des Tuileries, Catherine de Médicis, Henri IV, Louis XIV, 10 août 1792. — 29 *Germinal*. Bourse de Paris aux ci-devant Petits-Pères. — 11 *Floréal*. Bruits d'un changement de dénomination pour le chef du gouvernement. — 12 *Floréal*. Statue en pied votée par le corps législatif. C. Denon. C. Chaudet. (NOTA. *Dans quelques exemplaires, il y a erreur ; on a mis* prairial *au lieu de* floréal *sur les deux lettres ci-dessus.*) — 13 *Floréal*. Travaux administratifs des droits-réunis. — 30 *Floréal*. (A l'Empereur des Français.) Exprimer les mêmes sentimens pour l'Empereur des Français que pour le Premier Consul. — 8 *Prairial*. Préfet maritime de Toulon. Gantheaume. (NOTA. Le 12 germinal, le général Gantheaume eut une audience du Premier Consul. Il avait mené avec lui le C. Quesnel, son secrétaire, qui attendit dans la pièce qui précédait le cabinet. Le valet de chambre était dans cette pièce ; il proposa au C. Quesnel de lui faire voir l'épée sur laquelle on avait mis *le Régent*. Le C. Quesnel lui demanda : La met-il souvent ? — Il la met dans de grandes cérémonies ; il l'a mise le 18 germinal an 10 ; il la mettra lorsqu'il sera *roi* ou *empereur*. Mais il n'a pas besoin de ces noms-là. *Un diadême ne se refuse pas.* Ce dialogue a été répété le même jour où il a été tenu.) — 11 *Prairial*.

Procès au tribunal criminel spécial, séance du 10 prairial.
— 12 *Prairial.* Préfet maritime de Toulon, vice-amiral et
inspecteur-général des ports de l'empire. — 18 *Prairial.*
Général Moreau, Bonnet, Pérignon, Bellard. — 24 *Prairial.* Général Moreau. — 9 *Messidor.* Procureur-général
impérial à la cour de cassation. *Dieu seul sonde les cœurs.* —
25 *Messidor.* Vérité qui n'a paru qu'un moment à la cour
de Louis XV. — 14 *Thermidor.* Nouvelle fontaine vis-à-vis
les Invalides. Lyon de Saint-Marc à Venise. — 7 *Fructidor.*
Bruits de guerre. Dernières paroles de Louis XIV. Budget
de l'an 13. Barbé-Marbois.— 16 *Fructidor.* Les lois doivent
être claires. Décret du 25 thermidor sur les pièces de
monnaie. Décret du 17 thermidor, relatif aux conscrits.
Projets de pensions civiles.

An 13.

7 *Vendémiaire.* Evénemens arrivés en Suède en 1747.
— 25 *Vendémiaire.* Retour après quatre mois d'absence.
— 3 *Brumaire.* Dépense de 500,000 fr. faite par le sénat.
— 1ᵉʳ *Frimaire.* Fêtes données à Brest au maréchal Augereau et au vice-amiral Gantheaume. — 9 *Frimaire.* Fêtes
pour le couronnement. — 17 *Frimaire.* Le peuple français
n'appartient qu'aux lois. — 5 *Nivôse.* Dépenses considérables de l'an 12. Le peuple français peut se partager en
trois classes. — 12 *Nivôse.* Nouvelles nominations de conseillers-d'état; M. Harmand, candidat.—7 *Nivôse.* Serment
demandé par le sénatus-consulte du 18 floréal an 12, aux
élèves de l'école polythecnique. Brissot de Warville. —
27 *Nivôse.* Millin de Grandmaison. Noël. Devilette. Condorcet. Quatremère de Quinci. Boissy-d'Anglas. François
de Neufchâteau. — 3 *Pluviôse.* Colléges électoraux. Nominations.—6 *Pluviôse.* Le Saint-Père. Evénemens à Sainte-Marguerite. — 16 *Pluviôse.* Princes Murat et Beauharnais.
Houdart-Lamotte, colonel du 36ᵉ régiment. Préfet de
l'Ourthe, Demousseaux. L'évêque de Coutances. Dupont
de Nemours. — 17 *Pluviôse.* Lettre au roi d'Angleterre. —
20 *Pluviôse.* Château des Tuileries. Discours d'un citoyen.
Un curé de campagne. — 26 *Pluviôse.* Budget de l'an 13.
Almanach impérial. — 22 *Ventôse.* Départ de l'empereur
pour Milan. Légion-d'Honneur. — 18 *Germinal.* Sénat qui
échange 1,000 francs de revenu en terre contre 1705 francs

16 centimes de 5 p^r 100. — 20 *Germinal*. Poudres et salpêtre.
— 17 *Floréal*. Flotte française et d'Espagne. Largesses. Légion-d'Honneur. Chevaux de poste. — 1er *Prairial*. Mort du Grand-Maître de Malte, ses créanciers. — 7 *Prairial*. Madame-Mère. Lucien. Jérôme. Rapprochement des deux frères. Meneval. Alliance contre la France. — 22 *Prairial*. Anticipations. — 13 *Messidor*. Bigot de Préameneu. Etienne Méjan. Abrial. — 3 *Thermidor*. Impôt qui ne doit être payé qu'avec les revenus de l'année — 5 *Thermidor*. Audience publique. Mauvaises nouvelles. Chambellan de Russie. Flottes combinées de France et d'Espagne. — 26 *Thermidor* ou 14 août 1805. Voyage dans les départemens. J'ai donné le premier des renseignemens sur saint Napoléon. Combat naval du 3 thermidor. — 2 *Fructidor*. Tête colossale au-dessus de la porte du Musée Napoléon. Colbert. — 6 *Fructidor*. Grâce accordée à deux gardes forestiers, Antoine et Gabriel Dumoulin. — 16 *Fructidor*. Note mise dans le *Moniteur* sur les marins français. — 18 *Fructidor*. Budget, ou état des finances.

An 14.

5 *Vendémiaire*. Garde nationale, — 11 *Vendémiaire*. Banque de France, agiot pour 1,000 f. 18 f. à 25 f. — 12 *Vendémiaire*. Projets des politiques du Jardin des Tuileries. — 13 *Vendémiaire*. Caisse d'amortissement, aperçu du compte-rendu. — 4 *Brumaire*. Couplets chantés dans Paris. Maires de Paris. — 5 *Frimaire*. Canon qui a annoncé l'entrée dans Vienne, le 22 brumaire. — 18 *Frimaire*. Régent de la banque de France, échange des billets. — 26 *Frimaire*. Remerciemens à Sa Majesté Impériale, après la bataille d'Austerlitz. — 30 *Frimaire*. Pièces comptables, proposition d'une commission. — 30 *Frimaire*. Sur le 33e bulletin de la grande armée qui accorde une gratification de 100 millions à l'armée française. — 4 *Nivôse*. Ministre du trésor public, projets de finances, ministre de la marine, ministre de l'intérieur.

An 1806.

14 *Janvier*. Quel Français ne doit pas être fier d'être représenté par l'Empereur ? Le colonel du 36e régiment de ligne qui a eu un cheval tué sous lui. — 27 *Janvier*. Les

(239)

magistrats iront porter les vœux des parisiens.— 3 *Février*.
De l'ex-ministre du trésor public. Du receveur-général
Roger qui était près de lui. D'un sieur Desprès. Six semaines
avant le retour de S. Majesté, on nommait le ministre qui
l'a remplacé. — 7 *Février*. Nouvelle organisation du corps
législatif. Du tribunat. Commission de la comptabilité en
chambre des comptes. Travaux à faire entre le boulevard
Saint-Antoine et le bord de la Seine. — 11 *Février*. Mort
du préfet de Gênes, M. Bureau de Puzy, sa veuve et ses
deux enfans. L'ex-ministre du trésor. Les sieurs Roger et
Desprès. M. Lebrun archi-trésorier. — 23 *Février*. Prolon-
gation du boulevart Saint-Antoine, jusqu'à la Seine. Place
Napoléon. Secours à domicile par S. M. Pourquoi ils sont
arriérés. — *Février*. Local pour la bourse. Collége Mazarin.
Petits-Augustins. Ateliers de peintres. Edifice commencé
faubourg Saint-Honoré , consacré à Napoléon. Budget. —
4 *Mars*. Il y a six ans que ma première lettre a été adressée
au Premier Consul.— 5 *Mars*. Paiement du 5 pour 100 fixé
au 22 mars, et le viager au 22 juin. — *Mars*. Discours de Sa
Majesté à l'ouverture du corps législatif, relatif aux impôts
indirects. — 24 *Mars*. Veuve Bureau de Puzy. Jardin de
l'Arsenal. Bâtiment des poudres et salpêtres. — 26 *Mars*.
Décret du 21 mars, relatif au sénat et à la caisse d'amortissement, pour biens cédés contre des inscriptions. — 17
Avril. Electorat d'Hanovre. Préfet de l'Ourthe. Caisse d'a-
mortissement. Son compte rendu le 2 vendémiaire an 14.
Evaluation de la banque et du 5 pour 100 consolidés. Mme
veuve Bureau de Puzy. M. Estève. — 24 *Avril*. Compte
rendu par le ministre des finances. Supplément au compte
d'amortissement. Candidat pour la place de sous-gouver-
neur. Musée des Antiques. Inscription au-dessus de la
porte. — 3 *Mai*. M. Tenon , membre de la Légion-d'Honneur. Cautionnement des employés de la régie et de l'enregistrement. — 9 *Mai*. Fontaines qu'on va construire dans
Paris. — 24 *Mai*. Billets de banque de France. Receveurs-
généraux des départemens. — 9 *Juin*. Abus commis par des
commissaires des guerres. Receveurs-généraux. Préfets et
sous-préfets. — 4 *Juillet*. Décret relatif aux théâtres. Opéra.
Porte Saint-Martin. Entrepreneurs en faillite. Marchands.
Banquiers. Le sieur Recamier. Priviléges donnés aux grands
théâtres. Ministre de l'intérieur.—23 *Juillet*. Légion-d'Honneur. Diverses dénominations. Plusieurs ordres dans un.

Projet d'une colonne en bronze (*Journal de l'Empire* des 15 juillet, 12 et 24 août 1806.). — 1ᵉʳ *Août*. Loterie impériale. Gens qui excitent le peuple sur les places publiques. Bruits de paix. — 11 *Août*. Rentiers viagers et pensionnaires. Avis du conseil-d'état. Décès des rentiers et des pensionnaires. — 14 *Août*. Rentiers viagers. Receveurs-généraux. Vers pour la fête de Napoléon. — 22 *Août*. Comptabilité des receveurs-généraux. Français qui ont obtenu des titres en Italie. Dangers d'une noblesse héréditaire. — 27 *Août*. Colonne proposée par le grand maréchal du palais Duroc, et le capitaine d'artillerie Bourdin. — 20 *Septembre*. Décret sur les rentiers viagers et pensionnaires. Que le peuple ne sente pas le bras qui le gouverne. — *Fin Septembre*. Propos qui circulaient sur les vaisseaux français qui étaient dans la rade de Cadix. — 10 *Octobre*. Le prince Jérôme. Mort de l'évêque d'Orléans. Proposition de l'évêque de Coutances pour cet évêché. — 23 *Octobre*. Comment écrire l'histoire d'une campagne qui paraît se terminer aussi promptement ? Abus et spéculation financière sur le nouveau Catéchisme catholique. — *Fin Octobre*. Journée du 14. Mort du colonel de Lamotte, du 36ᵉ régiment de ligne. Demande d'une pension pour Mᵐᵉ Lamotte, sa mère. — 7 *Novembre*. Soldats prussiens prisonniers. Camp sous Paris en 1793. — 11 *Novembre*. Receveurs-généraux, restant en caisse, abus. — 22 *Novembre*. Code de commerce. Les sieurs Récamier. M. Thibon, gouverneur de la banque. — 22 *Novembre*. Colonne de Rosback. Prisonniers prussiens. — 16 *Décembre*. Décret du 21 novembre. Baisse de l'argent dans le commerce. Evêque de Coutances. Agence du trésor public. Décret du 2 décembre, qui affecte l'église de la Magdelaine pour la bourse. — 27 *Décembre*. Certificats de vie. Figure de la Paix chez l'orfèvre Cheret.

An 1807.

12 *Janvier*. Attente des opérations militaires. Situation de la bourse. Certificats de vie, droit des notaires. Emplacement des ci-devant Grands-Augustins, pour y placer les marchands qui sont sur le quai. — 24 *Janvier*. Statue en pied du général Desaix : atelier de M. Joux. Militaires français nus. Statues du grand Condé, du général Schewin sur

la place Ferdinand à Berlin. — 7 *Février*. Sur la détermination de l'empereur de rester à l'armée. Comptabilité des receveurs-généraux. Paiement du 5 pour 100 dans le trimestre. Place du Carrousel. — 13 *Mars*. 58ᵉ Bulletin. Stagnation du commerce. Statue du général d'Hautpoul. 63ᵉ Bulletin. Général Desaix. Prussiens arrivés à St-Denis. — 26 *Mars*. Diamant déposé au Mont-de-Piété. Mort du doyen des maires, qui avait été fait sénateur. Demande en faveur du doyen des maires de Paris, qui a été à Schœnbrunn présenter les respectueux hommages de la ville de Paris (M. Dupont). Evêché d'Orléans. — 30 *Mars*. Arrêté du préfet de la Nièvre. Place de bibliothécaire à l'Institut. Ministre des cultes, M. Freyssinous. Préfet de police. — 6 *Avril*. Remercîmens pour l'évêque de Coutances, nommé à l'évêché d'Orléans. Ministre du trésor public. Loi du 21 floréal an 10. Intérêts des 5 pour 100. — 14 *Avril*. Arc de triomphe, place du Carrousel. Pont des Arts. Conscription de 1808. Ambassadeur français à Constantinople. Le général Sébastiani. 7ᵉ année commencée. 12 *Mai*. Code de commerce. Jardin et château des Tuileries. Caisses arrivées de Berlin, renfermant des objets d'arts, sur le quai du Louvre. — 4 *Août*. Evénement arrivé à des membres de l'Institut. Andrieux. Mot prononcé sur les Parisiens au président du tribunal de première instance, par l'Empereur. Je n'ai pas osé présenter une pétition. Comptables destitués. — 14 *Août*. Envoi, pour saint Napoléon, d'une fleur. — 18 *Août*. Remercîmens sur la nomination de M. Dupont, doyen des maires au sénat. Bourse de Paris. Emplacement du tribunal de commerce. Banque de France. Comptables destitués. — 19 *Août*. Envoi de couplets chantés dans les rues de Paris. — 22 *Août*. Crime de Vidal père, pour avoir voulu soustraire son fils à la conscription. Demande que Sa Majesté veuille bien commuer la peine. — 18 *Septembre*. Assemblées cantonnales. Statue du général d'Hautpoul, qui doit être à la place Royale. Château de Saint-Cloud. — 22 *Septembre*. Nomination du premier président à la cour des comptes. Barbé-Marbois. — 24 *Septembre*. Référendaires à la cour des comptes.

An 1808.

19 *Avril*. Mémoire sur le grenier de réserve qu'on établit à Paris. — 24 *Mai*. Evénemens de Madrid. Archevêque de Paris. L'évêque d'Orléans. — 12 *Juin*. Denrées coloniales. Evêque d'Orléans. Chanoine de Saint-Denis. — 4 *Août*. Gardes d'honneur. Evêché de Troyes. — 10 *Septembre*. Canal de l'Ourcq. Egout de la rue Saint-Denis. Effets publics. Tuteurs. — *Fin Septembre*. Affaires d'Espagne. Généraux français qui ont capitulé. — 1er *Octobre*. Général du génie qui a signé la capitulation en Espagne. — 6 *Octobre*. Envoi d'une marche guerrière. — 10 *Octobre*. Conduite d'un régiment polonais. Le fermage des terres baisse. Comptes des communes et budgets. Evêque d'Orléans. — 25 *Novembre*. Nouvelles d'Espagne attendues. Rue de Rivoli. Madame d'Orléans. — 15 *Décembre*. Attente du retour de Sa Majesté de Madrid. Tribunal de première instance. Places vacantes au sénat. — 29 *Décembre*. Corps législatif. Compte de la ville de Paris. Joueur à la bourse. Le général Liniers. — 31 *Décembre*. Droits de petites voiries.

An 1809.

7 *Janvier*. Haute cour qui doit s'assembler. Cour des comptes. — 23 *Février*. Joueurs à la bourse. Président du tribunal de première instance. — 17 *Mars*. Décrets impériaux pour abolir la mendicité. Manière de les éluder. — 23 *Mars*. Dépenses de la ville de Turin. Compte de la commune de Bordeaux. Sénateur ex-maire de Bordeaux. Emprunt de la ville de Bordeaux. Bassin de la Villette. Canal de l'Ourcq. — 13 *Mai*. Nouvelles de l'armée française en Allemagne. Inscriptions. — 18 *Mai*. Armée française dans Vienne. Joueurs à la bourse. — 20 *Mai*. Ombre de Marie-Thérèse. Cour de Rome. Vin de Champagne, hôtel du prince d'Awersperg. — 24 *Juin*. Guerre d'Allemagne. MM. Depergent et Zinzendorff. Guerre d'Espagne. Général Duhesme. — 27 *Juillet*. Bas-reliefs de l'arc de triomphe, place du Carrousel. Prisonniers autrichiens. Le prince d'Awersperg prisonnier. — 1er *Août*. Sacs au trésor public, petite monnaie qui ne circule pas. — 8 *Août*. On attend la paix.

Débarquement des Anglais. Le général Monnet. Poteaux sur les chemins pour indiquer les routes. — 10 *Août*. Arc de triomphe du Carrousel. Porte Saint-Martin. — 11 *Août*. Iles Sainte-Marguerite. — 26 *Août*. Garde nationale. Bruits de paix. — 30 *Août*. Ministre de la police générale. Garde nationale. Préfet de police. Préfet du département de la Seine. Maires. M. Oberkampff, Grand-Chancelier de la Légion-d'Honneur. — 6 *Octobre*. Gardes nationales. Colonnes mobiles. — 8 *Octobre*. Bruits de paix. Conscriptions de 1806, 1807, 1808 et 1809. — 27 *Octobre*. Traité de paix. Le Saint-Père. — 4 *Novembre*. Communication du traité de paix au sénat. Préfet du département de la Seine. Compte de la commune. Entrepreneurs des travaux pour la ville de Paris. — 25 *Novembre*. Saint-Père. La ville de Paris prépare une fête. Canons pris par le prince Murat. Boissy-d'Anglas. — 7 *Décembre*. Compte de la commune de Paris. Régie de l'enregistrement. Grand-juge. — 21 *Décembre*. Conjecture d'une alliance avec la Saxe ou la Russie. Discours du ministre de l'intérieur sur des ecclésiastiques appelés au conseil-d'état.

An 1810

20 *Janvier*. La paix conclue avec les puissances du continent. — 26 *Janvier*. Jeune princesse présentée à la cour de Saxe. — 21 *Février*. Décret impérial du 28 août 1808 sur les tabacs. — 29 *Février*. Demande de feux dans les places publiques, à cause du froid rigoureux. — 2 *Mars*. Administration des préfets. Préfet de la Lys. L'évêque d'Orléans. — 15 *Mars*. Emprunts de la ville de Paris. Compte de la commune de Paris. Travaux de ladite commune. — 17 *Mars*. Banqueroute d'un agent de change. Ministre de la marine. — 29 *Mars*. Rois de Bavière et de Wurtemberg. Voyages des anciens rois de France à Compiègne ou à Fontainebleau. Auditeurs au conseil-d'état. — 24 *Mars*. Grâces à répandre à l'occasion du mariage avec Marie-Louise d'Autriche. — 9 *Avril*. Couplets chantés dans les rues de Paris. — 18 *Avril*. Affaires de l'église. Cardinaux dissidens. Bas clergé. Compte de la Légion-d'Honneur, de la caisse d'amortissement. — 19 *Avril*. Voyage des maires de Paris à Compiègne. — 28 *Avril*. Cadastre mal fait. Audience aux

maires et adjoints de Compiègne. Inscription révolutionnaire qui existe au-dessous du cadran de l'hôtel-de-ville à Paris. — 6 *Mai*. Lefèvre, constructeur de navires. Ministre de la marine. — 28 *Mai*. Culture des tabacs ; avis du préfet de Gênes. Décision du ministre des finances sur le décret du 28 août 1808. — 13 *Juin*. Fête donnée par la ville de Paris. Jeune homme à qui l'Empereur a adressé la parole. Préfet de la Seine. Chef du bureau de la préfecture. Dot des filles à marier par la ville. — 20 *Juillet*. Ministre de la police générale. Crainte que la paix ne soit troublée sur le continent. — 1er *Août*. Archi-trésorier, lieutenant-général en Hollande. Taitement du préfet du département de la Seine. Société de la charité maternelle. — 4 *Août*. Société maternelle. Le général Ferino. M. Collin, conseiller-d'état. Madame de Fleurieu. — 23 *Août*. Munificence de Sa Majesté. Le maréchal Macdonald. Le duc de Massa. Abus sous l'ancien régime. Le fils du grand-juge. Grandmenil. Princesse Antoinette. Gérard. Pièces de 24 et de 30 sous. — 31 *Août*. Petites monnaies de deux et trois centimes. — 2 *Septembre*. Statue du général Desaix. — 16 *Septembre*. Petites monnaies. — 29 *Septembre*. Commissaire de police à Lyon. — 29 *Septembre*. Le maréchal Davoust. Madame-Mère. Le canal de l'Ourcq. — 1er *Octobre*. Commissaire de police à Lyon. M. Letourneur, maître des comptes. Quai aux fleurs. Pont-Neuf. Pharmacie centrale. Pavé de Paris. Argent perdu. — 8 *Octobre*. Abbaye de Clairvaux. Ecus de 3 livres et de 6 livres. Préfet de la Seine. — 10 *Octobre*. Evêque d'Orléans. Maire du 3e arrondissement. — 27 *Octobre*. Droits-réunis. Adjoint à la mairie du 3e arrondissement. Préfet de la Lys. Préfet de la Seine. Etalage des bouchers et charcutiers à Paris. — 19 *Novembre*. Pensions. Tribunaux. Cadastre. Evêque de Nantes. Mlle Hyacinthe Dominique de Bourbon, religieuse à Rome. — 27 *Novembre*. Statue de l'empereur d'Autriche. Préfet de Seine-et-Marne. Réunion de la Hollande. — 3 *Décembre*. M. Moustelon, administrateur des droits-réunis. Préfet de Seine-et-Marne. Conscrits. Guerre viagère. Garde nationale. — 5 *Décembre*. Mort de Treilhard. Sénateur Ferino. Préfet du Montblanc. Préfets de Seine-et-Marne et de la Seine. — 14 *Décembre*. Lots non réclamés. Compte de la commune de Paris.

An 1811.

14 *Janvier*. Lettres patentes. Maître des requêtes, près le préfet de la Seine. L'abbé d'Astros. Sénateur Ferino. — 24 *Janvier*. Faillites. Indigens de la ville de Paris. — 28 *Janvier*. Valeur du pain en Angleterre. — 13 *Février*. Cour de cassation. Cour des comptes. Travaux exécutés dans Paris. Préfet de la Seine. Nourrice retenue. — 14 *Mars*. Pensions accordées par exception. — 19 *Mars*. Maisons de détention. Ministre de l'intérieur. — 20 *Mars*. Naissance du roi de Rome. — 13 *Avril*. Cardinal Maury. Maire du 12ᵉ arrondissement à la place de maître des comptes. — 30 *Avril*. Institut. Châteaubriant. Chénier. Culture de betteraves. — 28 *Mai*. Souffrances de la classe ouvrière. Distribution de secours. Guerre d'Espagne. — 29 *Juin*. Canal de l'Ourcq. Liquidation dans les bureaux du département de la Seine. Lefebvre, ancien fermier des canaux de Loing. Pierlot. Adjoint du 9ᵉ arrondissement. Guyard, référendaire de 1ʳᵉ classe à la cour des comptes. — 2 *Juillet*. Receveurs des hospices et des communes. — 20 *Juillet*. Italiens condamnés par un conseil de guerre. Santé de Sa Majesté l'Impératrice. — 30 *Juillet*. Concile dissous. Le sieur Huet, adjoint à la 7ᵉ mairie. Mairie du 12ᵉ arrondissement. Munificence envers trois maires du département de la Seine. — 9 *Août*. Receveurs des communes. Commune d'Ypres. 22 *Août*. Visite au château, le 15 du mois. David. Affaire du clergé. Pensionnaires de 80 ans. — 30 *Septembre*. Intendantgénéral de l'armée d'Espagne. — 6 *Octobre*. Affaires de l'église. Le général d'Hautpoul. Place des Vosges. Places des généraux, ci-devant place Louis XV. — 29 *Novembre*. Subsistances à Paris. Maire d'Anvers. Maire de Saint-Denis, département de la Seine. — 7 *décembre*. Administration des postes. Madame de Saint-Marc. Subsistances. Afficher les mercuriales. — 13 *Décembre*. Madame de Fleurieu. Ministre de la marine.

An 1812.

31 *Janvier*. Canal de Saint-Quentin. Boulangers. Décret sur la retenue des traitemens pour pensions. Archi-trésorier. — 1ᵉʳ *Février*. Conseil de régence. Départ de Sa Ma-

jesté. Turcs chassés de l'Europe. Empereur de Russie. — 15 *Février*. Recette municipale de Rouen. Exercice 1809, compte de la commune, préfet et maire responsables. Receveur de la commune de Versailles, et maire. — 17 *Février*. (Faute d'impression, c'est 27 *février*.) Réglement sur la librairie. Manuscrit intitulé : *Quelques idées sur le commerce entre la France et l'Angleterre*. Ministre des relations extérieures. Directeur-général de la librairie. M. Pommereuil. — 9 *Mars*. Commission d'enquête, composée des membres de la haute-cour. Le général Marescot. Fonds publics. Subsistances. Licences. Administration des postes. Le comte Daru; le duc de Bassano. Pensionnaires de la Hollande, de la Toscane. Ministre des finances. — 14 *Mars*. Garde nationale. Droits-réunis, Moustelon. Emmanuel Dupati. Goffin (le brave). Les journaux de l'Empire, du 7 au 11 mars ; rendent compte d'un événement arrivé par l'explosion subite d'une mine à charbon près Liége, qui a englouti, pendant cinq jours, soixante-onze ouvriers et Goffin, le maître mineur : il a soutenu leur courage et dirigé leurs travaux, qui, avec ceux qu'on faisait à l'extérieur, ont été couronnés d'un plein succès. L'Empereur a accordé au brave Goffin la croix d'honneur et 600 fr. de pension. — 21 *Mars*. Affaires de l'église. Baron Meckenem. Conscription. — 10 *Avril*. Prisonniers Espagnols. Fonds pour la marine. Subsistances. Mendicité. — 15 *Avril*. Subsistances. Boulangers. Pains de fantaisie. — 30 *Mai*. L'empereur Alexandre. Prince régent. Greffier en chef de la cour impériale. Hedoin. — 9 *Juillet*. Subsistances. Sa Sainteté à Fontainebleau. Préfet de la Seine. Maison Beaumarchais. — 26 *Juillet*. Attente des nouvelles de la grande armée. Empire de Russie. M. Denié. Droits-réunis. M. Deparni. — 15 *Août*. Vœux à l'occasion de la fête du 15 août. Grande armée. Plaies, mauvais chemins, froids, réduiront la grande armée. Elèves de l'Ecole polytechnique. Artillerie. Pologne. Russie. — 10 *Septembre*. Quatorzième bulletin de l'armée. Droits-réunis. M. Daudignac, M. Helwot. Trésor public. M. Levreau, chirurgien. Le cardinal Maury. Saint-Roch. Madrid. — 11 *Octobre*. Bataille de la Moskowa. Prince Dolgorouky, propos qu'il a tenu à Vienne après la bataille d'Austerlitz. Drapeau sur les Tuileries. Cédules. Trésor impérial. Cherté du blé. Décret du 25 mars 1811, qui ne reçoit pas son exécution. — 24 *Octobre*.

Journée du 23 octobre. Ministre de la police générale. Préfet de police. Le commandant de la place de Paris. Doucet, adjudant. Laborde. Le préfet de la Seine. — 11 *Novembre*. Ministre de la police. Préfet de police. Exécution des coupables de la journée du 23 octobre. Vices des assemblées cantonnales. Le général Sébastiani, bagages enlevés. — 24 *Novembre*. Opinion de l'Empereur sur la journée du 23 octobre. Directeur-général des droits-réunis, embarras dans sa comptabilité. Préfecture de la Seine. — 12 *Décembre*. Bruits sur la grande armée. Dépenses considérables. A l'audience de dimanche 6 de ce mois, Sa Majesté l'Impératrice n'a pas donné de nouvelles de l'Empereur. Sa présence serait nécessaire à Paris.

An 1813.

30 *Janvier*. *Moniteur* du 27 du mois. Je déchire le voile qu'on veut mettre entre Sa Majesté et le peuple. Maréchal Macdonald. Maréchal de Bellune. Le prince de Wagram. Je rappelle mes lettres du 9 fructidor an 4, du 15 août 1812. Réquisition de chevaux. — 22 *Février*. Le prince de la Moskowa. Cohortes qui rejoignent la grande armée. Warsovie. Russes. Suppléans des deux dernières conscriptions. Mayence. — 18 *Mars*. Nouvelles qui circulent de l'armée. Ministère de l'intérieur. Le comte Molé. Mendicité. — 20 *Mars*. Chute faite par l'empereur. Etat de Sa Majesté l'Impératrice. Le peuple désire la paix. — 31 *Mars*. Préfet du Haut-Rhin. Cardinal Maury. Régimens non habillés. — 25 *Avril*. La cour de Vienne. Congrès à Prague. Champ de bataille où l'on voit 20 ou 25 mille hommes qui ont cessé de vivre. — 4 *Juin*. A Bautzen, quartier-général, Prusse. Batailles de Lutzen et de Wurtchen. Mort du grand maréchal du palais. Le général Bertrand pourrait le remplacer. Gêne du trésor public. Pertes sur les annuités. — 20 *Juillet*. Affaires d'Espagne. Biens ruraux. Taxes arbitraires. — 5 *Août*. Président de la cour de cassation. L'argent du trésor ne doit pas acquitter les dettes d'un homme de mauvaises mœurs. Le Juif Cremieux. — 9 *Août*. Le sieur Muraire. M. Pinteville Cernon. — 13 *Novembre*. Ne pas se méprendre sur les adresses des conseils municipaux. Coups de canon tirés en cinq jours. Le peuple français

demande la paix. Attaque faite du côté de Besançon.
— 21 *Novembre*. On demande la paix. Pension accordée
à la sœur du général Poniatowski. Le premier président
de la cour de cassation. Un maître des comptes. — 24 *Novembre*. Subsistances. Préfet de la Seine. — 8 *Décembre*. Le
général Bertrand, grand maréchal du palais. Le comte
Molé. Préfet de de la Seine. — 28 *Décembre*. Passage du
Rhin par les ennemis. La France entière demande la paix.
Corps législatif.

An 1814.

7 *Janvier*. Droits-réunis. Banqueroute du sieur James.
Le comte François. Le roi Joseph. — 23 *Janvier*. Opinion
générale sur les événemens. Garde nationale. Corps législatif. Budget. Désir de la paix. — 5 *Février*. Alliés. Duc de
Vicence. Ministre de l'intérieur. M. de Mailly. Le maréchal
Ney. Mont de Piété. Le général Caffarelly. Le maréchal
Moncey. — 10 *Février*. La paix. Les alliés. Militaires que
les particuliers logent et nourrissent. Conférences. Le
comte de l'Espinasse. Compagnie de canonniers. Palissades.
Garde nationale. Merlin de Thionville. — 13 *Février*. Situation de Paris. — 28 *Février*. Situation de Paris. Train
d'artillerie. Voiture de pain pour l'armée. Sénateur Aboville. Voitures de blessés. — 17 *Mars*. Espoir d'une suspension d'armes. Coalisés qui attaquent de tous côtés. Gaspillage dans les réquisitions. Empereur d'Autriche. Paris
toujours inquiet. Ministres qui sont coupables s'ils ne disent
pas la situation de l'empire.

NOTE SUPPLÉMENTAIRE.

12 *Janvier* 1807 (*à Varsovie*). Le décret qui ordonne
l'établissement du marché à la volaille, dans le bâtiment
des Grands-Augustins, est du 21 septembre 1807.

Après les travaux faits, l'ordonnance de police de trans-
lation, est du 27 janvier 1812, et l'installation, du 1ᵉʳ février 1812.

FIN.

LETTRE

D'UN FRANÇAIS

à

CHARLES-PHILIPPE,

Comte d'Artois,

ÉCRITE EN MESSIDOR AN 12 (OU JUILLET 1804).

AVERTISSEMENT DE L'ÉDITEUR.

Cette lettre, écrite par un Français, en messidor an 12 (ou juillet 1804), à Charles-Philippe, comte d'Artois, contient des faits qui, quoique éloignés, feront connaître au public, sur la révolution de 1789, les différentes causes qui ont pu l'amener graduellement, et l'opinion que l'on avait, à cette époque, de la cour de France.

On y verra la situation des esprits, en messidor an 12, sur le gouvernement, et la prévision de l'auteur dans le cas d'un changement en faveur des Bourbons, qui s'est trouvée réalisée.

Elle a été trouvée dans les papiers d'un homme qui, comme on le voit, avait vécu sous le règne de Louis XV, et a connu quelques détails de l'administration intérieure des trois frères qui ont occupé le trône de France.

LETTRE

D'UN FRANÇAIS

à

CHARLES-PHILIPPE,

Comte d'Artois,

ÉCRITE EN MESSIDOR AN 12 (OU JUILLET 1804).

MONSIEUR LE COMTE,

Depuis le 16 juillet 1789, que vous avez quitté la France, vous n'avez pas connu le véritable esprit des Français. On vous l'a montré soit dans des rapports qui flattaient vos espérances, soit dans des écrits souvent exagérés.

J'ignore si jamais vous avez su les véritables causes de cette étrange révolution ; j'ai lieu de penser que, trop loin des clameurs du peuple, vous n'avez jamais connu quel reproche il faisait à ceux qui le gouvernaient depuis long-temps.

Vous avez vécu assez sous le règne de Louis XV, puisque vous aviez dix-sept ans à sa mort, pour vous souvenir des dernières années de son règne : il avait entièrement abandonné les rênes du gouvernement à ses ministres. La vie licencieuse qu'il menait, et surtout la femme qui faisait sa société habituelle, lui avaient fait perdre toute considération, et même cette magie nécessaire qui doit entourer un roi. Ses ministres multipliaient les impôts, réduisaient les rentes et sacrifiaient l'honneur de la nation française pour conserver la paix, que leur maître voulait acheter à quelque prix que ce fût (*).

Ce sont ces exemples de débauche, de faiblesse et de profusion, que vous avez vus dans un temps où vos passions commençaient à se faire sentir, qui ont fait naître dans votre esprit de fausses idées; alors, vous avez suivi, sans mesure, tout ce qui pouvait flatter vos goûts, et les gens de cour, vos favoris, sont venus applaudir à vos désordres.

Vous n'avez pas été le seul à la cour qui ayez eu une conduite reprochable.

Le peuple a perdu pour vous ce respect et ces égards qu'il doit avoir pour ceux qui le gouvernent. Il a su, aussi bien que vous, votre inconduite, et mieux que vous l'état de vos finances. C'est là ce qui fixe souvent l'opinion publique. Il a su que le roi votre frère avait été forcé de se charger de vos dettes, ou plutôt d'en charger le trésor royal. Il a su que vos dettes se renouvelaient toujours, malgré vos apanages, vos domaines patrimoniaux, qui montaient à environ cinq ou six millions de revenu, et les quatre millions environ que vous tiriez encore du trésor royal. Quand ce peuple a su que ces dix millions environ étaient loin de suffire à vos dépenses exagérées; que déjà, en 1787, vous aviez anticipé vos revenus de plus de treize millions; qu'en 1789, vos anticipations étaient de plus de vingt-cinq millions, il a perdu l'espoir de vous voir combler le déficit (**).

L'argent dépensé avec profusion ne l'est pas toujours sagement, et votre conduite dissipée a souvent été un scandale pour les mœurs. Fort du rang de vos ancêtres et de celui que vous teniez, vous avez peut-être un peu trop défié l'opinion publique; vous ignoriez que c'est elle qui détruit ou fonde les empires.

(*) A cette époque, les parlemens lui étaient vendus, et celui de Paris envoyait à la mort M. de Lally, avec un bâillon à la bouche.

(**) En 1790, les anticipations montaient à plus de 30,000,000 fr.

D'un autre côté, on voyait votre frère, Louis-Stanislas-Xavier, malgré ses apanages, ses revenus patrimoniaux et l'apparence d'une conduite plus régulière, demander au roi de l'argent dans un moment où les besoins du trésor royal se faisaient sentir. Comme il voyait que Louis XVI payait vos dettes, il voulait aussi avoir de l'argent.

Le 15 août 1784, on voit Louis-Stanislas-Xavier demander et obtenir une ordonnance sur le trésor royal, signée *de Calonne*, de *trois millions*.

Il faisait aussi des anticipations. En 1783, on voit une délibération de son comité des finances, lequel décide qu'attendu les besoins du trésor, on escomptera les inscriptions des receveurs des domaines et bois, à raison de cinq pour cent et quatre pour cent de commission.

Comme il avait toujours un emprunt ouvert, on voit qu'il constitue, le 20 juin 1784, à Mme de Balby, dame d'atours de son épouse, et chez laquelle il allait souvent, au Luxembourg, une rente viagère de vingt-cinq mille francs ; et dans le contrat (pour ne pas faire voir que c'était un don de *Monsieur*), on déclare que la somme versée au trésor provient des libéralités de sa famille. Mais bientôt Mme de Balby, qui aimait mieux en avoir le capital, reçoit, le 21 février 1785 (c'est-à-dire huit mois après la constitution), pour la rente qui lui avait été constituée, un principal de 277,777 livres 15 sous 5 deniers, afin d'en disposer comme elle le voudrait, attendu qu'elle était séparée de son mari, qu'un ordre du roi tenait enfermé à Charenton, et qui n'attendait que la révolution pour en sortir.

On trouve encore, sous la date du 28 décembre 1785, une ordonnance signée *de Calonne*, ainsi motivée :

« Paiement à faire par M. d'Harveley, garde du trésor » royal, au porteur, pour affaires secrètes, *sept millions*. »

Rien ne montre plus la mobilité de l'esprit du gouvernement, que le changement de ministre dans le même ministère. La place de contrôleur-général des finances a été occupée, en moins de seize années, par onze personnes, savoir : L'abbé Terray, qui était en place en 1774, et qui a eu pour successeurs MM. Turgot, de Clugny, Taboureau, Necker, Joly de Fleury, Dormesson, de Calonne, de Fourqueux, Lambert, l'archevêque de Sens; enfin, en 1789, on vit reparaître M. Necker. On n'estimait alors un contrôleur-général qu'autant qu'il procurait de l'argent, et aussitôt que ses moyens étaient épuisés, on passait à un autre.

La cour ne se donnait pas la peine de réfléchir pour savoir si le peuple raisonnait ou ne raisonnait pas sur ses actions; cependant les regards se portaient sur elle. Vous ne vous doutiez pas que toutes vos fautes vous étaient reprochées, et que la mesure allait toujours se comblant.

C'est à cette inconduite de la cour de France que l'on doit cette révolution si orageuse. Elle l'a attribuée à des gens qui désiraient se saisir du pouvoir. Mais ces gens ont eu un grand avantage, en dénonçant au peuple tous les vices d'un règne de plus de cinquante années, et en lui montrant la faiblesse de celui qui l'a suivi.

Les favoris de cour ont bercé votre enfance, en vous répétant sans cesse que le peuple était attaché à ses rois. Ils auraient dû vous ajouter qu'il ne l'était qu'autant qu'il est bien gouverné, et que depuis long-temps il avait à se plaindre.

Les événemens qui se sont succédés depuis 1789, et dont vous et votre famille avez éprouvé le choc, doivent servir de leçons à tous ceux qui tiennent les rênes d'un gouvernement. C'est aux flatteurs que les rois doivent souvent leurs fautes ; s'ils ont l'insouciance d'abandonner à des mains étrangères le gouvernement, le mal retombe toujours sur eux, et les malédictions que le peuple profère ont tôt ou tard leur accomplissement.

Je vais tracer succinctement les motifs qui attachent les Français au gouvernement qu'ils ont adopté; et si, mettant de côté toute prévention, vous voulez vous défaire quelques instans de l'idée de votre naissance, vous jugerez sans doute qu'ils ne peuvent pas faire un autre souhait.

Il me semble qu'on doit juger ceux qui gouvernent par
le bien ou le mal qu'ils font dans la manière d'administrer.

Il s'agit d'examiner en grand cette administration et
de voir si la France, depuis le 18 brumaire an 8, est
mieux gouvernée qu'elle l'était avant ; si les citoyens sont
plus tranquilles dans leurs foyers ; s'ils ont plus de sûreté
dans leurs propriétés ; si l'arbitraire est banni des tribunaux ; si l'ordre est rétabli dans les finances ; si les fonctionnaires publics sont payés ; si les rentiers reçoivent
aux époques désignées ; si les dépenses sont surveillées ;
si leur emploi est bien distribué ; si le gouvernement
enfin a l'énergie nécessaire pour faire respecter la nation
par ses voisins et maintenir ses engagemens avec ses
alliés ; si les institutions annoncent qu'il ne perd pas de
vue la restauration des mœurs et la pratique de la religion ; si ses vues sont dirigées sur le commerce et l'agriculture, et s'il emploie tous les moyens qui sont en son
pouvoir pour leur assurer des moyens faciles de consommation. Alors on ne peut pas se refuser de convenir que
le chef sous lequel tout cela s'opère n'ait pas le talent de
gouverner.

La France, en l'an 7, formait le vœu unanime qu'au milieu de ses décombres il s'élevât un homme qui rétablît son
grand édifice, et qui, d'un bras courageux, cherchât à remettre l'équilibre qu'elle avait perdu depuis long-temps.

Aucun Français ne peut se dissimuler que la méthode
de gouverner du directoire était tellement contraire à une
bonne administration, que plus d'un tiers des contributions se trouvait absorbé par les sacrifices qu'il était
obligé de faire pour se procurer promptement les deux
autres tiers, qui ne pouvaient pas suffire aux dépenses,
et mettaient la plupart des créanciers de l'état dans l'im-
possibilité de recevoir ce qui leur était dû. Les rentiers
n'obtenaient leur tiers qu'en papier, lequel perdait 20
ou 30 pour 100 sur la place. Les fonctionnaires publics
avaient un arriéré de sept à huit mois ; les fournisseurs
ne recevaient que des parcelles sur le prix de leur marché ; comme tout avait été renversé par ceux qui gouver-

naient, rien ne se relevait, et les institutions les meilleures étaient rejetées par cela même qu'elles avaient existé sous le régime royal.

La guerre se prolongeait, malgré quelques victoires, parce que le Directoire ne jouissait d'aucune considération, et que, se livrant à lui-même des combats, les puissances ennemies espéraient toujours sur les divisions intérieures pour obtenir des avantages.

Il faut le dire franchement, les Français attachés à leur pays, et qui le voyaient agité, cherchaient dans l'éloignement quel serait l'homme qui pourrait faire cesser cet état d'anxiété qu'ils éprouvaient. Ils craignaient avoir encore long-temps à espérer, lorsque le 18 brumaire an 8 arriva. Celui qui se présentait devait nécessairement rallier à lui beaucoup de monde. Il avait donné des preuves de talent à la tête des armées; il était jeune, et l'on ne pouvait pas lui attribuer les crimes de la révolution.

La faiblesse de l'ancien gouvernement royal faisait désirer que le pouvoir, qui, sous le Directoire, était devenu un pouvoir arbitraire et anarchique, tombât dans des mains vigoureuses, et que celui qui s'en emparerait, éteignît toutes les factions, et ne songeât qu'à rétablir autour de lui le calme que la France, agitée depuis près de dix ans, ne connaissait plus. Aussi, dès le 22 brumaire an 8, les consuls rapportèrent-ils la loi sur les ôtages, rendue le 24 messidor an 7, et qui avait fait planer la terreur sur toute la république. Un emprunt progressif sur les fortunes, du 10 messidor an 7, et qui était regardé comme une inquisition, fut également rapporté et remplacé par une simple addition sur les contributions existantes qui lui servirent de base.

Il faut s'être trouvé au château des Tuileries, le 20 juin 1792, il faut avoir entendu proférer des blasphèmes par les énergumènes qui étaient venus assiéger ce palais, les avoir vu monter une pièce de canon dans les appartemens, insulter le roi constitutionnel, pour sentir la différence qu'il y a de parcourir ce même palais, de voir la sécurité qui y règne, celui qui l'habite respecté de ceux qui l'entourent , et les malveillans s'écarter de cette enceinte.

Le système adopté par les gouvernans , depuis 1793 , tendait à renverser la religion , en jetant du ridicule, soit sur ses dogmes, soit sur ses ministres. Le peuple , dans cet esprit d'indécision , flottait depuis six à sept ans ; rien ne remplaçait le vide qu'il trouvait dans son intérieur , sa conscience ne le laissait pas en repos ; il paraissait difficile de réédifier les temples abattus , dont les ministres errans ne trouvaient pas une pierre en France pour reposer leurs têtes. Enfin la loi du 18 germinal an 10 releva les autels , rappela les ministres du sacerdoce, et porta dans les cœurs des Français la joie, et surtout l'espérance d'un rapprochement entre eux et le ciel.

Pour sentir le bienfait d'une loi aussi sage , il faut avoir vu en France le glaive de la proscription se promener sur tous les ministres de la religion ; il faut avoir entendu le marteau démolir une partie des temples et avoir vu l'autre servir, comme ceux de Jérusalem , de lieu de trafic pour les changeurs et de caverne pour les brigands ; il faut avoir parcouru les places publiques dans ces temps de fermentation ; il faut avoir entendu des groupes d'agitateurs semant l'insubordination avec une impudence dont on n'avait pas encore vu d'exemple , s'arrêtant dans les carrefours, excitant le peuple contre toutes les autorités , ne respectant ni le droit des gens , ni le droit de propriété , montrant au doigt les meilleurs citoyens et les indiquant comme les ennemis de leur pays ; il faut avoir frémi dans ces temps de trouble , pour sentir la différence qui existe depuis le 18 brumaire , pour voir avec un œil de satisfaction le calme qui règne dans les places publiques et la disparition des agitateurs.

Il faut avoir vu dans Paris ces forges ardentes établies pour fabriquer des canons de fusil , à la place Royale , dans le jardin du Luxembourg , dans les avenues des Invalides , etc. , etc. , occupant de nombreux Cyclopes qui fabriquaient de mauvais canons , dépensaient sans nécessité beaucoup d'argent , et rendaient ces lieux ténébreux et suffoquans par une fumée noire et épaisse.

Il faut parcourir maintenant le jardin du Luxembourg, embelli par les nouveaux agrandissemens et les travaux que le sénat a fait faire ; il faut voir la place Royale déblayée de ces antres ténébreux, rendue aux habitans d'alentour pour leur promenade ; et vis-à-vis les Invalides, une belle fontaine qui vient de s'élever et décorer le quinconce qui se trouve entre l'hôtel des Invalides et la Seine. Il faut avoir vécu pendant ces temps orageux, pour applaudir au génie qui a fait disparaître et créer tant de choses.

Qui n'a pas vu fuir dans les rues de Paris, devant des hordes de brigands, des citoyens paisibles, pour avoir sur leurs habits des collets noirs, des cheveux en cadenettes ou des cocardes aux trois couleurs en rubans de soie plutôt qu'en rubans de fil ?

Il faut aller aux promenades, jeter un coup d'œil sur la variété actuelle des habillemens et des coiffures, pour juger que les temps sont bien changés ; chacun porte la couleur qui lui plaît, et l'habit taillé comme il veut. Les Françaises ne pouvaient pas sortir sans arborer la cocarde ; maintenant elles mettent des panaches ou des diadêmes, comme cela leur convient. La sentinelle qui veille au palais de l'Empereur ne les repousse pas.

Il faut avoir vu, dans ces jours de tribulations, une foule de peuple se précipiter sur les places publiques d'exécution, se permettre des insultes contre les malheureux qu'on menait à la mort. Ce même peuple paraissait moins regretter la perte de sa journée, plus on lui offrait de victimes, et venait le soir dans les sections recevoir un salaire de quarante sous pour prix de son patriotisme.

Il faut comparer les jours qui se passent sous nos yeux avec ceux que nous avons vus, pour sentir la douceur de l'état actuel.

Des mains profanes ont long-temps mutilé les chefs-d'œuvre des arts, monumens, tableaux, sculptures ; tout était la proie du vandalisme. Les pays conquis ont réparé une partie de nos pertes ; un homme, au milieu des combats, s'est occupé de recueillir divers objets de peintures et de sculptures épars , et le musée Napoléon les a rassemblés.

Depuis long-temps , des Français errans sur des terres étrangères , craignaient , en mettant le pied sur la terre natale , d'y trouver la mort ; un gouvernement humain leur a donné les moyens de rentrer dans leur patrie , d'y revoir leurs familles , et la preuve que les conditions ont été acceptées avec une sorte d'enthousiasme , c'est qu'environ soixante mille individus ont profité de cet acte de clémence.

Lorsqu'on pense que celui qui se trouve à la tête du gouvernement français n'avait pas encore terminé ses études au commencement de la révolution , qu'il a été jeté dans la carrière militaire à un âge où l'on né calcule pas la cause des combats , mais la gloire qu'on peut en retirer, qui osera lui attribuer les taches de la révolution? Qui ne sait pas que le désir de faire triompher la nation que l'on sert, agrandit l'âme, surtout lorsque les succès favorisent ?

Lorsqu'on pense que c'est à vingt-neuf ans qu'il a profité de ses victoires , pour renverser un directoire qui était devenu odieux, qui osera lui en faire un reproche ?

On a imaginé de dire que Napoléon Bonaparte n'était pas Français; que, né en Corse, il était étranger. Cependant la France n'est composée, comme tant de grands royaumes, que de réunions de petites souverainetés. La Corse a été réunie à la France comme la Normandie, la Bretagne, la Franche-Comté, et c'est depuis 1768 que la Corse a été cédée, par les Génois, à la France. La Lorraine n'a pas une date beaucoup plus ancienne; sa réunion ne remonte qu'à l'année 1766. Ainsi, Bonaparte, quoique la Corse eût conservé ses lois et ses usages, doit être considéré comme Français, puisqu'il est né en 1769. C'était au nom du roi de France que les actes publics se rendaient.

La Normandie, la Bretagne, avant la révolution, avaient encore conservé des priviléges, et n'en étaient pas moins provinces françaises.

La ville d'Arras, à qui le roi d'Espagne avait conservé le droit à ses habitans d'entrer dans ses gardes, n'en était pas moins ville française.

Dès l'instant qu'un pays a été cédé, ou qu'il est réuni à celui qui l'a conquis, il reçoit la loi du vainqueur. Le peuple conquis n'est certainement plus soumis à celui qui n'exerce aucun pouvoir sur lui ; c'est celui au nom duquel tous les actes de souveraineté se font.

Les bons citoyens ont droit de s'alarmer lorsqu'ils voient qu'on cherche à troubler le gouvernement sous lequel ils vivent paisibles, sous lequel ils trouvent sûreté et protection, après douze années de révolution, après avoir vu les intérêts froissés de tous côtés.

A qui persuadera-t-on qu'en remettant le sceptre à un de ceux à qui il a été ôté, il le prendra sans l'appesantir sur le peuple français ? Qui ne croira pas, avec plus de vraisemblance, qu'il le saisira avec un bras de fer, qu'il regardera le peuple français comme vaincu, et qu'il l'accablera d'impôts ? Il aura tant de familles à indemniser, tant de châteaux à rebâtir, tant de fruits à faire restituer ! Eh ! qui sait même s'il ne sera pas forcé, par ses voisins, à lever pour eux, dans ses états, des subsides, pour les dédommager des efforts qu'ils prétendront avoir faits pour le remettre sur le trône, trône qu'ils n'ont pu démembrer ? Jouet des caprices de ses voisins, ses alliés ne seront que ses maîtres, et il perdra peut-être, non seulement ce que les Français ont conquis depuis quelques années, mais encore on le dépouillera des conquêtes de ses ancêtres, et pour acheter la paix qu'il aura besoin de conserver, on lui fera éprouver toutes sortes d'humiliations.

Peut-on, sans injustice, reprocher à la nation française l'envie de récompenser un homme qui, grand par ses exploits militaires, l'est encore dans la manière dont il a gouverné la France pendant plus de cinq années, et par les lois qu'il lui a données ?

Si cet homme joint à des vues sages une volonté prononcée, on doit attendre plus de bien de lui que d'un homme dont le caractère serait faible et chancelant.

A qui devons-nous nos malheurs ? si ce n'est à un homme incertain dans ses décisions, qui toujours vacillant dans ses opinions, avait des idées sans détermination précise, et qui, par complaisance ou par faiblesse, cédait au moment présent et révoquait le lendemain l'ordre donné la veille.

Le chef d'un gouvernement ne doit pas perdre de vue le bonheur de ceux qui lui ont dit : Gouvernez-nous ; méditez des lois dans le silence du cabinet, et que quelques hommes, qui se rapprochent du peuple, les discutent avec calme, et vous portent tous les ans les expressions de la nation entière ; que, fidèles observateurs des lois, ils viennent, non pas avec le désir de contrarier le gouvernement, mais avec l'envie de le seconder dans ses efforts et de faire le bien.

Que l'homme vertueux apporte donc le fruit tout entier de ses méditations, le gouvernement ne peut que lui savoir gré de son zèle.

Que les gouvernans se persuadent bien que la justice doit toujours présider à leurs délibérations ; que les mesures de rigueur aliènent contre eux les esprits ; que, par conséquent, ils doivent en être très-circonspects ; que, sévères aux méchans, ils protègent les faibles, et qu'ils soient justes pour tous.

C'est avec ce concours de volontés, c'est avec cette réciprocité de confiance que les peuples jouiront des institutions les meilleures et se reposeront sur le gouvernement.

Voilà, Monsieur le Comte, les motifs qui attachent les Français à la forme de leur gouvernement.

Votre serviteur.

Par un Français.

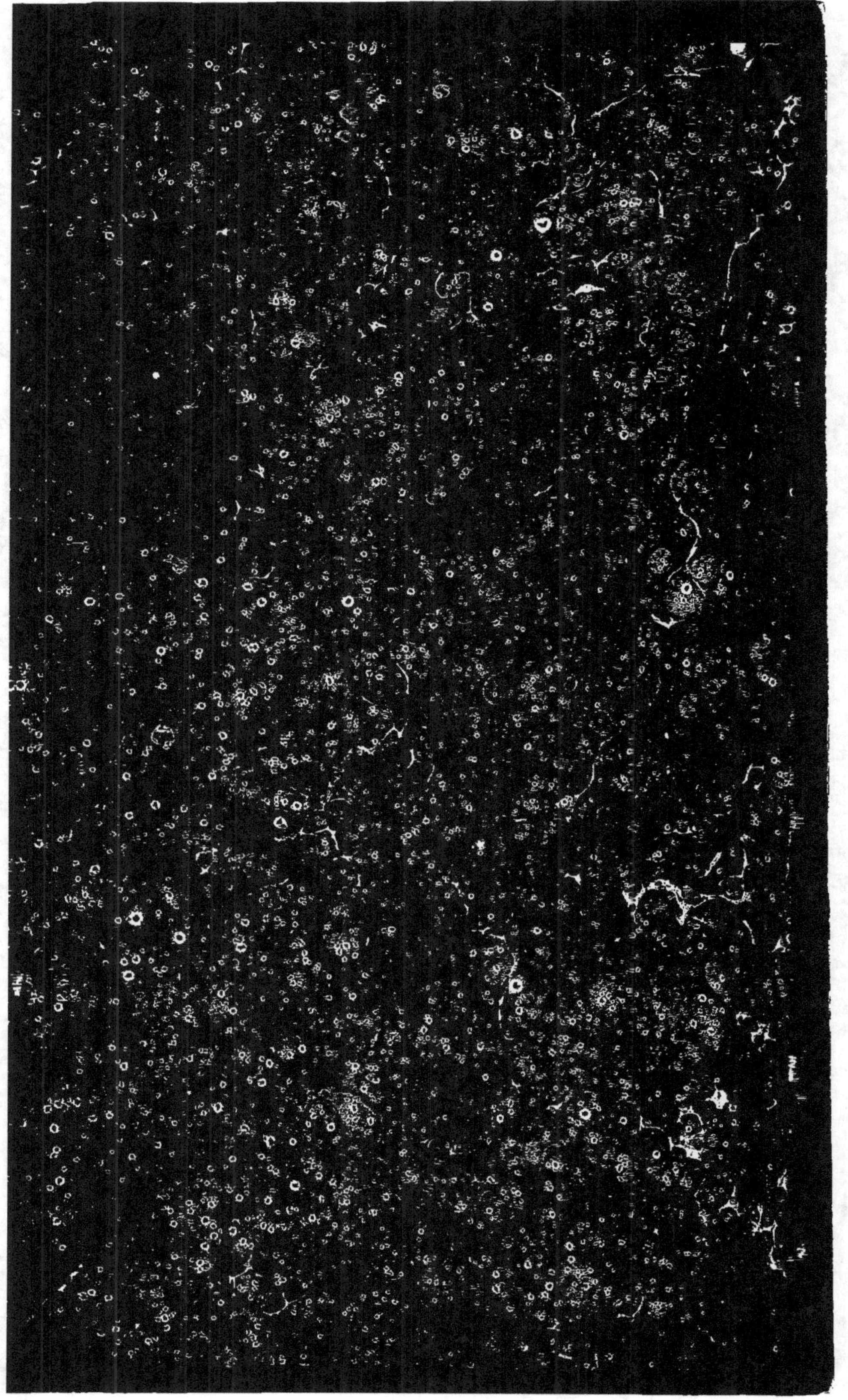